主编 黄荣华

复旦附中『双新』语文课
单元贯通教学样本

广西师范大学出版社
·桂林·

图书在版编目（CIP）数据

复旦附中"双新"语文课：单元贯通教学样本／黄荣华主编.—桂林：广西师范大学出版社，2022.1
　ISBN 978 - 7 - 5598 - 4485 - 9

　Ⅰ. ①复… 　Ⅱ. ①黄… 　Ⅲ. ①中学语文课－教案（教育）－高中 　Ⅳ. ①G633.302

中国版本图书馆 CIP 数据核字（2021）第 238530 号

复旦附中"双新"语文课：单元贯通教学样本
FUDANFUZHONG SHUANGXIN YUWEN KE：
DANYUAN GUANTONG JIAOXUE YANGBEN

出 品 人：刘广汉
责任编辑：刘美文　伍忠莲
装帧设计：李婷婷
广西师范大学出版社出版发行

（广西桂林市五里店路 9 号　　邮政编码：541004）
（网址：http://www.bbtpress.com）
出版人：黄轩庄
全国新华书店经销
销售热线：021 - 65200318　021 - 31260822 - 898
山东韵杰文化科技有限公司印刷
（山东省淄博市桓台县桓台大道西首　邮政编码：256401）
开本：720mm × 1 000mm　　1/16
印张：20.75　　　　　　　字数：336 千字
2022 年 1 月第 1 版　　　　2022 年 1 月第 1 次印刷
定价：68.00 元

目录

六、走入经典小说的方式——选择性必修上册第三单元教学设计

七、"回到历史现场"——选择性必修中册第三单元教学设计

附录

"以道驭术"——单元贯通教学诠释(代序)

黄荣华

一、什么是单元贯通教学

单元贯通教学,概而言之,就是将一个单元(有时是不同单元或几个单元)的教学内容贯穿、沟通起来展开教学。具体而言,单元贯通教学可从下面四个方面来理解。

(一)建立教材单元概念

我国现代语文教材自 20 世纪初开始即基本采用单元编排的形式。应当说,单元概念已成为一种语文共识。但不能否定的是,一线教师只在教材的编排形式上产生共识,没有真正对这种编排形式里面包含的具体内容有自觉的理解。

教材单元当然由单元形式体现,但任何形式离开了支撑这种形式的内容其实都是没有实质性意义的。因此,语文教师对教材单元的认知,不仅要有形式的概念,更要有支撑这种形式的内容的概念。

回顾我国现代语文教材编写可以发现,不同时期的单元编排,其内容有不同的侧重。早期大体以内容相类的一组文章来组织单元,后来慢慢发展为以文法相类的一组文章来组织单元,到 20 世纪 60 年代,形成以相类文体来组织单元的编排模式,进入 21 世纪,又以相类主题来组织单元。

目前一些教师心中的单元概念之所以只停留在形式上,有以下两个主要原因。

一是受先前以相类文体组织单元的编排方式的影响。以相类文体组织单元,本质上是以知识为本。它的逻辑是:这一单元的文章具有相同的文体意义,这些文章都在证明这些文体知识;学生学习了这样的单元,就认识、理解甚至掌握了这些文章体现的文体意义,可以依此阅读,也可以依此写作,因此叶圣陶先生那句"教材无非是个例子"就广为流传,甚至被奉为落实单元教学的至理。而在具体的运用中,教师又将这个"例子"中的内容抽离出来,慢慢就演变为徒有形式(也就是教与考的知识点)的语文教学方式。

二是一些教师对主题单元的理解不到位,甚至有抵触情绪,因为感觉不像以前的文体单元那样有教学抓手。

其实，现在语文教材以主题组织单元是一种进步，或者说是一种回归。

其一，以文体组织单元时，文体的划分并没有必然逻辑。现在流行的"记叙文""议论文""说明文"三分法，无法将全部文章纳入；流行的"小说""诗歌""散文""戏剧"文学作品四分法也无法完全将文学作品纳入。并且，"三分法"与"四分法"两者之间有交叉现象，所以我们常将一些"小说""散文"也纳入"记叙文"中。这种不完全归纳并且有明显混乱情况的分类，是不符合文章实际的，是不合文理的。因此，抛弃以文体组织单元的编排方式，是一种必然。

其二，以主题组织单元，是对文章生成的第一原理的尊重。作家写一篇文章，无论是哪一种类型的文章，首先是写某个生活事件，或某种情感、思想，触动了内心，然后才发之为文。在形成文章的过程中，作家选择某种文体，既有作家的习惯，也有写作内容的必然要求，因此可以说，是文章的内容决定了文章的形式；是内容的必然性决定了文章形式（或者说文体）的必然性。有的人可能会反驳：形式即内容。其实，讲"形式即内容"有一个前提，那就是这样的内容决定了这样的形式。当然我们不能因此否定文章形式的重要意义，否则所有的文章都是一个模样，那文章也就不复存在了。正是因为好的作品有自己独一无二的形式，才有了如满天星斗那样不可胜记的光华灿烂的文章。但我们不得不说，与文章内容相比，对文章形式的追求应当是文章生成的第二原理。（那些以文体实验或者仅以形式创新为追求的写作者是特例，其写作原理不应当作为作家写作的普遍"原理"。）以主题组织单元，其理路是对文章生成的第一原理的尊重。

其三，以主题组织单元，契合阅读心理。应当说，人们阅读作品时，首先追求的是阅读心理的满足，学生的阅读也不例外。我们常常讲的情感共鸣、思想共振、审美愉悦、文化化育，基本上都指向作品的内容。只有以"深究"和"玩赏"的方式去阅读，形式才能更多地进入阅读满足中。语文课阅读教学确实有"深究"和"玩赏"要求，但笔者以为，这是阅读及其教学的高级阶段，它不应当作为基础教育阶段的主要模式。并且，进行"深究"和"玩赏"的阅读及教学，也不能（只）以文体（知识）教学为指针，更不能将文体（知识）教学作为教学的唯一内容，尤其不能将相关的文体（知识）考点作为教学的唯一内容。

其四，以主题组织单元，符合学生生命发展的需要。中小学阶段是学生生命发展的重要阶段，将人类的优秀文化分类别、分层次、分阶段地编排进教材中，引导学生学习、体味、传承、弘扬，是促进学生生命发展的重要途径。而语文学科天然地承担了这个任务，因此，将符合学生不同发展阶段需要的文章，按不同主题组织成不同的单元，是符合学生生命发展需要的教材编写的必然行为。

综上，可以说主题单元是语文课程改革教材组织的重要模式与收获。它与先前知识单元组织模式的最大区别是，不以语文知识为本，更不把课文仅作为某种知识的例证，而是以情感（或思想、文化）主题使语文学科核心素养的培育、提升与发展融于一体，使单元课文之间构成"互文"关系，共同诠释某一情感（或思想、文化）主题。它隐含的教育理念是：学生不是储存知识的容器，而是活生生的生命体；语文教育应让学生在情感（或思想、文化）主题的学习中全面提升与发展语文学科核心素养，促进学生生命的全面发展。这就要求教师在处理教材时，走出传统的以知识为本的知识单元思维模式，建立以提升与发展语文学科核心素养为教学目标的主题单元学习模式；摆脱传统的以知识储存为主的一课一练的训练模式，建立起整体把握教材教育意义的全面发展的语文学习概念。

因此，作为语文教师，一定要建立完全的教材单元概念：既有教材编写形式的必然意义，更有单元内容编排的必然意义。只有将两个"必然意义"有机地融合起来理解，才能具备完全的教材单元概念。

（二）建立教学单元概念

既然教材以单元来组织，那么教学理所当然地也要以单元来组织。要建立完全的教学单元概念：将教材单元文章看成一个整体，将教材单元教学目标落实在单元教育行为之中。但事实上，真正以单元来组织教学的教师极少，大多数教师长期以来都习惯以单篇课文为单位来组织教学，甚至以单个知识点为单位来组织教学，基本上没有具备教学单元概念。主要原因有二：一是目前的考试仍以知识点为主导设计题目，而在应试主义主导的教育背景下，教师的教学目的以应试为主，自然不会改变教学习惯；二是少数教师想改变以单篇课文、以单个知识点为单位组织教学的模式，想进入单元教学模式，但举步维艰，因为整个评价体系不支持这种方式：从课堂教学评价，到考试评价，都不支持。

但从语文教育改革的推进来看，建立教学单元概念是一种必然，因为只有建立教学单元概念，才能真正理解现行教材编写时运用的教材单元概念，才能在自己的教育行为中落实教材单元编排意图，实现课程标准所期待实现的教材单元意义。

（三）建立单元贯通概念

单元贯通就是将一个单元内（有时是几个单元）的全部文章，用这个单元（或这几个单元）需要引导学生去学习、理解、传承、弘扬的情感（或思想、文化）主题贯穿、沟通起来，将单元（或这几个单元）的文章有机地组织成一个单元整体。

建立单元贯通概念，实施单元文化贯通，就能凸显语文学习的综合性、关联性、融合性，体现"语文课程是一门学习祖国语言文字运用的综合性、实践性课程"的特征。这是新课标、新教材特别突出的一个特征。这一特征需要教师用积极的行动去诠释。而诠释时的最大敌人，是几十年来形成的单篇教学惯性（以较全面的知识点落实为主体的教学）。如果不能突破单篇教学惯性，新课标、新教材所期待的语文教学目标的实现，将无从谈起。

（四）实施单元贯通教学

单元贯通教学的实施，由下面几个环节构成：

1. 布置单元贯通预习并检查。

预习是开展课堂教学前的重要准备。要落实单元贯通教学，就要布置单元贯通预习。单元贯通预习有以下要求：通读单元全部文章；记下通读时感觉到的每篇文章中的疑难问题，并对一些疑难问题做出自己探究后的解释；将单元里的全部文章融会起来思考，寻找能够将这些文章贯通起来的文化主题，并尝试着进行解释。

这种预习，比之前的单元预习的要求要高许多。

2. 开展单元贯通课堂教学。

开展单元贯通课堂教学是单元贯通教学的难点。单元贯通课堂教学可分两步展开：

第一步，单元贯通备课。

在检查完学生的单元贯通预习后，可根据学生预习中的问题，对照单元文章的内容进行思考，寻找到单元贯通的线索。这条线索至少有三重作用：一是能突出单元主题的意义；二是能将单元全部文章贯穿、沟通起来；三是有利于学生理解每一篇文章。

如人教版高中《语文》必修上册第一单元，至少可以有三条贯通线索：

第一条线索：绚烂瑰奇的青春在不同时代激流中彰显的风采。时代不同，激流永在，青春永驻。这样就能较好地将《百合花》一类的文章融进"绚烂瑰奇的青春"这一宏大的主题之中来理解，同时也能突出战争年代"绚烂瑰奇的青春"的显著特征。

第二条线索：青春在渴望自由、追求自由的行为中的永生。无法设想，毛泽东没有"万类""竞自由"的渴望与追求，能成为伟人；无法设想，郭沫若没有"不断的毁坏，不断的创造"的渴望与追求，能成为中国现代新文化的倡导者；无法设想，雪莱没有"全世界就会像此刻的我——侧耳倾听"这样宏阔辽远却真切的渴望与追求，能成为对世界浪漫主义文学产生深远影响的大诗人；也无法设想，香雪没有对那个象征着文明与尊严的铅笔盒的渴望与追求，能成为中国新时期文学典型中不朽的"美香雪"……

第三条线索：意象与诗歌（文学）。

寻找到单元贯通线索后，可围绕这条线索设计问题链。如就人教版高中《语文》必修上册第一单元的第一条线索——绚烂瑰奇的青春在不同时代激流中彰显的风采，可以设计这样的问题链：本单元的七篇诗文，各自写出了怎样的青春风采？→不同的篇章各自是怎样彰显青春风采的？→不同时代的青春风采有哪些异同？→不同篇章在彰显青春风采时的方式有哪些异同？

可根据问题链来设计课时。如第一单元的第一条线索的第一问，就可以用三个课时来探讨；在此基础上，用三个课时来探讨不同篇章彰显青春风采的方式；最后，用两个课时比较不同时代的青春风采与不同篇章彰显青春风采的方式的异同。

第二步，单元贯通授课。

单元贯通授课与单篇授课的基本步骤是一样的，即根据备课时设计好的内容展开。它与单篇授课最大的区别是：每节课都是单元教学总目标统摄下的课堂，因此，每节课在解决单元教学目标的前提下都有清晰的定位。一个单元的全部课堂构成了一个或几个完整的"圆形"。

3. 单元贯通练习——单元贯通写作。

在单元贯通授课后，要请学生完成单元贯通写作。

单元贯通写作，就是给学生一个单元贯通主题，然后让他们围绕这个主题，从本单元文章中寻找证明主题的材料，也可适当选取平时所获得的相关材料，写成一篇 2 000 字左右的文章。如在进行人教版高中《语文》必修上册第一单元的教学时，可以给学生"美丽青春"这样的主题。学生可根据"美丽青春"这个主题，从本单元七篇诗文中选取能证明这个主题的材料，再适当选取平时所获得的与"美丽青春"相关的材料，组织成一篇 2 000 字左右的文章。

4. 单元贯通写作批改与展示。

学生完成了单元贯通写作后，教师先大体翻阅学生的写作，并签阅。之后，让全班学生组成若干组（高中可组六组，初中可组八组，对应每学期课文的单元数。小组内学生可自由组合，如按学习小组进行组合、根据教师需要进行组合），在教师指导下由一组同学完成对全班同学单元贯通写作的较详细的批改，并将自己认为文章中可以向全班分享的内容摘录下来。然后，由小组内两名同学将全组同学摘录下来的内容在单元主题下重新组合，设计成一堂可以向全班同学展示的活动课。在这个展示中，要求全班同学的写作内容都能得到部分展示，不遗漏一人。

二、单元贯通教学的意义

单元贯通教学的意义，在于落实语言发展价值，实现审美激发与文化化育功能，形成普遍联系的思维方式，锤炼归纳与演绎思维力，提升文化表现力。

语文教学的重要意义之一，是发展学生的语言。"语言是存在的家"，语言具有对人的领起、领导作用，人在此领起、领导下领会、领悟生活与生命，进而发展生命，创造生活。于是我们看到，"语言不再仅仅是捕鱼的'筌'而是'鱼'本身，语言就是真理和意义"，"语言从承载意义的符号变成意义，从传递真理的工具变成真理本身"。（葛兆光《中国思想史·第 2 卷·七世纪至十九世纪中国的知识、思想与信仰》）

单元贯通教学以文化主题贯穿、沟通单元文章，事实上就是将文章置于社会语境、心理语境、本体语境之中，自然就具有了发展学生语言的教育意义。它不仅引导学生关注字、词、句的此在意义，而且引导学生关注字、词、句的现实与历史、当下与未来、社会与个体、实用与审美等多重关联的意义，使学生在这种多重关联中习得语言的认知、理解、赏会与表现能力。

同时，语文教育很大程度上就是情感教育，就是思想教育，就是审美教育，就是文化教育。这些教育产生的合力，最终使学生具有高尚的文化人格。

而在语文教育中实施单元贯通教学，正是实现语文教育几大功能的基本途径。如果单元与单元之间、学期与学期之间、学年与学年之间、初中与高中之间，这些或线性、或重叠、或交叉、或反复的文化主题能够在学生心中融会贯通，那么学生不仅将具有丰沛的情感源泉、丰富的思想资源、丰厚的文化积淀和丰盈的审美经验，而且将在情感的激荡、思想的启迪、文化的熏陶和审美的激发下，不断实现文化人格的升腾。

单元贯通教学注重用现代思想去观照、反省中外文化，注重用比较的方法去认识、理解作品，感受、理解文化发展，关注文化原点，注重文化发展，观照文化消长，有助于建立各类由文化原点生发的文化史概念。

现代学生所处的时代是各种思想交锋的时代，是多元文化交汇的时代，他们往往因年幼无知而缺乏辨识力、控制力，很容易产生偏见。语文教师的重要职责是帮助学生看到不同思想，并使他们能比较准确地区分他们所看到的不同思想，从而使他们能比较公允地评述某种思想指导下的行为及其产生的结果。如就学生对个人与他者关系的认识而言，通过从初中到高中的多次相类、相交、相融、相续的单元贯通教学，就可以引导学生在比较当今"个人本位的自我理解"与古代"社会本位的自我理解"的区别的过程中，获得正确的认知，形成真正有力量的文化批判力，同时矫正自己前行的方向。

三、单元贯通教学应特别注意的问题

单元贯通教学是完成单元教学任务的一种有效方法。但在实施时应特别注意两个问题。

一个问题是：如何彰显单元文章的个性。

打破单篇教学模式，将单元文章融会，可能会损害文章的个性。因此，保护甚至彰显单篇文章的个性是单元贯通教学要解决的一个难点问题。

怎么解决呢？笔者以为，如果在授课中能根据单篇文章的个性解决贯通问题链中的问题，单篇文章的个性就能彰显出来，特别是在比较中解决一些问题时可以更好地彰显单篇文章的个性。如在前述人教版高中《语文》必修上册第一单元第一条线索下设计的问题链中，第一大问题是探讨不同篇章的个性内容，第二大问题是探讨不同篇章的个性艺术手段，第三大问题是在比较中加深对不同篇章个性内容与个性艺术手段的认识与理解。这几大问题的解决，一定能使本单元几篇文章各自的个性得以彰显。再如必修上册第三单元，如果我们能在下面几条线索的提示下展开教学，就能较好地保护单篇文章的个性。第一条线索：情思，或者说情志。《短歌行》的"忧"，《归园田居》(其一)的"恋"，《梦游天姥吟留别》的"梦"，《登高》的"恨"，《琵琶行(并序)》的"沦"，《念奴娇·赤壁怀古》的"情"，《永遇乐·京口北固亭怀古》的"老"，《声声慢(寻寻觅觅)》的"愁"。把每首诗词的情思品味出来了，每首诗词的个性也就彰显出来了。第二条线索：境界，或者说艺术境界。每首诗词，都营造了一个经典的艺术境界。《短歌行》的"渴想"，《归园田居》(其一)的"自然"，《梦游天姥吟留别》的"瑰奇"，《登高》的"沉郁"，《琵琶行(并序)》的"幽怨"，《念奴娇·赤壁怀古》的"豪放"，《永遇乐·京口北固亭怀古》的"壮烈"，《声声慢(寻寻觅觅)》的"凄婉"。每首诗词各自树起一杆艺术境界的大旗，自树立后一直飘扬到今天，直至永远。第三条线索：言说，或者说言说方式。这些诗词与前代、与当时、与诗人自身、与后代，都有着紧密的关联。它们是传承者，它们是创造者，它们是启后者，因为它们都是"这种"言说的经典。《短歌行》的追问与应答，《归园田居》(其一)的陈述与描叙，《梦游天姥吟留别》的梦吟，《登高》的顿挫，《琵琶行(并序)》的长歌，《念奴娇·赤壁怀古》的虚实，《永遇乐·京口北固亭怀古》的典实，《声声慢(寻寻觅觅)》的叠字与反问。各自的言说方式都不可替换，都是"这一"内容最好的表达方式——"这一"方式。我们的课堂若能将"这一""最好"的表达方式的厚味品啜出来，这些诗词的个性言说方式也就彰显出来了。

还有一个问题是：避免用考点进行知识贯通。

目前单元贯通教学有一点值得我们密切注意，就是用考点进行知识贯通。如人教版高中《语文》必修上册第一单元用情景交融，第二单元用动作描写或语言描写，第三单元用修辞手法。这样，表面看起来是将单元贯通起来了，事实上却是将单元文章变成了对考点的讲解。

一、"青春的价值"——必修上册第一单元教学设计

陈晓蕾

第六课时，2020年获上海市中小学中青年教师教学评选一等奖

单元教学定位

一、学习任务群定位

人教版高中《语文》必修上册第一单元以"青春的价值"为主题。本单元由五首诗歌——《沁园春·长沙》《立在地球边上放号》《红烛》《峨日朵雪峰之侧》《致云雀》和两篇小说——《百合花》《哦，香雪》构成，这些作品虽创作于不同的历史时期，但都是不同时代的青春吟唱，都体现了"青春的价值与力量"的不同侧面。《立在地球边上放号》是时代的鼓荡下青春之力的释放；《红烛》表达青春的觉醒，"红烛"的意象晓谕我们青春的价值在于一直燃烧和发光；《峨日朵雪峰之侧》彰显了青春的独立性，体现了独立于时代的青春的征服与攀登；《致云雀》通过"云雀"的形象突出青春的高贵性，青春是对尘世有深刻的理解，但又能超越尘世；《沁园春·长沙》表达了"万类霜天竞自由"的青春理想；《百合花》表达了青春的光华与灵智在于不断地燃烧与发光；《哦，香雪》则表达了新时期青春的"站立"。本单元隶属《普通高中语文课程标准》（2017年版，2020年修订）"文学阅读与写作"学习任务群，该学习任务群要求以"精读"这一阅读方式，"感受作品中的艺术形象，理解欣赏作品的语言表达，把握作品的内涵，理解作者的创作意图"；强调"结合自己的生活经验和阅读写作经历，发挥想象，加深对作品的理解"；"根据诗歌、散文、小说、剧本不同的艺术表现方式，从语言、构思、形象、意蕴、情感等多个角度欣赏作品，获得审美体验，认识作品的美学价值"。在写作方面，《普通高中语文课程标准》（2017年版）要求学生"了解不同文学体裁的特征""珍视自己的独特感受"，还要注意"分享和借鉴"。由此可见，教师要

让学生围绕精读作品，以读写结合的形式，发掘人文主题"青春的价值与力量"和诗歌、小说的表达方式、语言特点之间的必然性关联，通过真实情境的学习任务——诗歌写作，自主深入文本，感受文学作品的意蕴。

二、学段定位

这是学生进入高中后的语文学习的第一单元。学生对高中语文学习有新鲜感，同时有很高的热情，但对高中语文学习缺乏系统性的认知，对诗歌、小说等文体的精读方法较不明确，在鉴赏审美、语言使用等语文素养层面有较大提升空间，这都需要教师在整个学习过程中给予关注与支撑。同时，学生虽身处韶华，却普遍对"青春的价值与力量"缺乏感知和体认，处于懵懂的状态。智识发展水平在平均线的学生群体很容易被文学作品、影视剧中满含阴谋与伤痛、无奈与怀疑的"残酷青春"吸引；智识发展水平较高的学生群体则更容易认同对生命存疑的"青春之殇"——怀疑青春乃至人生的意义，在虚无和市侩的两极之间做出非黑即白的选择。总而言之，学生对青春自身所具有的高贵性——成长与救赎、独立与奋斗、奉献与燃烧还停留在标签化的理解层面，教师要结合具体的阅读和写作任务，引领学生自主地深入文本。本单元的主要教学任务是：发掘人文主题与表达方式、语言特点之间的必然性关联；通过对"青春的价值与力量"的探究打通单元主题与知识、能力目标；通过读写结合的方式晓谕学生：无论何时，都应当拒绝平庸、远离颓唐，在流动不息的生活面前，要永远怀抱美好的理想和青春不死的信念。

三、贯通点与课时安排

根据第一单元课文的内容，确立了"不死的青春""理想""独立""奉献""意象"几个贯通点，前四个关乎本单元思想内容，第五个涉及诗歌、小说的表达方式。依据以上贯通点，本单元共安排七个课时：第一、二课时，理解"青春之理想"的精神内涵；梳理"青春之理想"在《沁园春·长沙》《哦，香雪》中的体现；通过《沁园春·长沙》中的"独立者"形象与香雪形象的比较分析，理解青春与理想的关系，明确"青春的觉醒与站立"背后人类共同理想的价值与意义。第三课时，通过分析《峨日朵雪峰之侧》《立在地球边上放号》的作者的境遇，理解困境中青春的力量。第四课时，通过学习《红烛》《百合花》，感知奉献与牺牲的青春形象的崇高，理解和体认青春的光华与灵智在于不断地燃烧与发光。第五课时，通过围绕《立在地球边上放号》《红烛》《峨日朵雪峰之侧》《致云雀》中的意象进行贯通式学习，感知和体认不同时代背景下诗歌的个性所呈现的共性"真实"，进一步体认真实的语言之下"不死的青春"。第六课时，读写结合，对学生创作的诗歌进行评价与修改，让学生围绕意象进行探讨，初步掌握诗歌的品读和写作方法。第七课时，单元贯通写作《青春的力量》作文展示及诗歌写作评价。

四、单元贯通预习任务

1. 通读本单元的诗歌和小说，借助字典梳理其中的字词，并列出疑问。

2. 阅读本单元的四首诗歌，填写下表。

	意象/出现次数	外部特征（可抓住作品中富有表现力的词语，也可自行概括）	所契合的作者情感	外部特征体现的诗歌创作理念	作者的情感抒发有什么特点
《立在地球边上放号》	"北冰洋的白云"/1次				
	"太平洋的洪涛"/ 次				
《峨日朵雪峰之侧》	"日落时分的太阳"/ 次				
	"石砾"/ 次				
	"蜘蛛"/ 次				
《红烛》	"红烛"/ 次				
《致云雀》	"云雀"/ 次				

请思考：出现次数最多的是哪一个意象？为什么有的诗歌里只有一个意象，有的诗歌里却有多个意象？意象的外部特征和作者情感及其抒发方式之间的关联是什么？

3. 根据第一单元对诗歌的学习，结合你的生活和学习体会，为班级诗集《青春的力量》写一首诗（诗歌阅读学习结束后布置）。

4. 与父母聊聊，了解他们的中学生活。比如：有什么课程？用什么样的文具？每月的零花钱是多少？他们记忆中的 20 世纪 80 年代是什么样的？他们有过怎样的奋斗历程？查找资料，了解 20 世纪 80 年代初中国在社会、经济与文化方面发生了哪些大事。阅读高晓声《陈奂生上城》、熊培云《摸着石头进城之上学记》（摘自《一个村庄里的中国》），谈谈自己对当时的城乡差距和 20 世纪 80 年代时代特征的看法。

课时教学设计

【课时一】"青春之理想"（上）
——读《沁园春·长沙》

一、教学目标

1. 通过对《沁园春·长沙》中的意象的学习，掌握意象的概念。

2. 通过对这首词的诵读，体会"独立者"形象的价值与意义。

二、教学重点与难点

理解和体认《沁园春·长沙》中的"独立者"形象所体现的"青春理想"与"青春中国"的意义与价值。

三、教学过程

1. 导入。单元导语中说："青春是花样年华。怀着美好的梦想、纯真的感情，带着对自我的认识、对社会的思考和对理想的追求，我们就此迈出人生的重要一步。"这是我们高中语文学习的第一个单元，为什么要将"青春的价值"作为第一单元主题？（学生回答）我们处于花样年华之中，需要萃取青春的力量，挖掘青春的价值，支撑自己的成长之路。而这一单元的青春形象中，有一位"青春中国"的开创者。让我们一起品读《沁园春·长沙》。

2. 朗诵、整体感知，引出"独立者"。

学生大声诵读，熟悉这首词的内容。

第一句："独立寒秋……橘子洲头。"通译的话，你需要补充哪个成分？（主语：我）

明确：看"我"之景，抒"我"之情。所以要关注行文背后强大的存在——"我"，即"独立者"。

3. 通过分析这首词中的意象和有表现力的词语，概括这首词所体现的青春精神。

问题一：一个"看"统领后七句。"我"看到了什么？

山、林、江、舸、鹰、鱼。

有表现力的词语——夸张的形容词：万、层、漫；副词：遍——写红之广，透（修饰绿）——写绿之浓；动词：染——写秋色之深。

这些景物有什么样的特征？绚丽多彩，动静协和，境域广阔。

问题二：思考这首词最具个性价值的词眼在哪里。换句话说，哪个词语可以将作者满怀豪情的"情"之个性彰显出来，最能体现昂扬、振奋的青春精神和作者的青春理想？

根据学生的回答进行分析、引导（开放式答案，需紧扣"青春的价值"主题，以文本为依据）：

（1）竞——竞争：①"红"与"碧"争辉。②"舸"与"舸"争流，"争"既写船，又写人，写出了人奋发向上的精神面貌。③对"鱼翔浅底"，除了课本的注释外，还能如何理解？请关注这个"翔"字，"鱼翔浅底"可理解为：天空中的景象映射到清澈的湘江水中（与上文的"漫江碧透"呼应），鱼儿既在水中游，又在空中翔。仿佛连鱼儿都欲与雄鹰比翼。同样可以落实到一个"竞"字上。而且因为"至清"，所以水底看上去"至浅"。

（2）独立。

追问一：想象一下，这是一个怎样的形象，是一种什么心理状态？（提示学生不要刻意上升到某种高度）1924年、1925年的毛泽东是怎样的呢？

引入学生的问题：这首词慷慨激昂的背后是否隐藏着他的失意与落寞？

演示文稿引入：

①他反对军阀统治。②他不赞成让共产党融入国民党。③他没有共产党的领导权。④他领导的农民运动始终不能获得共产国际的支持。⑤他不能获得左倾工人武装暴动的支持。⑥他被排挤出中央政治局。⑦他不仅没有出席中共四大，连委员的行列都未进入。

可以说，此时的毛泽东处于孤独的深渊。于是才会有当年"风华正茂；书生意气，挥斥方遒。指点江山，激扬文字，粪土当年万户侯"。而在孤独时，想起处于群体中的过往，只能更加孤独。

追问二：按常理，处于这种孤独深渊中的人往往会走向何处？

"人本孤独生，当作孤独想，尝尽孤独味，安然孤独死。"很决然。人处在孤独中，在孤独中死去。可以说这种人是被孤独所征服、所吞噬的。

但也有……（演示文稿引入）

《易·大过》："君子以独立不惧，遁世无闷。"（君子独自一人立在那儿，应当什么也不怕，隐遁在山林中，也不要闷闷不乐。）孔颖达疏（作注）："君子于衰难之时，卓尔独立，不有畏惧。"

明确一：这种人是在孤独中站立，从而在孤独中获得新生。"我"独立于天地之间，让"自己"从"万物"中独立出来，万物便成了"我"眼中的风景，"我"将内心之意贯注于外在之物。

明确二：意象是人的内在之情与物的外在之象一拍即合（注意情与象的联结点）。

4. 请评析"山、林、江、舸、鹰、鱼""竞自由""中流击水""浪遏飞舟"所体现的"独立者"的理想。

评析："竞自由"是说万物在广阔的空间里自由地行动，不再屈从于外部的强力，而是遵循内在的自由意志，实现一种"积极的有差别的"——"竞"。

演示文稿展示：

青年循蹈乎此，本其理性，加以努力，进前而勿顾后，背黑暗而向光明，为世界进文明，为人类造幸福，以青春之我，创建青春之家庭，青春之国家，青春之民族，青春之人类，青春之地球，青春之宇宙，资以乐其无涯之生。乘风破浪，迢迢乎远矣，复何无计留春望尘莫及之忧哉？

（李大钊《青春》）

明确："独立者"青春理想的价值与意义——"推翻历史三千载，自铸雄奇瑰丽词"。形式上，豪放中兼具绮丽之妙；内容上，脱离了君臣大道的窠臼。构建"青春中国"，追寻自由精神。

5. 板书设计。

我看绚烂之色、壮阔之境
我对天地发问　　　　　　　　　向天地宣告：主沉浮者，我也
我忆当年风采

"竞自由"的青春理想——"青春中国"的杰出代表

6. 作业布置。

（1）背诵这首词。

（2）预习《哦，香雪》，比较《沁园春·长沙》中的"独立者"形象和香雪形象的异同。

（3）收集毛泽东青少年时期的故事和照片，在班级公众号上以"'青春中国'之青年毛泽东"为主题做一次推送。

【课时二】"青春之理想"（下）
——读《沁园春·长沙》《哦，香雪》

一、教学目标

1. 掌握在典型环境中分析典型人物的小说阅读方法，理解"火车"意象的象征意义。

2. 通过比较分析《沁园春·长沙》中的"独立者"形象和《哦，香雪》中的香雪形象，理解与体认"青春的觉醒与站立"这一人文主题。

二、教学重点与难点

经由香雪的"历险"与"梦"，理解文本主题：通过获取知识和坚守故土来成长为一个"站立的人"，进而体认"青春的觉醒与站立"。

三、教学过程

1. 导入：在单元贯通预习任务中，我们通过与父母聊天的形式，了解了20世纪80年代的时代特点——"物质匮乏，生活单调，精神却意外充实"（学生预习作业摘录）。"忆苦思甜"的妙处在于，让不同代际间试着互相理解、倾听，从而建立起一种追忆与传承。

改革开放，大锅饭（人民公社）被打破，包干、包产到户——个人奋斗成为可能，贫富差距开始拉开。1977年恢复高考，整个社会充满对发展经济的追求、对知识与文化的渴望。20世纪80年代是诗、梦、理想主义的黄金时代。今天，让我们一起走近20世纪80年代的台儿沟，走近那个执着追求诗与梦的时代。

2. 理解典型环境（台儿沟）中的典型人物（香雪）。

问题一：在文中，台儿沟是个什么样的地方？

"一心一意掩藏在大山那深深的皱褶里""默默地接受着大山任意给予的温存和粗暴""太小了""小得叫人心疼""历来是吃过晚饭就钻被窝，他们仿佛是在同一时刻听到了大山无声的命令"。

明确：台儿沟的环境特点：亘古的静谧、偏远闭塞、人与自然浑然一体，这里的人们处于一种无知无觉的自然状态。

问题二：火车和铁轨对台儿沟的姑娘而言意味着什么？

（1）外面的世界，远方、梦想无法企及。

（2）巨大的、令人害怕的力量。

（3）镜像：火车上与自己不一样的人群，两顿饭与三顿饭，黑与白，贫穷与落后。（这点学生较难自己看出，需要教师引导。可以提示学生一些文本依据，如"好像忽然明白了同学们对于她的再三盘问，明白了台儿沟是多么贫穷"。）

问题三：为了换取铅笔盒，香雪付出了什么？

（1）40个鸡蛋。

讲解：20世纪80年代初的物价：鸡蛋1角2分钱一个，40个鸡蛋约5元钱。当时中西部教师月工资约为35元，40个鸡蛋的价钱约占中西部教师月工资的七分之一，大致相当于今天的500元。

（2）登上火车时的勇气与智慧（与她对铅笔盒的渴望有关，也与40个鸡蛋有关）。

追问：香雪跳上火车的举动与小说中写的她各种各样的害怕（"长大了她怕晚上一个人到院子里去，怕毛毛虫，怕被人胳肢……现在她害怕这陌生的西山口，害怕四周黑幽幽的大山，害怕叫人心跳的寂静，当风吹响近处的小树林时，她又害怕小树林发出的窸窸窣窣的声音。"）矛盾吗？这说明她有怎样的个性？

品味"香雪终于站在火车上了"中的"站"字。

明确：香雪坚毅、果敢（与她外在的柔弱、文静、胆小形成一种对比，形成张力），体现出一种"青春的站立"，这是她凭借自己的勇气与坚毅实现的一种站立。这一次站立是她后续自我审视与觉醒的契机。

（3）三十里山路的历险。

追问一：凤娇说香雪为了铅笔盒追火车的举动，值不当的。你认为香雪付出这一切到底值不值得？在这场历险中，香雪经历了什么样的变化？

从"害怕"到"大山原来是这样的！月亮原来是这样的！核桃树原来是这样的！香雪走着，就像第一次认出养育她成人的山谷"。"欢乐""满足""面对严峻而又温厚的大山，她心中升起一种从未有过的骄傲"。

明确：她第一次认出了养育她成人的山谷。结束了"翠翠"式的那种与台儿沟融为一体的自然的状态，而能够从他者的视角来看待土地与家乡。

追问二：这种变化是由什么带来的？铅笔盒象征着什么？（知识、文化、尊严、平等）

"这是一个宝盒子，谁用上它，就能一切顺心如意，就能上大学、坐上火车到处跑，就能要什么有什么，就再也不会被人盘问她们每天吃几顿饭了。"一只铅笔盒就能带来知识、文化、尊严、平等吗？

铅笔盒的隐喻意义：香雪现代之梦的起点。

3. 比较《沁园春·长沙》中的"独立者"形象和《哦，香雪》中的香雪形象，理解与体认"青春的觉醒与站立"。

问题一：香雪的"梦"（理想）是什么？

辅助问题：为什么香雪在得知"北京话"有爱人之后为凤娇、为台儿沟感到委屈？

凤娇喜欢"北京话"，是因为喜欢"北京话"所代表的都市文明。姑娘们嘟囔着说"我们不配"。香雪的委屈是：质朴善良的山里姑娘还没办法被山外的文明所接纳，贫弱的台儿沟还无法搭上现代的列车。

香雪的"梦"（理想），除了个人在知识上的成就，还有使台儿沟征服火车、征服外面的世界。

文本依据：那时台儿沟的姑娘不再央求别人，也用不着回答人家的再三盘问。火车上的漂亮小伙子都会求上门来，火车也会停得久一些，也许三分、四分，也许十分、八分。它会向台儿沟打开所有的门窗，要是再碰上今晚这种情况，谁都能从从容容地下车。

明确一："明天"，凭借知识打开现代的大门，使贫弱、闭塞的台儿沟能走入现代，征服火车，被现代文明接纳。香雪的"梦"（理想）不仅仅是凭借个人奋斗获得成功，还有凭借个人奋斗改变家乡的命运。

明确二：香雪的自我得到了升华，她克服了（对自身、对家乡的）自卑、恐惧，获得了勇气。这样的改变发生的一个重要原因是：认出了养育自己的大山的"严峻和温厚"，严峻是指自然条件封闭、落后，温厚则是指人性的纯朴与温情。香雪不再自卑、怀疑、彷徨，她凭借自己的勇气、果敢，获取知识和尊严，认识了自己，认识了台儿沟，并回归与坚守故土，完成了青春的觉醒与自我的站立。

问题二：香雪的"梦"（理想）和《沁园春·长沙》中"独立者"的理想有何共性？

复习、比较。

明确一："独立者"的理想是"万类霜天竞自由"，与香雪的"梦"（理想）

的共通之处在于"立"与"竞"。"立"是对自我的清醒认知，是主体性的张扬，是"我是我自己的，你们谁也没有干涉我的权力"的呐喊，是"终于站在火车上了"的坚毅与果敢，是"三十里山路的历险"后的对自我/乡土（香雪/台儿沟）的审视与觉醒。万物在自由的天地间施展自我，不再臣服于任何他者。"谁主沉浮？""我"主沉浮。"竞"表示主体性被承认与肯定，"独立"是"竞"的前提，"竞"是"独立"的结果。

明确二："独立者"和香雪是具有独立个性、自主意识和自身价值的人，是能够按照自己的意愿和逻辑开展行动和实践的活生生的人，而不是和自然融为一体、被自然包孕的"翠翠"式的自然之子，更不是那些集体意识和现代愚昧下活动着的玩偶。他们既是作为独立个体的存在，也是作为理性的存在，更是代表了人类的感性和共同理想的存在。

演示文稿引入：

培物质而张灵明，任个人而排众数。

其首在立人，人立而后凡事举；若其道术，乃必尊个性而张精神。

（鲁迅《文化偏至论》）

结语：铁凝继承了鲁迅的"立人"思想，《哦，香雪》则是她在我们民族迈向伟大复兴的征途上的第一声真诚的呐喊！香雪和《沁园春·长沙》中将"万类霜天竞自由"奉为理想的"独立者"一样，通过自我发现、觉醒实现了青春的站立。

4. 板书设计。

自我发现→获取知识与尊严
        坚守故土与根   实现理想：青春的觉醒与站立
独立寒秋、万类霜天竞自由

5. 作业布置。

（1）在《沁园春·长沙》和《哦，香雪》两部作品中选择一部，画一幅插图，并为插图配上文字解说（可以是诗词、散文等文学形式）。

（2）观看电视剧《山海情》片段，思考：今天的香雪会在哪里？

（3）阅读熊培云《一个村庄里的中国》，以"没有土地，就没有灵魂"为主题，思考香雪"站立"的意义与价值。

【课时三】青春的力量
——读《立在地球边上放号》《峨日朵雪峰之侧》

一、教学目标

1. 通过对关键词句的诵读，感受和体悟《立在地球边上放号》内在的节奏韵律。

2. 通过对两首诗歌的比较分析，初步感知诗歌发展的不同时期文体特征的变化与发展。

3. 通过分析《峨日朵雪峰之侧》《立在地球边上放号》的作者所处的境遇，理解与体认诗中蕴含的青春的力量。

二、教学重点与难点

理解与体认郭沫若和昌耀的诗歌所彰显的青春的觉醒与力量。

三、教学过程

1. 导入：《立在地球边上放号》和《峨日朵雪峰之侧》是诗歌发展的不同时期的作品。郭沫若笔下海浪翻涌的世界，如一首力的赞歌；昌耀的《峨日朵雪峰之侧》则构建了一个由雪山、蜘蛛、攀登者构成的凝重壮美的世界。今天，让我们一同领略诗歌的魅力。

2. 初读《立在地球边上放号》（齐读一遍，此时学生没有完全理解诗歌，诵读必然有很大的提升空间，可暂不求其效果），引入问题：这是诗吗？这是一首好诗吗？

演示文稿展示：

无数的白云正在空中怒涌，（女生读）

啊啊！好幅壮丽的北冰洋的晴景哟！（男生读）

无限的太平洋提起他全身的力量要把地球推倒。（女生读）

啊啊！我眼前来了的滚滚的洪涛哟！（男生读）

啊啊！不断的毁坏，不断的创造，不断的努力哟！（齐读）

啊啊！力哟！力哟！（齐读）

力的绘画，力的舞蹈，力的音乐，力的诗歌，力的律吕哟！（齐读）

按照演示文稿所示，分角色朗诵诗歌。请学生谈一谈女生和男生分别朗读的句子在表达的内容与情感上有何不同。

明确：女生读的句子是"说明"，男生读的句子则是"感慨"。最后齐读的句子既是"说明"又是"感慨"。

追问：为什么有这么多的"啊啊""哟"？（学生预习作业中的问题）

请学生诵读后，用曲线画出诗歌的情感起伏。

如：

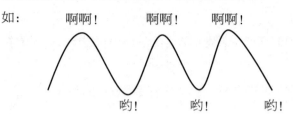

演示文稿引入：

这是立在海边看海的人，受着"海涛的节奏的鼓舞"而发出的一种内心的呼喊。海涛的节奏作用于人，内在于人，便成为人的情绪的节奏，发为呼喊，见诸文字，就是郭沫若这首诗的"内在的韵律"了。

（於可训《新诗文体二十二讲》）

明确：这种情绪的节奏是诗人的心灵对自然进行感应的结果，因而诗的节奏可以与自然的节奏达成同构。"啊啊""哟"的出现使其与其说是诗，不如说是劳动号子，正如郭沫若本人所言，其目的是"诗歌的音乐化"（《郭沫若论创作》）。

3. 这首诗中的"力"是什么？这首诗与"青春的价值"主题的关联性是什么？

要解决这个"力"的问题，首先要关注"立"。

问题一：为什么是"立在地球边上放号"，而不是"站在地球边上放号"？谁立在地球边上？

明确："独立寒秋""独立小桥风满袖"，"立"是庄重的、古雅的，也是自觉的、着意的，"站"是随意的、口语化的。诗人把自己想象为一个立在地球边上，目光遍及广阔天地，并发出了激情呼唤的与自然融为一体的巨人。

问题二：这样身姿宏大的巨人的呼号的内涵是什么？

明确：不可按捺的冲动喷薄而出，为"毁坏"呐喊，为"创造"呼号。力在摧毁罪恶后必将创造出五彩斑斓的崭新生活——美丽的画卷、欢快的舞步、跳动的乐音、欢快的诗意。这是一种代表新生，代表民族自强的呼号！他是时代的号手、精神的战士，他在为摧枯拉朽式的力量与群体呼喊。

问题三："力"是什么？

孔子的人生哲学是由他那动的泛神的宇宙观出发，而高唱精神之独立自主与人格之自律。他以人类的个性为神之必然的表现。如像神对于他不像是完全无缺，人性的粗形他也决不以为是善，他认为人类有许多的缺陷。如想使人性完成向上，第一步当学神之"日新"。……这样不断自励，不断向上，不断更新。

（郭沫若《中国文化之传统精神》）

此力即是创生万汇的本源，即是宇宙意志，即是物之自身——Ding an sich。能与此力瞑合时……永恒之乐，溢满灵台。……欲求此永恒之乐，则先在忘我，忘我之方，歌德不求之于静，而求之于动。以狮子搏兔之力，以全身全灵以谋刹那之充实，自我之扩张，以全部的精神以倾倒于一切！

（郭沫若《〈少年维特之烦恼〉序引》）

明确一：积极上进的、"五四"时期狂飙突进式的一种创造的激流；融合中国古典精神（"天行健，君子以自强不息"）和西方思潮（斯宾诺莎：神的绝对本性或无限力量；歌德的宇宙观：太初有业）于一体的一种拯救历史的青春的力量。

演示文稿引入：

只有现在的中国青年——"五四"后之中国青年，他们的烦恼悲哀真像火一样烧着，潮一样涌着，他们觉得这"冷酷如铁"，"黑暗如漆"，"腥秽如血"的宇宙真一秒钟也羁留不得了。他们厌这世界，也厌他们自己。

忽地一个人用海涛底音调，雷霆底声响替他们全盘唱出来了。这个人便是郭沫若，他所唱的就是《女神》。

不是这位诗人独有的，乃是有生之伦，尤其是青年们所同有的。

（闻一多《〈女神〉之时代精神》）

演示文稿引入：

新诗的时代之声 / 心灵之声 / 青春之声。（引入《峨日朵雪峰之侧》）

《立在地球边上放号》（1919 年，郭沫若 27 岁，"五四"创造的激流）

《红烛》（1923 年，闻一多 24 岁，"五四"退潮，困惑与希望）

《峨日朵雪峰之侧》（1962 年，昌耀 26 岁）

《致云雀》（1820 年，雪莱 28 岁）（时代背景：滑铁卢战役宣告了拿破仑新王朝的破灭）

明确二：组合在一起为绚烂瑰奇的青春在不同时代激流中彰显的风采。

4. 比较《峨日朵雪峰之侧》和《立在地球边上放号》。同为新诗，它们在意象使用和情感表达方面有何区别？

问题一："蜘蛛""雪豹""雄鹰"等意象在《峨日朵雪峰之侧》中有何深意？

雄鹰和雪豹，是具有强悍生命力的东西。蜘蛛，处于幽暗中，努力不懈，具有顽强的生命力。

问题二：《峨日朵雪峰之侧》有没有核心意象？这些意象彼此组合构成了一个什么样的画面？

明确一：昌耀并未将情感集中于具体的意象，意象构成的是一个画面，而非一种明确的情感。雪峰和太阳在这儿不是着力描摹的对象，而是攀登和征服的背景。"太阳跃入山海"和"石砾滑坡"让人感到所有的自然之力都是向下的，抒情主人公却凭借内心的坚韧与强力进行了攀登与征服。

明确二：所有的意象共同构成一个画面、一个情绪的突破口，勾勒出一种生存的状态。

演示文稿引入：昌耀的人生经历与创作背景。

1957 年昌耀因为写《林中试笛（二首）》，被打成右派，下放到青海省湟源县日月乡下若约村劳动。因为难以承担艰苦的劳动，又和当地村支书有矛盾，被县公安局押解到看守所，沦为囚徒。

1958 年 5 月，和一群囚徒从湟源看守所里出来，前往北山崖头进行开凿工作。同年 10 月，被判处劳动管教三年。

1962 年，湟源县人民法院意识到对昌耀的判决不当，在对该判决进行复审后专门做了一个改正文书，称"原判不当，故予撤销"。但青海省文联似乎对此毫不知情，竟然一直把昌耀当成一个劳教分子。

我是一个永远的迟到者，而这就是历史机遇为我设置的角色。

（昌耀《今夜，思维的触角》）

明确三：昌耀的落伍和掉队是伴随他一生的宿命，他是一个力主减速的步行者，一个缓缓转动摇杆的电影放映员，一个情愿把时间的齿轮调慢的钟表匠人。

明确四：《峨日朵雪峰之侧》是不是一定在说这段经历？不一定。但是这段经历一定是构成诗人复杂深邃、奥妙无穷的心理的重要因素。

明确五：意象要暗示出人内心的秘密，隐喻人内心的深邃。《立在地球边上放号》的诗歌意象指向一个明确的内容，《峨日朵雪峰之侧》的诗歌意象指向的是一种感觉、一个画面、一种想象。《立在地球边上放号》中的情感是奔放直露的，是从内心深处吼叫出来的；《峨日朵雪峰之侧》的情感表达却是节制、婉曲的。

结语：郭沫若唱出了"五四"的最强音，这种青春之力是一代青年的觉醒之力，有狂飙突进的勇猛，有摧枯拉朽的强势。昌耀的情况则是外部强力与阻力作用于个人，所有外部之力都试图将这样一个弱小的个体牵拉至无尽的深渊，他却不住地攀登，这是青春生命的征服、坚持与渴望，他甚至在静默中享受，自然赋予他的、抚平他这个人间的放逐者的生命的快慰。

5. 板书设计。

青春的力量

"啊啊""哟"——音乐、节奏——力：青春的创造

"石砾""雄鹰""蜘蛛"——画面、感觉、想象——青春的坚持与攀登

6. 作业布置。

（1）运用这节课学习的诗歌鉴赏方法（品读语言、分析意象、知人论世等），品读《致云雀》，将品读的过程和结论写成一篇鉴赏随笔。

（2）和同学一起朗读郭沫若的《凤凰涅槃》，感受诗歌内在的韵律。

（3）结合本单元前几节课，从"青春的独立与觉醒""青春的力量"等角度构思单元贯通。

【课时四】青春的奉献
——读《百合花》《红烛》

一、教学目标

1. 从细节入手，分析情节与人物形象，理解《百合花》的主题。

2. 通过分析《百合花》《红烛》两部作品的主题，理解、体认奉献与牺牲的青春形象的崇高。

二、教学重点与难点

理解、体认奉献与牺牲的青春形象的崇高——青春的光华与灵智在于不断地燃烧与发光。

三、教学过程

1. 导入：《致云雀》文学鉴赏的学生习作展示。引出：青春的高贵性——青春是对尘世有深刻的理解，又能超越尘世。回顾、复习、总结单元学习中

所述及的青春的高贵性。《百合花》和《红烛》共同体现了什么样的高贵的青春?

2. 小说《百合花》中最打动你的一个细节是什么? 请说说打动你的理由。

学生在课堂中说出的答案:借被子、缝衣服、枪杆中的树枝等。

原因:青春的生命的陨落、无目的的奉献与牺牲。

演示文稿引入:

这些细节描写,安排得这样自然和巧妙,初看时不一定感觉到它的分量,可是后来它就嵌在我们的脑子里,成为人物形象的有机部分,不但描出了人物的风貌,也描出了人物的精神境界。

(茅盾《谈最近的短篇小说》)

有真意、去粉饰、少做作、勿卖弄。

(鲁迅《作文秘诀》)

它(小说)只是需要你摆事实,不需你讲道理的。就是要你把事实都摆出来,然后让读者从你摆出的事实中去领悟出你所想告诉读者的那个道理,让读者自己去领会,你千万不能告诉读者。这一点,这一要求是检验我们这篇小说的形象、人物、细节够不够,我觉得是一个标准。

(茹志鹃《漫谈我的创作经历》)

3.《百合花》的主题是什么? 这是一篇关于什么的小说? 请用一个词来概括。

(1)百合花。

问题一:百合花在这里象征什么?

明确:象征纯洁与感情(小说最后一段)。

百合花是充满温馨感的幸福之花,象征着对婚姻百年好合的祝福与向往。

问题二:百合花在小说中象征什么感情?

明确:有军民鱼水情,但也许比这更立体、丰富。

文本依据:不知怎么的,我已从心底爱上了这个傻乎乎的小同乡。(课文第16段)

问题三:这是一种什么样的爱?

小战士、新媳妇和"我"——一种微妙的情愫、心理碰撞。

问题四:为什么是新娘子? 为什么不是未出嫁的姑娘或者大嫂子?

明确一:用一个处于爱情的幸福中的美神,来衬托这个年轻的、尚未涉足爱情的小战士。一个稚气未脱的年轻战士，尚未体验过爱情的欢乐，尚未感受过婚姻的幸福，就被残酷的战争夺去了生命，实在死得太早了。对他们的牺牲感到深深的惋惜。

明确二：一种充满母性之爱的伟大的纯洁的爱情：用包容与呵护的态度对待生命。这种爱是点点滴滴渗透到细节中的爱。

演示文稿引入：

一位刚刚开始生活的青年，当他献出一切的时候，他也得到了一切。洁白无瑕的爱，晶莹的泪。

（茹志鹃《我写〈百合花〉的经过》）

明确三：一种没有爱情的爱情。

演示文稿引入：晴雯抱病补雀金裘。

（晴雯）一面说，一面坐起来，挽了一挽头发，披了衣裳，只觉头重身轻，满眼金星乱迸，实实撑不住。若不做，又怕宝玉着急，少不得狠命咬牙捱着。便命麝月只帮着拈线。……一时，只听自鸣钟已敲了四下，刚刚补完；又用小牙刷慢慢地剔出绒毛来。麝月道："这就很好，若不留心，再看不出的。"宝玉忙要了瞧瞧，说道："真真一样了。"晴雯已嗽了几阵，好容易补完了，说了一声："补虽补了，到底不像，我也再不能了！"嗳哟了一声，便身不由主倒下了。

（曹雪芹《红楼梦》第五十二回）

明确四：风流灵巧的晴雯的另一面——具有坚韧耐劳、牺牲自我的母性之爱。"只有在那种不服务于任何目的的爱中，真正的爱才会显露。"（弗洛姆语）茹志鹃用古典的精神叙述了一个现代的故事，用现代的故事确证了爱的永恒。

（2）美好。

问题：美好由什么载体传达出来？（学生可能回答：百合花。）

追问：除了百合花，还依靠什么载体来传递美好？

文本依据：在月光下，我看见她眼里晶莹发亮，我也看见那条枣红底色上撒满白色百合花的被子，这象征纯洁与感情的花，盖上了这位平常的、拖毛竹的青年人的脸。

明确：对勇敢的牺牲者的深情赞美，通过月光流照、万物生情，在静默无声、安详的世界里展现出来。

（3）牺牲、献身。

问题：这种牺牲、献身的价值在哪里？为什么要把《百合花》放在这个单元里？

明确：用青春去置换一种价值。"五四"之后，有多少青年人奉献出了自己的青春？

教师讲解：很多父母愿意为孩子献身，很多人愿意为自己的价值追求献身。最美女教师张丽莉，为救学生而受重伤，致双腿截肢。1600年2月17日，布鲁诺被烧死在罗马的鲜花广场上。在生命的最后时刻，布鲁诺面对行刑的刽子手，庄严宣布："你们对我宣读判词，比我听到判词还要恐惧！"布鲁诺死后，罗马教廷害怕人们抢走这位伟大思想家的骨灰来纪念他，匆匆忙忙地把他的骨灰连同泥土收集起来，抛撒在台伯河里。1889年6月9日，在布鲁诺殉难的鲜花广场上，人们为纪念这位为真理而呐喊、为科学而献身的伟大思想家，为他树立了一尊铜像，永远纪念他的勇气和功绩。

4. 用闻一多的《红烛》一诗来歌咏《百合花》中的小战士，是否恰切？请谈谈原因。

问题一："红烛啊！不误，不误！"什么是"误"？"矛盾""冲突"又指什么？

明确：为他人发光必须以自我毁灭为代价，这又何尝不是一种深藏痛苦之感的矛盾与冲突，不是一种实现人生价值的迷和误？

问题二：为什么又说"不误，不误"？（讨论）

明确：倔强的、反驳式的句子唱出了自己真正的人生价值观：因为这是自然的方法，红烛的价值就在于燃烧，就在于发光。

问题三：什么是"自然的方法"？

明确：这就是红烛存在的方式。红烛"心火发光之期"，正是"泪流开始之日"，这泪是残风侵蚀的结果，同时又是流向人间的脂膏，给人慰藉与快乐的花果。

问题四：这个单元的主题是"青春的价值"，《红烛》和青春有什么关联？

明确一：青春需要用自己的生命去奉献，需要燃烧，这不是一种"误"，这是自然的存在方式。

明确二：关于牺牲的辩证分析：神圣道德，只能责己，不能责人；生命本位，更多时候，需要韧性的斗争。

5. 板书设计。

不死的青春——奉献与牺牲

细节（"有真意、去粉饰、少做作、勿卖弄"）

主题（百合花、美好、奉献与牺牲——青春的燃烧与不死：自然的方法）

6. 作业布置。

（1）阅读安徒生《光荣的荆棘路》，想一想：哪些人能够被送上这一条"光荣的荆棘路"？

（2）中国文化中强调"崇德利用"，提倡在困境中的蛰伏与自我保全。鲁迅先生提倡"韧性的斗争"，这和"奉献与牺牲"矛盾吗？请与同学一起讨论。（写一篇随笔）

【课时五】诗歌的真实
——必修上册第一单元诗歌意象学习

一、教学目标

1. 能够在涵盖阅读与写作的学习活动中，理解和掌握诗歌意象与情思的必然性关联。

2. 能够在涵盖阅读与写作的学习活动中，分析和理解诗歌意象的"生活之真""艺术之真"及两者的关系。

二、教学重点与难点

通过对诗歌意象的贯通学习，理解诗歌意象"艺术之真"的内涵及其对"生活之真"的超越。

三、教学过程

1. 导入：回顾此前的学习内容——四首诗歌的情思。

《立在地球边上放号》：青春的放号——时代鼓荡下青春之力的释放；

《红烛》：青春的觉醒——青春的价值在于一直燃烧和发光；

《峨日朵雪峰之侧》：青春的独立性——独立于时代的青春的征服与攀登；

《致云雀》：青春的高贵性——青春是对尘世有深刻的理解，但又能超越尘世。

2. 这四首诗歌的意象是怎样彰显诗情的？

（1）通过展示学生预习作业中对诗歌的分析，讨论不同诗歌意象使用方式的区别，明确不同的意象是青春的力量不同的诗意呈现。

问题：四首诗歌意象的使用分别有什么特点？这些意象使用的特点和诗歌要抒发的感情之间有关联吗？（学生课前进行预习，在预习中形成了部分答案。在课堂通过连线方式，进一步明确意象与诗歌人文主题、抒情方式的必然性关联。）

《立在地球边上放号》：感叹词、号子、歌谣般的音乐和节奏的流动。情感是直抒的。

《红烛》：反复问答、咏叹。情感是蕴藉的。

《峨日朵雪峰之侧》：意象群所构成的画面——在画面和想象中彰显真实的生命状态。

《致云雀》：意象附着于新奇的比喻、通感——在虚境中彰显诗人的高贵与超越。

（2）分析四首诗歌的意象所涉及的自然、科学之理，以部分诗歌为例，明确诗歌意象所体现的"生活之真"。

问题：这些意象的使用符合自然和生活的实际吗？

结合学生的回答做适当引导，如："北冰洋的白云"和"太平洋的洪涛"能不能换一换？换成"北冰洋的洪涛"和"太平洋的白云"。

点燃后才能有光芒，"红烛"是如何"灰心"的？蜡烛的烛心因为燃烧而变灰。（就学生的回答，选择意象探讨"生活之真"。）

演示文稿引入：

北冰洋——冰盖面积占总面积的三分之二，且常年不化。

雪豹——生活高度：海拔 3 500—4 000 米。

雄鹰——一般飞行高度：2 000—3 000 米，最高可至 15 000 米。

蜘蛛——喜马拉雅跳蛛：生活在海拔 6 700 米冰峰的裂缝里。

云雀——"炫鸣飞行"（song flight）：首先迅速爬升，达到一定高度（40—50 米）后平飞，最后急速下降，伴随整个飞行过程，它们会持续地鸣唱。

明确：诗歌意象的使用符合自然、科学的规律和生活的实际，体现了"生活之真"。

（3）通过比较、讨论与探究，以部分诗歌为例，明确诗歌意象的"艺术之真"及其对"生活之真"的超越。

问题：在"生活之真"的基础上，诗歌的意象还提供给我们哪些新的解释与体验？

小组交流前期，预习作业中自主收集的资料，根据课堂时间进行讨论、探究。

如：闻一多为什么要引用李商隐的诗歌？闻一多从哪些角度改造了李商隐的"蜡炬"意象？烛光只能说是"微光"，为什么在闻一多笔下能够"烧破世人的梦""烧沸世人的血"？（象征化）

演示文稿引入：

闻一多早年曾留学美国，接受了西方现代文学思想的洗礼，但他依然是一个受传统习气浸染很深的人，有着很深厚的传统文学素养，他的新诗创作中也自觉或不自觉地接受了中国古代诗词的影响。闻一多对中国古典诗词更加痴迷，李商隐诗中嫣妍浓丽的美深深吸引着闻一多，打开了他新诗创作的大门。

（张陆洲《浅论闻一多对李商隐诗歌的接受》）

不作诗则已，要作诗决不能还死死地贴在平凡琐俗的境域里！

（闻一多《〈冬夜〉评论》）

明确一：闻一多对古典"蜡炬"意象进行了改造，把古典意象嵌入社会现实的语境，使其在感觉的基础上深化为智性与哲理。（对固有思维的冲破）

明确二：诗歌意象的"艺术之真"表现在用诗人的理想与心灵冲破固有思维，再造意象的内涵。

如：《峨日朵雪峰之侧》的意象表达和我们日常的表达有什么不同？（提示：可从想象、语序、标点等角度思考）

正确的语序是：但有一只小得可怜的蜘蛛，在锈蚀的岩壁，与我一同默享着这大自然赐予的快慰。（以学生的发现程度为主。视课堂时间，可与原诗进行比较）

昌耀的《峨日朵雪峰之侧》意象的"艺术之真"，在形式上表现为诗人独特的话语方式。想象中的画面，呈现出诗人的生活、真实的境遇。

演示文稿引入：

诗人在现实中的挣扎，让诗歌中的呼吸节奏失去平衡，进而发生了倾斜；他在文字上的调兵遣将让原来分为几次的呼吸运动，强行合并成一次，无异于一次"强化呼吸"，像一条缺氧的鱼在窒闷中用力地翻腾跳跃。

（张光昕《昌耀论》）

明确三：诗人赋予意象以新的情感、意义、表述方式，超越了"生活之真"。

结语：诗歌是"生活之真"和"艺术之真"的统一。同时，诗歌借生活中熟悉的事物来表达感情。"生活之真"使陌生变得熟悉，"艺术之真"又赋予诗歌新的内涵，使熟悉变得陌生。这是诗歌乃至艺术作品的普遍规律，"美是真的光辉"，在这样的过程中生成了诗歌之美。

3. 作业布置。

（1）请根据这节课的学习，继续分析本单元诗歌中意象的"艺术之真"及其对"生活之真"的超越。

（2）请结合本节课对意象的学习和在军训期间对青春的力量的体会，继续修改自己的诗歌。

要求：

① 关注诗歌意象的外在特征与作者内在情感的融合。

② 关注意象与诗歌要表达的人文主题之间的关联。

③ 关注意象的"生活之真""艺术之真"及两者的关系，重点关注"艺术之真"对"生活之真"的超越（可从古典意象的创新、想象、标点、语序等角度进行修改）。

（3）古典诗歌和现代诗歌中是否也有类似的现象？我们这个时代有哪些代表性意象？请收集当代诗歌进行探究。

四、教学实录

授课时间：2020 年 10 月 19 日。

授课班级：复旦附中 2023 届家桢学院（1）班。

授课教师：陈晓蕾。

师：我们之前一起学习了第一单元的四首诗歌，现在一起来回顾一下四首诗歌的情思。《立在地球边上放号》：青春的放号——时代鼓荡下青春之力的释放；《红烛》：青春的觉醒——青春的价值在于一直燃烧和发光；《峨日朵雪峰之侧》：青春的独立性——独立于时代的青春的征服与攀登；《致云雀》：青春的高贵性——青春是对尘世有深刻的理解，又能超越尘世。当然，这些诗歌单独来看，不一定都是对青春的阐释，但当我们将它们汇聚在一起的时候，它们都体现了"青春的价值"主题的一个方面。这节课，我们要解决一个问题，这个问题是同学们之前在预习作业中提出来的：这四首诗歌的意象是怎样彰显诗情的，是怎样彰显青春的一个侧面的？

师：我将同学们的预习作业中关于这四首诗歌诗情彰显的方式的内容列在了演示文稿上，请同学们用连线的方式将诗歌的标题和诗情彰显的方式连一连。（演示文稿展示）

生：《立在地球边上放号》和"感叹、号子、歌谣般的音乐和节奏的流动。情感是直抒的"连在一起。《红烛》和"反复问答、咏叹。情感是蕴藉的"连在一起。《峨日朵雪峰之侧》和"意象群所构成的画面——在画面和想象中彰显真实的生命状态"连在一起。《致云雀》和"意象附着于新奇的比喻、通感——在虚境中彰显诗人的高贵与超越"连在一起。

师：大家都同意吗？有没有不同意见？看来我们是有共识的。这是在表达上我们找到的四首诗歌的个性与特质。接下来我们想一想：这些诗歌对意象的使用符合自然与生活的真实、符合科学规律吗？为了回答这个问题，我们一起来读一读《立在地球边上放号》《红烛》《峨日朵雪峰之侧》和《致云雀》的片段。

（师生齐读）

生：我觉得是符合的。比如《立在地球边上放号》里，太平洋确实是非常壮阔的。

师：太平洋的壮阔，诗人用了什么意象来表现？

生：提起他全身的力量来要把地球推倒。

师：这里的意象是什么？

生：太平洋的力。

师：力是意象吗？意象如何定义？必修上册第三单元中有没有你特别深刻的意象？

生：有的。"三杯两盏淡酒"中的"淡酒"。

师：为什么是"淡酒"，不是"浓酒"？李清照是借酒浇愁，淡酒可以浇愁吗？词人的情绪无法释放。所以你能界定意象了吗？

生：意象是一种实体。

师：对，意象一定是一种实体，而且是用来表达……

生：情感。

（板书：实体——情感）

师："太平洋"这个意象符合自然和科学的规律吗？我们能不能把《立在地球边上放号》中的"太平洋"和"北冰洋"换一换，变成"啊啊！好幅壮丽的太平洋的晴景哟！无限的北冰洋提起他全身的力量来要把地球推倒。啊啊！我眼前来了的滚滚的洪涛哟"，可以吗？

生：不可以。

师：为什么不可以？

生：因为北冰洋面积比较小，又都是冰，太平洋面积辽阔，只有太平洋才会有洪涛。

师：如果北冰洋有洪涛会怎样？

生：我们这个世界就会有灭顶之灾，所以这里是符合自然规律的。

师：非常好，他帮我们找到了《立在地球边上放号》中符合自然规律的意象。我再请一名同学说说，有没有哪个意象符合我们生活的实际。

生：无数的白云在空中怒涌，首先这些白云数量比较大，其次它们在空中交织在一起，有一种动感。

师：这符合北冰洋气候的状况，对吗？为什么是"晴"而不是"情"呢？

生：北冰洋这个时候可能是极昼，太阳日照时间特别长。

师：还有别的诗歌中的例子吗？

生：《峨日朵雪峰之侧》中的蜘蛛，它那么弱小，却在危险的岩壁上出现，体现了强大的生命力。

师：所以蜘蛛是可以在雪山的岩壁上出现的吗？你知道蜘蛛生活的最高海拔是多少米吗？

（生摇头）

师：有一种蜘蛛叫喜马拉雅跳蛛，可以生活在海拔 6 700 米冰峰的裂缝里。这里没有雄鹰和雪豹的陪伴，但有蜘蛛的陪伴，是符合科学之理的。《致云雀》这首诗符合自然与科学的真实吗？云雀怎样飞行？

演示文稿引入：

北冰洋——冰盖面积占总面积的三分之二，且常年不化。

雪豹——生活高度：海拔 3 500—4 000 米。

雄鹰——一般飞行高度：2 000—3 000 米，最高可至 15 000 米。

蜘蛛——喜马拉雅跳蛛：生活在海拔 6 700 米冰峰的裂缝里。

云雀——"炫鸣飞行"（song flight）：首先迅速爬升，达到一定高度（40—50 米）后平飞，最后急速下降，伴随整个飞行过程，它们会持续地鸣唱。

在雪莱的《致云雀》中，云雀的歌声响彻尘嚣。他用通感手法来写四处弥漫的，象征着光明、自由与高贵的云雀的叫声。所以我们可以说，诗歌意象的使用符合自然、科学的规律和生活的实际，体现了"生活之真"。

（板书：生活之真）

师：除了"生活之真"以外，诗歌意象还从哪些方面体现真实呢？诗歌意象如何彰显诗歌的情思呢？同学们在预习作业中也查找了关于四首诗歌的背景资料。下面请同学们以小组为单位，一起交流预习作业中的背景资料和自己独特的理解，讨论、探究诗歌意象还给我们提供了哪些新知——新的感受与体验。

（生小组讨论）

生：《红烛》化用了李商隐的古典意象"蜡炬"，但表达了一种现代精神。李商隐想表达的是对爱情的忠贞，但《红烛》表达的却是对新时代的奉献和思想上的解放。就像《再别康桥》中的"金柳"也是化用古典意象，但也有诗人自己的创造。

师：所以诗人给予了古典意象新意，原本"蜡炬成灰泪始干"说的是爱到生命尽头的忠贞，《红烛》中新时代的奉献这一内涵与意象本身有什么关联？

生：红烛代表赤子之心。因为它是最纯真的，也是最炽热的。

师：李商隐用的是"蜡炬"，闻一多用的是"红烛"，所以这里的"红"代表赤子？什么样的赤子？

生：极具奉献精神，燃烧自身，成全他人。

师：所以这里的"成灰"就是燃烧自我。

生：《峨日朵雪峰之侧》中讲述了"彷徨许久的太阳"。一般提到太阳，我们都觉得是表现发光发热的积极的情感，但是这里提到太阳是为了体现压抑的心境，这是意象的翻新。

师：太阳是宏大、恒久的，这里的太阳却跃入了山海，所以和作者的特殊心境相联系，你们有没有发现这首诗歌后面写蜘蛛，非常有特点？

生：作者在和蜘蛛进行情感上的联系，将自己和蜘蛛进行比较，或者说是把自己比作蜘蛛，写自己虽然非常渺小，但能在困境中勇于攀登、坚韧不拔。

师：在形式上是怎么表达这种和蜘蛛之间的默契与沟通的？你有没有发现最后一句话的语序和我们正常的语序是有差别的？我们一起来读一读："啊，真渴望有一只雄鹰或雪豹与我为伍。／在锈蚀的岩壁上，／但有一只小得可怜的蜘蛛／与我一同默享着这大自然赐予的／快慰。"

（生齐读）

师：有没有发现？

生：正确的语序应该是调过来的：有一只小得可怜的蜘蛛在锈蚀的岩壁上与我一同默享着这大自然赐予的快慰。语序发生了变化，而且没有标点，最后一句话还莫名其妙地换行了。

师：好奇怪啊，为什么呢？

生：是为了突出一种情感。

师：什么情感？我们什么时候会有语序的倒错，说话也不太流畅？

生：心情激动的时候。

师：我们一起来看一看同学们在预习作业中找到的相关背景资料，看看能不能解决这些问题。

演示文稿引入：

闻一多早年曾留学美国，接受了西方现代文学思想的洗礼，但他依然是一个受传统习气浸染很深的人，有着很深厚的传统文学素养，他的新诗创作中也自觉或不自觉地接受了中国古代诗词的影响。闻一多对中国古典诗词更加痴迷，李商隐诗中嬑妍浓丽的美深深吸引着闻一多，打开了他新诗创作的大门。

（张陆洲《浅论闻一多对李商隐诗歌的接受》）

不作诗则已，要作诗决不能还死死地贴在平凡琐俗的境域里！

（闻一多《〈冬夜〉评论》）

师：昌耀是有一些口吃的，为什么会这样？因为在一个特殊历史时期他遭遇了困境，被冤枉，生命遭受摧折。所以在第一节课中我们讲到这是幻境中的生命情境。看完这些资料，我们再反过来看这些诗歌，它们在现实平凡和琐碎的情境里，提供给我们一种别样的真实。这种真实和诗歌"自然之真"之间的关联是什么？蜡烛在古代是做什么用的？

生：照明。

师：一般人家用蜡烛吗？

生：蜡烛一般是比较昂贵的。

师：蜡烛一般在什么场合使用？

生：祭祀、婚庆、葬礼、做法事……这些比较庄重的场合。

师："红烛"意象指向的别样的真实是什么？

生：默默付出的奉献精神，青春的一个侧面。指向新时代中诗人的心流向四方，流向人间。

师：如果一根蜡烛是 18 厘米，现在你这根蜡烛烧到多少厘米了？

生：也没有多少。（笑）

师：我烧了一半多了，你才烧了 1 厘米。当这根红烛烧完，当这种指向时代的理想、奉献燃烧殆尽的时候，是不是青春就结束了？

生：没有结束。诗人心中一直饱含着这种赤诚的情怀，不因年龄增长而改变。

师：所以我们可以说，青春是不死的。无论在什么样的年龄段，只要有这样热切的盼望，只要有奉献、赤诚、赤子之心，就有青春。我们找到了诗歌的真实，我们可以概括吗？这种真实是来源于真实，但是在诗人的妙笔之下，又有着什么真实？

生："情感之真"。

师：真是美的光辉。诗歌带给我们什么享受？源于生活，却又高于生活的是什么？

生："艺术之真"。

（板书：艺术之真）

演示文稿引入：

诗人在现实中的挣扎，让诗歌中的呼吸节奏失去平衡，进而发生了倾斜；他在文字上的调兵遣将让原来分为几次的呼吸运动，强行合并成一次，无异于一次"强化呼吸"，像一条缺氧的鱼在窒闷中用力地翻腾跳跃。

（张光昕《昌耀论》）

师：诗人赋予意象以情感与意义（"艺术之真"），诗歌超越了"生活之真"。请根据这节课的学习，继续分析本单元诗歌中意象的"艺术之真"及其对"生活之真"的超越。请结合本节课对意象的学习和在军训期间对青春的力量的体会，继续修改自己的诗歌。古典诗歌和现代诗歌中是否也有类似的现象？我们这个时代有哪些代表性意象？请收集当代诗歌进行探究。

【课时六】《青春的力量》诗歌创作、修改与展示

一、教学目标

在涵盖阅读与写作的学习活动中分析和理解意象，体验和学习有效表达，

特别是学习借用意象表达"青春的价值与力量"的方法。

二、教学重点与难点

读写结合，围绕意象探讨，掌握诗歌品读和写作的方法。关注学习经历，关注对诗歌习作进行品读与修改的过程，提升表达能力和语文素养。

三、教学过程

1. 展示学生习作，请学生猜一猜作者是谁。

如：

青春的力量

春天的雨后

我漫步在一片竹林

咔咔——咔咔——

声音钻入我的耳朵

听，

——咔咔——咔咔

竹子拔节

是这世间最美的声响

喧闹异常

竹们仿佛在欢唱

我想

这就是

我们青春的模样

我们破土

我们把头昂

青春滚滚而来

又终将奔腾而去

若青春注定是一首仓促的诗

我愿为竹

因竹中有空　虚怀若谷

因竹中有节　吾心亦有节

我愿用青春之力
长成一株苍翠欲滴的竹
傲骨深藏
笑傲穹苍

（摘自学生习作）

2. 请同学说一说"青春的价值与力量"在学生创作的诗歌中有哪些表现。

3. 围绕意象，探讨学生创作的诗歌中对"青春的价值与力量"的表达高妙之处在哪里。

讨论与交流：围绕意象，探讨学生习作中哪些表达可以通过修改将"青春的价值与力量"更好地彰显出来。

演示文稿引入：

"<u>竹</u>影横斜水清浅，<u>桂</u>香浮动月黄昏。"

——［五代］江为（残句）

"<u>疏</u>影横斜水清浅，<u>暗</u>香浮动月黄昏。"

——［北宋］林逋《山园小梅》

"未出土时先有节，纵使凌云仍<u>虚心</u>。"

——［清］郑板桥《竹》

明确一：林逋《山园小梅》只对个别字词做了修改，却成为经典，因为其符合"生活之真"。郑板桥《竹》中的"仍虚心"符合客观实际，亦有艺术超越。

明确二：所展示的学生习作的作者明白意象是人的内在之情与物的外在之象的一拍即合，在"艺术之真"层面做得比较好。但词语的使用（如"笑傲穹苍"等词）不符合客观实际，可以围绕"生活之真"进行再探讨、再修改。

4. 作业布置。

（1）请根据课堂学习的内容，参照必修上册第一单元诗歌，从现代诗的意象、韵脚、节奏、修辞、用词等方面，完成对诗歌的修改。

（2）由学生投票评出"诗情画意奖"（意象方面）、"青春之歌奖"（音韵、节奏方面）、"驴背诗思奖"（用词、炼字方面）等奖项（奖项名称由学生商议决定）。后期在教师组织下，学生将诗歌编辑成诗集，并为优秀诗歌配乐，录制音频发布于班级公众号。

【课时七】《青春的力量》单元贯通作文展示

一、何谓青春

所谓青春，要拆开理解其含义。青即一种苔色矿石，因其颜色与自然界各类植物相近，故在中国文化中"青"代表了生机与活力。与万物复苏之"春"字结合，便代表了人生中最有活力之时。

（学生：胡羽健）

青春，即草木青葱的春季。

青春这个词从诞生之初，便是伴随着浪漫与诗意的。春季代表着寒霜解冻，青葱代表着万物复苏，整个世界都弥漫着温柔的气息。可是，"青春"一词是如何与力量联系在一起的？我不禁思考。

（学生：陈瑞平）

明确：青春的外在——美好的容貌、强健的体魄、敏捷的思维和反应……青春的内在——天真、勇气、奉献、理想……

那又是什么使青年在斗争时能做到"无畏"呢？我认为，这与青年人的阅历有很大联系。青年们入世未深，对世界的一切有着较基本的认识却并不深刻，因此对拼搏有极大信心。

（学生：胡羽健）

在我看来，青春最美好的地方，在于青年人没有或刚刚踏入社会。他们尚不了解社会有怎样的规则，怎样的限制……因此，青春最大的力量在于无知。

（学生：吕诺成）

演示文稿引入：

不管少年的天性如何纯真，无论童年教育多么诗意与美好，一旦他离开童话和教室，面对实际的社会挑衅与竞争敌意——尤其是生活的诸多不公、复杂人际和"潜规则"，在经历了短暂的惊愕、迷惘、沮丧、失措后，他便开始了适应市侩秩序、遵守集体契约的人生实习。

生命终于变成了"成品"。一个个儿童排着长队，由教父们领着，经过"学校"一级级甬道，走向"社会"这座热气腾腾的孵化器。终于，一队队的商人、官员、买办、得意者、落魄者、蹒跚者、受难者——手持各种证件、履历、薪袋、诉状、合同、标书、欲望计划……鱼贯而出。

（王开岭《从生命到罐头》）

二、青春不仅是一段宝贵的时期，而且是一种可贵的精神

正值青春的我们，有着足够的试错机会来尝试一切新的事物，我们也更乐于接受新文化、新思想的洗涤。

（学生：沈睿弘）

青春的力量是经历了多次失败以后仍有的顽强的、自信的力量。……他（毛泽东）的这首诗正和苏轼"老夫聊发少年狂"的"狂"相应和。

（学生：雷毅聪）

（少年气）不是受追捧的年轻、帅气、令人如沐春风的外表，而是气质，一种向平凡的自己说"不"的果断，是永远奔跑着追逐梦想的坚持，是勇气，是爱，是不顾一切，是风雨兼程地前进。少年气，是不凡。

（学生：陈睿哲）

三、青春不仅有热血沸腾，而且有平凡、细腻与爱

青春不止有刚，亦有柔。

青春是充满爱的，那种如百合花般纯洁、美好、无私的爱。

或许是那种改变时代的呼声对我而言太遥远了些，太坚硬了些，太宏大了些。

（学生：汤蕙萍）

或许，可曾在意，小说中，主角之外青春的样子？

多少年少，多少青春！

胸怀天下之抱负是青春，勇于奉献自身是青春，追寻知识向往外界是青春。

可，青春也不只是如此被人赞颂的模样，那些配角身上闪耀的何尝不是青春的光辉呢？

她们会与木讷的小通讯员逗乐而看他窘迫得脸红，她们会提早把自己打扮漂亮，只为迎接山外来的火车，她们会与列车上的人交换心爱的漂亮饰品，会憧憬一段姻缘，一段通向山外的姻缘。

（学生：万洲桐）

青春的力量并非盲目的自信，而是谦卑的坚持；

并非无意义的莽撞，而是有价值的追求。

如此，才能帮助我们创造新事物，做出更多奉献与牺牲。

（学生：周易航）

四、当代青春的价值是否在消亡

在工具理性渐渐盛行的今天，青春的力量似是有所减弱了，那一腔热血沦为玩世不恭，奉献精神异化为犬儒主义，当自我意识觉醒沦为随波逐流，当代的青年人不再为理想而战，反而任由时代摆布时，我们是否应该意识到什么，改变什么呢？

（学生：郑子恒）

演示文稿引入：

疫情期间，有 4.2 万多名驰援湖北的医护人员，其中有 1.2 万多名是"90后"医护人员，其中有一部分还是"95 后"和"00 后"。

不只是在抗击新型冠状病毒肺炎疫情的第一线，在后方的社会各行各业中，"90 后"的身影也是随处可见。武汉火神山、雷神山医院工地的建设者，执守在交通运输行业最前沿的服务人员，搬运急救物资的志愿者……

明确：我们需要青春的力量去抵御虚无与犬儒，去匡正时弊，去推动时代与社会的发展和更新。

五、总结

青春与我们的生活契合得如此紧密，当我们重新认识它时，它却陌生了许多。有时候我们被时代的洪流所裹挟着，没有真正静下心来理解"青春"二字背后的内涵。我们赞颂"成熟"，却不知青春中宝贵的便是"纯真"；我们期待"不凡"，却不知青春中宝贵的是"朴实"；我们有时唏嘘青春的短暂，却不知青春是一种穿越时代的永恒的精神。青春在磨砺中熠熠生辉！

（学生：陈瑞平）

二、从凡性到神性——必修上册第二单元教学设计

孙梦依

第二课时，2020 年全国"双新"语文课程展示活动展示课

单元教学定位

一、学习任务群定位

高中《语文》必修上册第二单元的主题是"劳动"。本单元有六篇作品，由《喜看稻菽千重浪——记首届国家最高科技奖获得者袁隆平》《心有一团火，温暖众人心》《"探界者"钟扬》《以工匠精神雕琢时代品质》《芣苢》《插秧歌》组成，包含了对杰出劳动者的事迹报道、对工匠精神的倡导以及对劳动的美好和欢乐的歌咏等。本单元隶属《普通高中语文课程标准》(2017 年版，2020年修订)"实用性阅读与交流"学习任务群，该学习任务群提出了"丰富学生的生活经历和情感体验，提高阅读与表达交流的水平，增强适应社会、服务社会的能力"等要求，以"学习多角度观察社会生活，掌握当代社会常用的实用文本，善于学习并运用新的表达方式"等为学习目标。教材单元导语也要求学生通过这些作品的学习深入体会"劳动最光荣、劳动最崇高、劳动最伟大、劳动最美丽"的思想，形成正确的劳动观念；同时学生要学习新闻通讯、新闻评论等应用性文体的相关知识。以上要求紧扣语文学科核心素养的四个培育目标，是教师教学设计过程中所要落实的教学任务。

二、学段定位

高一年级的学生对劳动虽不陌生，但对这样重要的主题的认识却远不够深入，往往停留于标签化理解。对于当代学生，尤其是成长于城市的学生来说，他们在生活中对劳动缺乏充分的实践与体认，对他人的劳动也缺少由衷的理解和尊重。本单元包含了对"劳动"主题的深入研讨、对劳动特质的辨

析体认，恰好可以作为激发学生青春力量的一种重要方式，为他们去除认知上的遮蔽物，引领他们通过日常繁复的劳动锤炼自身。因此，本单元的主要教学任务是：在引导学生了解优秀劳动者的杰出事迹、理解劳动"繁复"特质的基础上，让学生学习实用性文体对劳动之繁的言说方式，体认劳动创造世界、创造自己的伟大意义，从而自觉传承劳动精神。

三、贯通点与课时安排

根据单元学习目标及本单元课文内容，确立了"劳动的价值与意义""劳动之繁""新闻体裁及特征"等贯通点。依据以上贯通点，本单元共安排三个课时：第一课时，引领学生细读文本，讨论六篇作品中劳动者各自从事的劳动的内容及其创造的劳动价值，通过典型事例感受杰出劳动者的人物精神，并反思当代劳动现象及观念；第二课时，归纳劳动的核心特质，讨论凡性的劳动如何成就神性；第三课时，聚焦新闻通讯、新闻评论等文体，从层次与角度、事实与观点两个方面出发，讨论劳动之繁的言说方式。

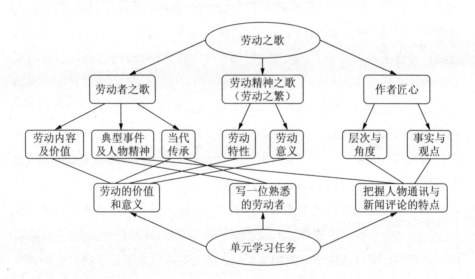

四、单元贯通预习任务

1. 阅读本单元文章，疏通字词，进行陌生点探究的自主学习。

2. 列出预习过程中产生的疑问。

3. 阅读三篇人物通讯，任选其中一位劳动者，自主选择一个情境，为他绘制一幅画像。

课时教学设计

【课时一】劳动者之歌
——读《芣苢》《插秧歌》

一、教学目标

1. 梳理本单元劳动者劳动的具体内容及收获，体认文中劳动者各自创造的价值。感受从古至今劳动在人类各行各业中的重要性。

2. 学习人物通讯以事写人的方法，概括典型事件及其表现的人物精神。

3. 反思当代社会劳动现象及劳动观念。

二、教学重点与难点

教学重点：梳理本单元劳动者各自的劳动内容及收获，学习用典型事件表现劳动者劳动过程的写法。

教学难点：体认劳动者各自创造的价值，反思当代社会的劳动现象及观念。

三、教学过程

1. 导入。

第二单元的主题是"劳动"。对每一名同学来说，"劳动"都不陌生，我们身边的每一个人，都在从事着自己的劳动，都是一位劳动者。劳动在生活中很常见、很平凡，但我们也在说"劳动最光荣"。通过这个单元的学习，我们要解决的问题是：平凡的劳动何以最光荣？我们离光荣到底有多远？

这一单元由三组共六篇文章构成，分别是三篇人物通讯、一篇新闻评论和两首古代诗歌。这六篇文章为我们呈现了六位（类）劳动者的形象，我们首先来看一看：他们分别从事什么劳动，他们的劳动又各自创造了哪些价值呢？

2. 梳理六位（类）劳动者各自劳动的具体内容及其创造的价值。

（1）以《芣苢》《插秧歌》为例梳理劳动者的劳动内容及收获。

问题一：朗诵《芣苢》《插秧歌》，思考：两首诗歌分别描绘了怎样的劳动画面？你能读出诗歌中怎样的情感？

预设：《芣苢》描绘了人们在田间采摘芣苢的劳动画面。整首诗不断重复着"采采芣苢"的动作，通过动词的变换展现出采芣苢由始至终、由少至多的过程。虽然诗歌句式简单、少变化，但不断的循环往复使这首诗歌朗朗上口、充满欢欣。正如"田家妇女，三三五五，于平原旷野、风和日丽中，群歌互答，余音袅袅，若远若近，忽断忽续"（方玉润《诗经原始》），是一首欢乐的劳动歌谣。

《插秧歌》描绘了一个农户家庭在雨中辛勤忙碌、合力插秧的画面。父母孩童各有分工，雨中披蓑戴笠的装扮被比作头盔战甲，可见农时不能违。插秧如同一场紧张的战斗，人们无暇吃饭，而且要照顾到各种突发状况，防止鹅、鸭等家禽踩坏秧苗。虽然过程紧张、辛苦，环境恶劣，但从全家齐劳作的阵势上，以及"抛""接"等充满活力的动词中，能感受到农户全家热火朝天、满怀希望的干劲。

问题二：我们明确了两首诗歌中劳动的具体内容，那么他们的劳动分别创造了哪些价值？

预设：《芣苢》中，劳动者在采摘芣苢。芣苢有两种释义：一是用来治病的车前子；二是作为食物的野菜或薏仁米。无论哪种，采芣苢都是古代人民为了维持生存基本需要所做的劳动，可以使人填饱肚子，保持健康的体魄。《插秧歌》亦然。水稻作为中国人从古至今的重要主食，关乎民生，"谁知细细青青草，中有丰年击壤声"（范成大《插秧》）。

小结：我们可以将刚才的讨论结果列表如下。

劳动者	劳动性质	劳动内容	劳动价值
采芣苢的人	物质生产劳动	采摘芣苢	治病 / 充饥
插秧者	物质生产劳动	插秧	收获粮食

（2）分组讨论，梳理其他四篇文章中劳动者的情况并完成以下表格。

劳动者	劳动性质	劳动内容	劳动价值
采芣苢的人			
插秧者			
袁隆平			
张秉贵			
钟扬			
工匠			

预设：

劳动者	劳动性质	劳动内容	劳动价值
采苯苴的人	物质生产劳动	采摘苯苴	治病 / 充饥
插秧者	物质生产劳动	插秧	收获粮食
袁隆平	物质生产劳动	研究杂交水稻	解除饥饿威胁
张秉贵	服务性劳动	高品质服务	满足个性化需求，引领商业服务风气
钟扬	精神生产劳动	采集种子，教育（面向大众、面向研究生）	保护生物多样性，让知识薪火相传
工匠	物质生产劳动	雕琢技艺，打造高水平产品	生产高水平工艺品，技艺进步

问题：观察以上表格，我们能得出什么结论？

预设：劳动一直存在，从古至今，各行各业，都离不开劳动。劳动是使人类生活得以有序进行的必然需要。

3. 体认杰出劳动者的人物精神，学习人物通讯以事写人的方法。

（1）社会上涌现了许多杰出劳动者，第二单元记述的袁隆平、张秉贵、钟扬三位劳动者正是典型代表。请同学根据预习作业，分享交流自己为他们绘制的画像，并说明这样画的原因。

预设：展示、分享优秀预习作业，让学生说明他是根据哪一个典型事例作画的，试图表现怎样的人物精神。也可以将几幅画像放在一起对比，请同学讨论哪一幅能更好地表现人物精神。

小结：我们之所以能够如此生动传神地绘制人物肖像，是因为作者有意选取了典型事例，为我们展现了劳动者的人物精神。这种以事写人的方法正是成功的人物通讯写作必须具备的特质。写作人物通讯正是用文字为人物画像的过程。

（2）结合学生作业分享及课文，让学生分组讨论，以表格形式梳理三位劳动者的典型事例及其精神。

劳动者	典型事例	人物精神
袁隆平		

劳动者	典型事例	人物精神
张秉贵		

劳动者	典型事例	人物精神
钟扬		

4. 关于劳动精神的当代反思。

问题：这些杰出劳动者如今已离我们远去了。2021 年 5 月 22 日，工作到最后一刻的袁隆平与世长辞。他们虽已远去，但劳动依然伴随着人们每一天的生活。当今社会上出现了很多与劳动相关的热词，你能想到哪些？你对这些热词如何看待？

预设：可引入马克思异化劳动理论。

演示文稿引入：

物的世界的增值同人的世界的贬值成正比。劳动不仅生产商品，它还生产作为商品的劳动自身和工人……以致工人生产的对象越多，他能够占有的对象就越少，而且越受他的产品即资本的统治。

首先，劳动对工人来说是外在的东西，也就是说，不属于他的本质的东西；因此，他在自己的劳动中不是肯定自己，而是否定自己，不是感到幸福，而是感到不幸，不是自由地发挥自己的体力和智力，而是使自己的肉体受折磨、精神遭摧残。因此，工人只有在劳动之外才感到自在，而在劳动中则感到不自在；他在不劳动时觉得舒畅，而在劳动时就觉得不舒畅。因此，他的劳动不是自愿的劳动，而是被迫的强制劳动。因而，它不是满足劳动需要，而只是满足劳动需要以外的需要的一种手段。劳动的异化性质明显地表现在，只要肉体的强制或其他强制一停止，人们就会像逃避鼠疫那样逃避劳动。外在的劳动，人在其中使自己外化的劳动，是一种自我牺牲、自我折磨的劳动。最后，对工人来说，劳动的外在性质就表现在这种劳动不是他自己的，而是别人的；劳动不属于他；他在劳动中也不属于他自己，而是属于别人。在宗教中，人的幻想、人的头脑和人的心灵的自主活动对个人发生作用是不取决于他个人的，也就是说，是作为某种异己的活动，神灵的或魔鬼的活动的，同样，工人的活动也不是他的自主活动。他的活动属于别人，这种活动是他自身的丧失。

（马克思《1844 年经济学哲学手稿》）

当今社会上出现的劳动热词反映出的心态或消极或积极，但大多反映的是人们将获取劳动报酬作为最主要目的，物化自己的劳动。而以袁隆平为代表的杰出劳动者的共性是在理想的驱动下以热爱的方式坚持他们所选择的劳动。例如张秉贵，他为什么如此热爱看上去很平凡的工作？因为他在工作中感受到了尊重，在被尊重中感受到了人的价值。真正的杰出劳动者都体现出强烈的自觉性，在自我实现的同时为他人提供价值，这是他们区别于一般劳动者的核心所在。同学们都可以思考：你身边有没有这样杰出的劳动者？当你未来走入社会时，你会成为哪一种劳动者？

5. 作业布置。

运用以事写人的方法写一位你熟悉的劳动者。

6. 板书设计。

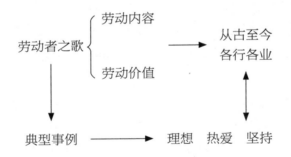

【课时二】劳动之繁
——从《茯苓》说开去：袁隆平、钟扬、张秉贵、鲁迅、米开朗基罗

一、教学目标

1. 认识劳动之繁，理解劳动者在日复一日的坚持中展现出的超凡神性。

2. 理解劳动创造自我、创造世界——创世神的意义。

二、教学重点与难点

教学重点：认识劳动之繁，理解劳动者在日复一日的坚持中展现出的超凡神性。

教学难点：引导学生体会繁复的劳动背后的神性。

三、教学过程

1. 导入：给"劳动_____"填空，引出劳动创造世界的意义。

预设：劳动创造世界！（板书）

提问：创造是什么意思？

2. 认识劳动创造世界的两层含义，并据此为单元中的劳动者归类。

问题一：请同学填空：创造是从_____到_____的过程。

（板书：从无到有　从少到多）

小结：劳动创造世界，只要劳动，就会有劳动果实。所有劳动都能结出果实，平常认为的非创造性劳动也一直在创造果实。人类几千年的延续都是劳动创造出来的，但我们平时对这种创造是缺乏认知的。

问题二：请同学们给本单元中的几种劳动归类，看看他们的劳动是哪一种创造。

小结：从无到有的劳动果实是少之又少的，人类的大多数劳动是从少到多的，两种劳动共同在创造世界。

3. 理解劳动繁复的特征。

问题：无论是从无到有还是从少到多，两种劳动都有一种非常重要的特征，是什么？

预设：请大家翻到《芣苢》，读一读。（注意引导学生读出欢乐、满足感）

追问：这首诗从采到有、掇、捋、袺、襭，写出了什么？（劳动的全过程）这个过程是一次就结束的吗？

预设：日复一日地劳作。（板书：复。补充组词，从重复到繁复）

小结：每天的劳动都是重复的，这就是我们的生活。不断地采采采的背后就是每个人活在世界上的状态。一辈子做下去，不断重复劳动——繁复。

4. 结合本单元杰出劳动者的事迹，梳理各自具体的繁复劳动的内容，感受其在理想驱动下日复一日、精益求精的坚持。

问题一：袁隆平从无到有的劳动也有这样的特征吗？从文章里找出依据。

预设："泥腿子专家"。

第二部分 1964 年 7 月 5 日，有历史意义的一天。

问题二：有同学知道袁隆平今年多少岁了吗？我们来给他列一张研究发展的时间表，给大家 3 分钟时间理一理，说说能发现什么。

预设：袁隆平一直在坚持繁复的劳动，六十年一直在做。袁隆平一直工作到 2020 年。

出示演示文稿：

2020 年 3 月，隆平国际现代农业公园启动建设。

2020 年 6 月，青海柴达木盆地试种高寒耐盐碱水稻成功。

展示袁隆平 90 岁时的照片。

演示文稿引入一万小时定律：一万小时定律对比 22 万小时。

袁隆平想做的事，他做了多少年？算一算：$60 \times 365 \times 10 \approx 22$ 万小时。他有了高远的理想目标，就行动了，从不停止，而是一点点往前推进。没有这样日复一日的推进，就不可能从无到有。所以，繁复在于什么？——坚定高远信念后的永不停止。

问题三：那么，劳动的这种繁复性体现在其他人身上了吗？

钟扬：采种子，4 000 万颗种子，"接盘"导师。

张秉贵："一抓准"，学习糖果相关知识，生病不忘坚持。在物质匮乏的时代卖货，如果想将这个工作做得精细，需要无数的时间去自己练习，操千曲而后晓声。

插秧：所有的农业劳动都是在日复一日、年复一年地重复着。靠不断耕作，中国人一代代延续到今天。

问题四：无论是从无到有还是从少到多，都离不开日复一日繁复的劳动：看看这两个人的创造性劳动。

出示演示文稿：

鲁迅：生平写作总字数约 1 300 万字，三十五年不间断。出示手稿图片。

米开朗基罗：西斯廷教堂《创世记》天顶画，连续绘制四年多，近 500 平方米。

小结：所有的劳动都是这样，在繁复不间断中，日复一日地推进。

问题五：（用米开朗基罗关节变形做铺垫）想象一下，这样日复一日的劳动会带来疲惫吗？有过不想做下去的时候吗？很累想放弃，为什么还让自己日复一日坚持去做？

预设：因为有理想信念的支撑。

追问：有没有想过，这就是一种强迫？

追问：对这种强迫你觉得痛苦吗？——这是一种享受般的强迫，理想信念强迫着他。

小结：坚持，都是需要强迫的，要自己强迫自己。

5. 深入领会劳动创造自我、创造世界的创世神意义。

问题一：繁复的繁，如果我们换一个同音字，还可以写成什么？

（板书：烦，凡）

烦？——不烦。（打叉）

凡——让学生解释。（非创造性、"泥腿子专家"、每天重复劳动）

问题二：劳动有繁复的繁，有平凡的凡，这么繁复又平凡，还要强迫自己劳动，这是人能做到的吗？开头提到劳动创造世界，它到底创造了什么？

预设：

（对世界）劳动创造世界，使世界向前——在凡性的、繁复的劳动中，我们每个人都是创世神。

（对自己）做人是靠做事做出来的，把人做好的人都是在凡性劳动中把自己创造出来的——人用劳动创造了自己。每个人都是自己的创世神，人在日复一日的劳动过程中创造了自己，可以是平凡的自己，可以是伟大的自己，无论是平凡还是伟大，都是自己创造了自己——人就是自己的神。

6. 作业布置。

阅读《妈妈点灯》，分析文中妈妈的神性是如何体现的。

7. 板书设计。

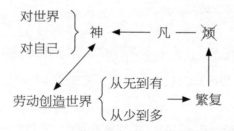

四、教学实录

授课时间：2020 年 10 月 29 日下午。

授课班级：复旦附中 2023 届家桢学院（2）班。

授课教师：孙梦依。

师：同学们好！

生：老师好。

师：好，同学们，今天我们进入第二单元的第二课时，首先我想请大家来填一个空。

（板书：劳动_____）

师：大家看一下，在这条横线上怎么填空？我请一列同学来说一说。吕悦。

生：我觉得首先想到的肯定是劳动最光荣。

师：好。依次说一个。往后传。

生：然后很累。

师：很累，好，请坐。后面同学。

生：劳动创造价值。

生：劳动体现出了一个人的生活态度。

师：好，请坐。劳动最光荣，创造价值，体现出生活态度，也很累。大家说得都非常好，但是有一句话我想听到大家说出来。我很想说的是劳动创造世界。

（板书：创造）

师：这里这个创造，能有同学来说一说是什么意思吗？汤曜珺可以试一试吗？

生：劳动的话，我觉得可以是改变，是一种正面的影响。就拿这个单元第一篇课文来说，袁隆平就是造福了全人类，所以劳动是可以为世界带来正面的改变的。

师：如果请你在这儿给创造做一个定义的话，它是一种从什么到什么的创造？

生：我觉得劳动是对世界从无到有的一种创造。

师：很好，我们很多同学在看到劳动创造世界的时候，谈到创造这个词，会想到这种从无到有的创造。我相信这一点也是我们在座的同学以后想要去努力的方向。

（板书：从无到有）

师：现在我想请大家思考一下，除了这种从无到有的创造，还有哪一种创造?

生：我觉得可以把一个本来就有的东西加以改进，变得更符合我们的需要，或者说使用更简便。

师：请你归纳一下这是从什么到什么?

生：从差到好? 好像也不能这么说。

师：本来就有的东西是旧的对吧? 那么我们一改进，它就成了新的，想得也很好。请坐。但是大家想一下，从无到有，从旧到新，既然它是新的话，说明它本来有没有? 所以本质上这两个我们可以看作一类。那么还有没有一种创造，比如我们每天在教室里要做值日是吧? 今天你要扫地，明天你还要扫地，第三天第四天……我们每天的扫地，其实也创造了劳动果实，地面更干净了，对不对? 所以这种创造，如果我说这是一天一天的累积，这是从什么到什么?

生：我觉得这是一种从少到多的变化，比如《喜看稻菽千重浪——记首届国家最高科技奖获得者袁隆平》这篇文章说，杂交水稻一开始只有中国有，然后袁隆平和他的团队经过种种的努力，就把杂交水稻推广到全世界去了，让全世界人民去享受这种福利，所以我觉得它是一种从少到多（的劳动）。

师：好，请坐，你归纳得非常好，从少到多的劳动。

（板书：从少到多）

师：那么到底什么是从少到多的劳动? 刚才吕悦举了一个例子，刚好是我们这个单元当中的内容。现在我想请大家都来思考一下，这两种劳动其实是共同创造了世界的，那么在这个单元当中，如果我们给创造归类的话，你会怎么把第二单元中的各种劳动做一个归类? 之前第一课时学习过，我们对于文章应该比较熟悉了。魏嘉懿来试试。

生：袁隆平这一篇我觉得应该是从少到多，然后张秉贵这一篇应该是从旧到新，因为服务业它本来是有的，但是他做出了更新，改善了很多东西。

师：还有吗?

生：钟扬的话，我觉得也是从旧到新。他育人的这种精神就是改进，然后做得更好。工匠精神应该也是从旧到新。因为它也是存在的，但是这篇文章主要体现的是对工匠精神的一种升华。

师：好，请坐。刚才魏嘉懿是这样归类的。那么我们先一起再来看一看从无到有的创造。世界上本来没有这个东西，所以其实从无到有的创造就是我们通常说的创造这个词，它有一种发明创新的含义。那么另外一种从少到多的创造，比如我今天扫地，明天教室依然要值日，我今天洗碗，明天依然要把碗洗干净，这是从少到多的。那我们再来看一看的话，你们对第二单元创造的归类和刚才魏嘉懿的一样吗？赵睿蓉，你和她的一样吗？

生：我觉得钟扬的这一篇可以看作是时间上的延续，袁隆平那一篇可以看作是从局部到整体的空间上的发展。但我觉得这两种现在都属于从少到多。当然袁隆平那一篇，确实有从无到有再到从旧到新的变化，但是我觉得更重要的是他对于整个世界全面的影响。

师：好，请坐。我们这里说的从少到多，是从劳动本身来说的，每天积累创造出来的劳动果实，它不是说影响的多少，大家对这一点要清楚。所以第二单元的劳动从无到有，以谁为代表？袁隆平。对于从少到多的劳动，其实在我们的日常生活中，你觉得哪一种创造比较多？从少到多其实是更多的一种情况，是吧？我们每天大部分劳动都是从少到多的，这是我们日常的生活。这两种劳动共同创造了世界，但是我们平时都希望自己有从无到有的创造，对从少到多的劳动创造的果实的关注度是比较低的。无论是从无到有的创造，还是从少到多的创造，这两类劳动它都离不开什么？大家想一想。

生：我觉得都离不开努力地付出。

师：好，我们一起把书翻到《芣苢》。我们把《芣苢》读一读，看看读完能不能想到。记得找到《芣苢》的这种感觉，采采芣苢，预备，起。

生：采采芣苢，薄言采之。采采芣苢，薄言有之。采采芣苢，薄言掇之。采采芣苢，薄言捋之。采采芣苢，薄言袺之。采采芣苢，薄言襭之。

师：我们昨天说《芣苢》这首诗有一种什么感觉？你们觉得刚才自己读出了这种感觉吗？我们来找一找这种感觉，把那种采芣苢很带劲的感觉读出来。采采芣苢，预备，起。

生：采采芣苢，薄言采之。采采芣苢，薄言有之。采采芣苢，薄言掇之。采采芣苢，薄言捋之。采采芣苢，薄言袺之。采采芣苢，薄言襭之。

师：很好，有了一点这个感觉。那么《芣苢》这首诗，它不断重复的一个词是什么？

生：采采。

师：你觉得"采采"强调了什么？

生：采采是茂盛的样子，我觉得这里反复出现采采，体现了劳动的人，他劳动的时候心情是非常愉悦的。看到茂盛的车前草他感到非常愉悦，所以你可以发现他的动作也随之发生变化，就是越采越欢快，越采越多，这体现出劳动中一种愉悦的心情，就是享受劳动，劳动的时候感到非常开心。

师：那么从劳动本身来说，你刚才提到它的变化是从采到有，到掇、捋、袺、襭，这六个动词写出了什么？

生：我觉得写出了劳动的人越劳动越热情的样子。

师：这本身是一个劳动过程的呈现，对不对？我想问你，这个过程是一次就结束了吗？

生：我觉得并不是，应该是很多次。

师：所以他是反复地采，不断地采，对吧？好，请坐。大家想一想，我们每天的生活是不是这样？我们每一天都不断重复地去进行着我们的生活，所以采采采其实就是我们每个人在世界上生活的一种状态——采采采。好。那么从这里来看，不管是从无到有，还是从少到多，这两类劳动非常重要的特征是什么？

生：我觉得这两类劳动非常重要的一个特征就在于，用其中一篇文章的标题来说，心有一团火，就在于他会有一种信念，他会有一种执念，或者说他会有一种对于劳动的喜欢。

师：这是从他的心理状态来说的。从劳动本身来说，我们刚才从《芣苢》当中有没有读到？龚异凡，大点声说出来。

生：要不断地反复做同一件事情。

师：不断地反复做。我觉得反复这个词还不够准确，如果我们换一个词的话，想换哪个词？谁说的繁复？说说为什么是繁复？

（板书：繁复）

生：因为这种反复，它不仅仅是反复，它还是更多样的，有可能会有一点不同，但是又有相同的，这样地做一件事情，所以应该是用"繁"这个字。

师：好，请坐。所以"繁"是多样的，繁多。我们说繁忙的、繁重的、繁琐的，就是繁复的这种劳动，我们日复一日地去进行。既然世界上大多都是这种从少到多的、繁复的、每天累积的劳动，那么从无到有的劳动，需不需要这种繁复性？我们看一看袁隆平，你觉得他的劳动有没有这种特征？看看能不能从文章当中找到依据？

生：我觉得袁隆平也是有着"繁"这样一个特征的，因为他的这项创造，是要付出非常多的心血的。文中说到他从 1961 年 7 月发现杂交水稻，到后面的研究，一直到 1964 年，他每天都会去田间研究怎样培育水稻，实际上也是要付出非常多的劳动和努力，才能得到最后这样一个比较成熟的结果的。

师：非常好，你非常敏感，一下子抓住了袁隆平的这两个很重要的时间。为什么你会看到 1964 年的这一天，大家找找这是在文章的哪里？

生：第 17 小节。

师：在文章第二部分，作者特地回顾了这个非常重要的一天，你能不能说说为什么你会看到这一天。

生：因为在这一天他真正发现了水稻雄性不育植株，这是在杂交水稻这个研究领域中一个非常重要并且非常有用的结果。

师：这一天是分水岭的一天，但是你有没有注意到袁隆平他是怎么走到这么重要的一天的？

生：他头顶烈日，脚踩淤泥，弯腰驼背地去寻找这种天然雄性不育株。

师：这就是袁隆平每天的状态，对吧？我们看到在这一段当中作者特别强调，这是第 14 天，很好，请坐。我们完全可以想象在袁隆平日常的生活当中，他的研究，有失败的 14 天，有寻找的 14 天，这次有发现的 14 天，可能前面其实有 13 天、12 天，也可能在 15 天、16 天或者更多的天数当中，都没有找到。

生：对。

师：袁隆平就是这样一天一天地在繁复的劳动当中推进，所以我们记得，袁隆平他的称号叫什么？

生："泥腿子专家"。

师："泥腿子专家"。像杜锦添所说的，每天都是头顶烈日，脚踩淤泥，在稻田里寻找。刚才杜锦添提到了，袁隆平是从 1961 年到 1964 年有了这个很重要的发现，我们一起来理一理袁隆平研究杂交水稻的时间线，我们来看看能不能理出来。给大家一点时间，我们画一画，找一找。哪名同学理好了？

生：首先是 1961 年他发现了第一株奇特的稻禾，是他刚下课的时候去早稻试验田逛逛，然后发现的惊喜。后来过了一年，就是 1962 年，他断定去年发现的性状优异稻株是"天然杂交稻"的杂种第一代，对出现分离的稻株进行了仔细研究，他在这一个过程中也是做了反复的调查。接下来是 1964 年，他前往安江农校的稻田寻找水稻的天然雄性不育株。1966年他的论文《水稻雄性的不孕性》发表。1986年，他提出了杂交水稻育种的战略设想。1992年《人民日报》刊登了袁隆平的来信，袁隆平在信中阐明了杂交水稻的科学性。那时候他发表出来的这些前瞻性的科学报告，引来了国际上一些不好的说辞，觉得好像因为他是一个"泥腿子专家"，就有点看不起他，觉得他没有读过那么多的书，他做出来的结论不一定是那么准确，所以引来了很多人的抨击。但是他还是不卑不亢，回信说他做的研究肯定对人类有利，并且最后也有一个深远的影响。1995年两系杂交稻基本研究成功，被评为全国十大科技进展新闻，并列为榜首。1997年他发表了重要论文《杂交水稻超高产育种》。1998年在第19届国际水稻会议上，他说中国在培育超级稻方面已走在世界前列，事实上中国是走在世界前列，很多国家很早就开始搞这个事情，但是他们都没有搞出来。最后就是2001年他成为首届国家最高科技奖获得者。

师：很好，刚才你在中间提到两点，我非常在意。你中间提到很多其他国家都在搞这些事情，但是只有袁隆平做出来了，他的这种创新，他的自信的底气是什么？

生：他的底气首先是他自己有这些研究的积淀，还有一点，因为中国是一个农业大国，有很深远的历史渊源，所以他能够在中国这片土地上做出他自己想要研究的东西。

师：所以对他来说，他的实践、他的研究基于什么，同学们？基于他每天的劳动。为什么袁隆平是"泥腿子专家"？不是因为他出身不高，而是因为他真的扎扎实实地每天去稻田里。从1961年开始，刚才我们梳理到了哪一年？

（演示文稿展示课文中提到的袁隆平1961—2001年研究杂交水稻的时间线）

生：2001年。

师：有没有同学知道袁隆平今年多大了？

师：90。2020年袁隆平90岁，你们觉得到今年为止，他的劳动停止了吗？

（演示文稿展示袁隆平团队2020年最新成就，展示袁隆平90岁时的照片）

师：我们看到今年6月袁隆平团队最新的成就是在青海试种高寒耐盐碱水稻成功了，以后杂交水稻可以走向更多条件贫瘠的地方。所以从1961年这个起点到 2020 年，是多少年？

生：六十年。

师：我们看到袁隆平从我们比较熟悉的壮年，到成为一位 90 岁的老人，依然是这样精神矍铄的状态。大家有没有听过 1 万小时定律？

（演示文稿展示 1 万小时定律）

师：有人说，如果我们想要从普通做到一个世界级大师的水准，1 万小时是一个必要的条件。我们来看一看袁隆平他做了多少小时。从 1961 年到 2020 年，这是六十年，假如袁隆平每天的有效劳动时间是 10 小时的话，当然实际可能远超这个时间，你们算一算袁隆平工作了多少小时？高士琪算出来了，多少？算得很快。

生：21 900。

师：21 900？其他同学你们算的和他一样吗？少了一个 0 对吧？所以是 219 000 小时，这是袁隆平在杂交水稻上投入的时间。所以如果不是这样日复一日去坚持的话，是不可能有这种从无到有的劳动创造的。袁隆平从 1961 年到 2020 年，自然的风雨没有打断他；人为的破坏没有打断他；社会环境的变化没有打断他；功成名就了，名利等世俗的诱惑也没有打断他。一直到 90 岁，他就在这样繁复的劳动中坚持了下来。大家看一看，劳动的这种繁复性，在其他人身上有吗？找一个你比较熟悉的人物，看一看，你觉得在他身上你能看到吗？高子宸，来试试。

生：就是第二篇的张秉贵，一开始他刚走上售货员岗位的时候，他是非常青涩的，就是完全不理解什么是职业，该做什么，一心想着把东西卖出去就好。后来他不断去挖掘客户需要什么，一次次地探究客户真正的需求，二十二年来他成了所有人心中的劳动模范。

师：很好，请坐。他注意到张秉贵二十二年来不断地精益求精，锤炼自己的技术。大家注意到没有，在张秉贵这篇文章当中，作者提到他有一个神技。你们看到了吗？什么神技？很多同学看到了"一抓就准"，这"一抓就准"说明了什么？怎么才能一抓就准？熟练，在不断的、繁复的实际劳作当中练出来的。其他人有吗？钟扬身上有吗？你在钟扬身上看到了这种繁复性吗？哪名同学比较熟悉？

生：钟扬去青藏高原采种子的经历让我印象非常深刻。对一个普通人来说，登上青藏高原是一个非常大的挑战，但他一次一次地为采集各种种子的样本去了那里，这是非常艰难的。

师：一次一次地去是吧？有没有注意到钟扬一次一次地去，他采了多少种子？

生：他采了 4 000 万颗。

师：4 000 万颗。4 000 万颗的背后是什么？

生：长期痛风的腿，在高原上还有各种高原反应，但是他每一次都坚持下来，不顾自己的伤痛，一遍一遍地去。

师：钟扬的这 4 000 万颗种子就是这么一次一次地收集回来的，我们完全可以想象，如果不是 2017 年那场车祸使钟扬的生命戛然而止的话，这个数字还可以继续累加。这就是日复一日的这种重复的劳动。那么插秧是不是这样？同学们，是不是这样？中国是一个农业大国，每一次种地，从开垦到锄地到插秧到施肥，再到收割，我们就在这样繁复的劳动当中收获成果。所以人类的生活，三千年来其实一直就是这样延续下来的。大家再来看一看两位很重要的从无到有的大师，一位是鲁迅，大家猜一猜鲁迅生平写了多少万字？大胆猜。

生：1 000 万字。

（演示文稿展示鲁迅生平创作字数及鲁迅手稿照片）

师：有的同学说 1 000 万字。其实是 1 300 万字，其中有 600 万字的著作，400 万字的书信，还有 300 万字的译文。所以我们算一算，鲁迅终年 55 岁，如果他从 20 岁开始连续写作三十五年的话，平均每天他要写多少字？鲁迅每天不间断地要写 1 000 多字。鲁迅那个时候有笔记本电脑吗？所以他怎么写？手写。看看鲁迅的手稿，这就是鲁迅的手稿。我们看到他的字非常工整，改动是很少的，他就是在这样的过程当中，一天一天地去累积了这样多的文字。

（演示文稿展示米开朗基罗西斯廷教堂天顶画《创世记》）

师：认识这幅画吗？这是谁的画？

生：米开朗基罗。

师：这幅画有多大，大家有概念吗？教堂的穹顶近 500 平方米，米开朗基罗连续画了四年多，每天就是这样不断地去画。所以我们看到，所有的劳动，不管是从无到有，还是从少到多，其实都是需要你日复一日地在繁复当中去不断推进的。现在我有一个问题想问大家。米开朗基罗每天就这样画画，就这样画了四年多，他的整个肩膀、他的整个关节都已经僵硬了，很难恢复。在他画画的过程中，他肯定很疲惫，你们觉得他有过想停下来的时候吗？

生：可能有。

师：既然他很累，又想过停下来，是什么让他没有停下来，为什么他能够一直去画？

生：我觉得是他对画画的喜爱和信念。想要创造出这样一幅《创世记》，应该有一个很强大的信念，这也是享受劳动的过程。

师：信念。好，苏悦有什么想补充的？

生：有人说这幅画其实是米开朗基罗和达·芬奇、拉斐尔他们一起画的，一开始他们在比赛，看看谁是那时候最优秀的艺术家。画到后面达·芬奇和拉斐尔就不画了，所以其实这幅画是米开朗基罗完成的。我感觉在劳动过程中因为有挚友相伴，所以他有劳动的热情，他这种创作的欲望就会很强烈。而且《创世记》那时候是在宗教的环境下创作的，米开朗基罗自己有一种信念，还有一种责任感，这些都是他创作的源泉。

师：好，请坐。刚才两名同学提到了有信念、有热情，当然也有一些外部的因素，像是苏悦提到了一些。但是我们看看这些外部因素，所有的人都有这种条件，但是只有谁完成了？只有米开朗基罗完成了。所以你觉得他在不断这样画画的过程当中，是不是一种强迫？唐屹觉得是？

生：我感觉这应该不算是一种强迫，因为他在画画的过程中，对于自己这个画，抱有一种积极的态度，是以喜爱的态度去完成这幅画的，并不是说他作这幅画是违反了他内心的意愿。所以我觉得他完成这幅画称不上是强迫。

师：我们看到米开朗基罗在繁复的劳动过程当中，在很累、在很想停下来的时候，还是坚持去完成它。同学们，这就是一种强迫。但是唐屹说这不是一种强迫，为什么不是一种强迫？这对米开朗基罗来说痛苦吗？这种强迫你们觉得不痛苦是吧？所以在这种理想信念的强迫之下，他非但不痛苦，而且，（大点声说出来）很享受，这是一种享受的强迫。在这种享受的强迫当中，对理想、对信念的追求，驱动我们把一个这样的大制作完成。所以这是创造。大家看，我们一开始说繁复，劳动是繁复的，如果请你给"繁"换一个同音字的话，你会想到哪一个字？

师：哪个字？史亦说烦恼的烦。没错，这样繁重的、繁琐的、繁忙的劳动，它的确是让人很烦的。（板书：烦）还能想到哪一个字？平凡的凡。汤曜珺说说为什么想到平凡的凡，什么是平凡的？（板书：凡）

生：是因为劳动是重复的，它也是平凡的。

师：我们会感到平凡，是因为什么？它反复出现，因为每天都是重复着这样的生活，已经不新鲜了，所以它会让我们觉得平凡。那么劳动是繁复的，又是平凡的。在这种繁复的、平凡的劳动过程当中，什么人才会觉得不烦？一般人肯定是烦的，对吧？什么人才会觉得不烦？在这种劳动当中觉得不烦的还是普通人吗？（在之前的板书"烦"字上打叉）他是什么？

生：圣人。

师：我们说超凡入圣，成为圣人，他就具有了这种神圣的状态。（板书：神）所以同学们，一开始我特别想听到大家说劳动创造世界。我们再回头来看看，劳动创造世界，它到底创造了什么？劳动创造世界。在这个过程当中，能在这种繁复的劳动当中不断地坚持，他已经是到了神圣的神人状态。什么叫作劳动创造？我们一般说谁创造世界？

生：神创造世界。

师：现在你觉得神是什么？

生：我觉得在世界之初，我们可能每个人都是平凡的，在平凡人之中总会出现一些和平常人不一样的人。所以在古代，人们通过神话把他们叫作神。在很多神话中，神普度众生，他教给人一些道理，比如教会人们怎样去做事，怎样去生活，这在我们现在看来可能是一种信念。我们看到这些人，比如袁隆平，我们会去崇拜他，会去崇拜他在劳动过程中那种对职业的热爱，对平常人来说有时候可能不能理解的那种热爱。但就是这种热爱创造了世界，我觉得一般人不会有这种强烈的信念。比如米开朗基罗，他连续画了四年多，我曾经也试过学写文章什么的，其实坚持了不到一个月就放弃了。所以说，可能就是这种人的存在，才让我们的世界有更多令人惊异的发现、奇观，所以说劳动创造的世界，也可以说是神创造的世界，这些神就是劳动的神。

师：劳动的神实际上就是劳动的这些人。重复地每天坚持着这种繁复劳动的他们，使得我们的世界是现在这样，使得我们的世界不断向前。这是对世界来说的，那么对你自己来说呢？古代神话认为人是谁创造的？

生：神创造的。

师：现在你觉得是谁创造了人？

生：其实我觉得从生理意义上来看，人类不过是一种动物，但是我们和其他动物之间的一个差异就在于我们能够自己创造一些能够让别人相信的东西。例如其他动物就不会有金钱的概念，它们可能就没有办法用所谓的国家概念让很多同类进行协作。我觉得这可能是因为人有信念，而劳动能够让人去有信念。举个例子，为什么资本主义社会后来能够取代封建社会，是在于资本家带领工人以及各种各样小的手工业者不间断地劳动，创造了一定程度的原始资本，让人们相信这个资本能够发展。所以劳动创造世界是指劳动创造一个新的世界秩序。劳动为什么会创造新的世界秩序？劳动创造了信念。

师：这是对于世界而言的，我问的问题是对于我们自己来说的。古代神话认为神创造了人，其实是谁创造了人？程瑜有什么补充？

生：我觉得劳动使自己成了自己世界的神。为什么这么说？因为劳动可以让我们存在。劳动不仅改变了世界，它也是一种内在的改变。比如米开朗基罗在画天顶画的时候，给世人留下了一幅美丽的天顶画，但他带给自己的变化可能是他美术上的进步，又或者说画画是他的那种宗教思想的延伸，他不仅在改变世界，也在改变自己。所以劳动使米开朗基罗认为自己接近神的状态。比如我们现在每天学习，如果我们每天不是被动地学习，被老师赶鸭子上架，而是自己主动去学习，那会怎样？当我们开始喜欢这种繁复的劳动以后，我们也可以达到一个类似的状态。

师：大家给程瑜鼓鼓掌。这番话说得太精彩了。我们之前说什么是做人？怎么才能去做一个人？你做这个人，是通过你一天一天这样去做事做出来的。就是在每天的这种繁复的劳动中把自己给创造出来的。所以米开朗基罗他画出他自己，鲁迅他写出他自己，袁隆平他种水稻种出他自己。无数的劳动者都是这样把自己创造出来的。所以为什么他们是强迫的，为什么他们是不能够停止的？这种创造自己的理想信念，它推动着你要去创造自己，对不对？所以我们在每天繁复的劳动过程中，可以是做出了一个伟大的自己，可以是做出了一个平凡的自己，但是不管是什么样的自己，都是你自己创造了自己，所以人就是神，对吧？你自己就是自己的创世神。今天我们有一篇补充阅读材料《妈妈点灯》，请大家回去看一下。在这篇文章当中，你看看你能不能找到那个神。好，下课。同学们再见。

生：老师再见。

【课时三】劳动之繁的言说方式
——从《芣苢》到新闻通讯及新闻评论的写作

一、教学目标

1. 掌握新闻通讯多层次、多角度的报道方法。

2. 能辨析新闻通讯及新闻评论中的事实与观点，能运用新闻评论表达自己的观点及立场。

二、教学重点与难点

教学重点：掌握新闻报道中的层次与角度、事实与观点。

教学难点：熟练辨析新闻中的事实与观点，体认其倾向性与引导性。

三、教学过程

1. 导入：回顾第二课时，并引入新课。

（1）齐读《芣苢》，感受《诗经》重章叠句手法的运用。回顾这一手法对劳动之繁精神的呼应。

（2）在重章复唱的形式中，我们仿佛再次感受到了劳动"繁复"的特质。一次又一次地采摘，这样的劳动从古至今从未停止。但《芣苢》中看似简单的诗句，在结构的不断重复之外，也有一定的变化。请同学来说说：《芣苢》是如何变化的，为什么会有这样的变化？

预设："采""有""掇""捋""袺""襭"六个动词给诗歌带来了变化，这六个动词含义各有侧重，呈现了一次完整采摘的劳动过程。

2. 学习新闻报道多层次、多角度的报道构思。

（出示演示文稿）

《汉书·艺文志》："古有采诗之官，王者所以观风俗，知得失，自考正也。"

对于古人来说，采风得来的诗歌，是用于写民风、民情的，因此可以看作是古代的原始的新闻报道。像《芣苢》这样的诗歌，通过"采""有""掇""捋""袺""襭"六个简单的动词变换，清晰地将古代人采芣苢的过程呈现了出来，有很强的层次感和纪实性。

现代社会，新闻报道已经成为专门的应用性文体，而作者面对的是更为复杂的事件或人物。在报道时，作者是如何清晰呈现对象"采""有""掇""捋""袺""襭"的劳动过程的呢？

问题一：以三篇人物通讯为例，梳理它们的报道思路。

预设：

袁隆平：研究缘起—以创新精神突破瓶颈—以事实驳斥流言—成果与影响。

张秉贵：售货的专业能力—热情的服务态度—职业选择的心路—不断提升能力—产生影响。

钟扬："英雄"少年—种子达人—科学队长—"接盘"导师—影响延续。

问题二：为什么作者选择这样安排？

预设：人物通讯不仅要客观陈述新闻事实，而且要通过典型事件表现人物的精神品格，其层次和角度的安排与选择背后是作者的立场态度，有强烈的倾向性。写袁隆平，作者要表现出他身为科学家的创新精神、实践精神和科学引领。写张秉贵，作者要表现他在平凡劳动岗位上的不凡贡献，因此从劳动技能、业绩、精神世界等角度展开写作。写钟扬，则主要从何为"探界"、怎样"探界"的角度进行报道。同样是杰出劳动者，不同的作者立场造就了不同的新闻报道层次和角度。

小结：三篇人物通讯都多角度、分层次地进行了报道，每一篇各有侧重，层次清晰，角度鲜明，因此内容丰富而有序。

3. 通讯小标题的使用。

问题：在梳理思路时，我们发现小标题能够更好地帮助我们呈现人物通讯的层次和角度，好的小标题可以起到画龙点睛的作用。可针对如何更好地拟定通讯小标题进行分组讨论及展示。

（1）《喜看稻菽千重浪——记首届国家最高科技奖获得者袁隆平》和《"探界者"钟扬》两篇人物通讯都使用了小标题，讨论哪一篇小标题的使用更胜一筹，并说明原因。

（2）尝试为《心有一团火，温暖众人心》或自己写的劳动者故事拟定小标题。

预设：对两篇人物通讯小标题的评判，言之有理即可，应遵循准确、鲜明、精当、吸引力等原则进行评价。

4. 区别新闻中的事实与观点。

（1）对比《插秧歌》改写前后的颔联，并说出效果上的区别。

（出示演示文稿）改写前：笠是兜鍪蓑是甲，雨从头上湿到胛。

改写后：斗笠在头蓑在身，雨从头上湿到胛。

预设：原文在描述事实的同时也有作者观点和立场的表达。（兜鍪/甲）

引入话题：新闻报道中既有事实也有观点，在阅读时要能分清事实与观点。

（2）知识性介绍：消息、通讯、新闻评论等，请同学为各类新闻体裁中事实与观点所占比重进行排序。可结合第二单元课文分别举例说明。

预设：

消息一般较简洁、单一，一般用于突出最新鲜、重要的事实，时效性最强。

通讯是一种比消息更能详细、生动地报道客观事实或典型人物的新闻体裁，在对事实进行叙述描写的基础上，也兼有议论抒情，能表达作者的观点及立场。

新闻评论从广义上说就是对新闻事实发评论，是对最新发生的新闻提出一定看法和意见的文章。新闻评论的特点是新闻性和倾向性，它对公众舆论应起到引导作用。它观点鲜明，体现出较强的针对性和指导性。

（3）以《以工匠精神雕琢时代品质》为例，学习新闻评论的基本形式，分析文中的事实与观点。

问题一：概括工匠精神的内涵和价值。

预设：

内涵	将一门技术掌握到炉火纯青的程度
	发自肺腑、专心如一的热爱
价值	卓越的器物制造、提升审美追求、引领社会精神

问题二：以《以工匠精神雕琢时代品质》中的一段为例，请同学标示出语段中的事实与观点，讨论：其中哪些是事实，哪些是观点？哪些事实的阐述方式已经带有明显的价值偏向，隐含了观点？

（出示演示文稿，以课文第2段为例）

《说文》里讲："匠，木工也。"今天的"匠"，已成为心思巧妙、技艺精湛、造诣高深的代名词。职业与职业没有高低贵贱之分，但人与人却从来都有职业品质、专业精神的差别。工匠精神厚植的企业，一定是一个气质雍容、活力涌流的企业。崇尚工匠精神的国家，一定是一个拥有健康市场环境和深厚人文素养的国家。"将产品当成艺术，将质量视为生命"，正是这样的极致追求，将我们带往一个更为不凡的世界。

（《以工匠精神雕琢时代品质》）

预设：以"F"（Fact）标示事实，以"O"（Opinion）标示观点，对这一段可以做如下分析：

《说文》里讲："匠，木工也。"（F）今天的"匠"，已成为心思巧妙、技艺精湛、造诣高深的代名词。（F）职业与职业没有高低贵贱之分，但人与人却从来都有职业品质、专业精神的差别。（O）工匠精神厚植的企业，一定是一个气质雍容、活力涌流的企业。（O）崇尚工匠精神的国家，一定是一个拥有健康市场环境和深厚人文素养的国家。（O）"将产品当成艺术，将质量视为生命"，正是这样的极致追求，将我们带往一个更为不凡的世界。（O）

明确一：在新闻评论中，对观点的阐释的比重远大于对事实的描述。

明确二：部分语句在事实描述基础上运用主观性强、带有价值判断的词语，使事实成为观点。例如"工匠精神厚植的企业，一定是一个气质雍容、活力涌流的企业"，请同学思考这句话与事实描述之间的差异。（"一定是"使之成为观点）

小结：在新闻评论中，作者往往通过带有价值偏向的阐述方式，鲜明地表达出自己的观点，从而起到舆论引导的作用，使新闻评论体现出强烈的倾向性和引导性。这篇新闻评论即通过观点的鲜明表达，深入阐述了工匠精神的内涵，点明其当代价值，呼吁每个人在自己的工作中努力践行，激发我们尊重劳动、追求卓越的情感。

问题三：梳理行文思路，观察作者是如何深化自己的观点的。

预设：新闻评论体现出较强的逻辑性。本文第1段借企业家的感慨引出时代品质与工匠精神的话题。第2段说明工匠精神的本质是职业素养和职业品质，工匠精神对企业、国家发展都有重要作用。第3段先通过辩证分析厘清偏见，再通过对比论证坚守工匠精神的时代价值。第4段探讨工匠精神的内涵，批评当前社会上的浮躁风气和短视心态，呼吁人人成为工匠精神的践行者。第5段总结发扬工匠精神的时代意义。

问题四：作者观点的现实针对性在哪里？

预设：澄清对工匠精神的误解，批评社会上的浮躁风气和短视心态。可结合网络热词进行讨论，对学生进行积极引导。

5. 作业布置。

针对三篇人物通讯或社会热点问题撰写一篇新闻评论，表达自己的观点。

6. 板书设计。

$$
\left.\begin{array}{l}
新闻通讯 \\
新闻评论
\end{array}\right\}
\begin{array}{l}
层次与角度 \\
\\
事实与观点
\end{array}
\qquad
\begin{array}{l}
倾向性 \\
引导性
\end{array}
$$

三、"学习之道"——必修上册第六单元教学设计

龚兰兰

第一课时，2019年全国"双新"语文课程展示活动展示课。第13届上海市语文大讲堂决赛授课教师龚兰兰入选"十大教学之星"

单元教学定位

一、学习任务群定位

本单元共六篇课文：荀子《劝学》、韩愈《师说》、毛泽东《反对党八股（节选）》、鲁迅《拿来主义》、黑塞《读书：目的和前提》、王佐良《上图书馆》。本单元以"学习之道"为主题，从不同角度探讨学习的意义、学习的态度与方法，分享读书的心得与感受。前四篇以议论说理为主，呈现出较强的思辨性和逻辑性；后两篇在对读书往事的叙述中沉淀思考，生动之中凸显深意。

本单元是学生进入高中后接触的首个"思辨性阅读与表达"学习任务群[《普通高中语文课程标准》（2017年版，2020年修订）]单元，因此理解作者的观点及常见的说理方式，理清文章逻辑脉络，品味论说语言的特点是单元教学的基础内容。围绕着"学习"这个关键词，以当代学生的身份理解、领悟、反思学习的意义和价值，体会读书的乐趣，是单元教学的重点。在此基础上学以致用，尝试有针对性、有条理地就有关学习的现实问题或现象阐发观点，是单元教学的难点。这些也是"思辨性阅读与表达"学习任务群的重要学习目标与内容。

二、学段定位

本单元所选的文章，观点明晰、论证严密、叙事生动，因此理解文章的主要观点、体会作者的思想感情对学生来说难度不大。但对高一学生来说，他们的理解更可能接近于对有关学习的知识的积累以及对论证方法与论说形式的了解，这仍然停留在思维的浅层。因此教师要使学生理解本单元在观点背后的文化逻辑，使学生明白读书人致力于学的终极目标与追求，并使学生从自身出发

感悟学习对生命灵智的点亮与培育是为了使人成为更好的、更善的存在，提升学生的思维深度，这样更为符合学生在高中阶段的生命成长需求。

三、贯通点与课时安排

结合本单元的人文主题、文章内容以及学生在预习作业中的疑问点，共设置以下几个贯通点："成圣""立诚""自新""假物""拿来""向善""联结"。

第一课时：通过《劝学》《师说》《反对党八股（节选）》三篇课文的学习，理解"学以成圣"是古代学子的最高理想，理解"成圣"与"立诚"的内在关联。初步了解比喻论证。

第二课时：通过《拿来主义》《读书：目的和前提》《上图书馆》三篇课文的学习，理解学习的意义在于"自新"，明确"学以自新"的丰富内涵。了解类比说理。

第三课时：通过对《劝学》《师说》《反对党八股（节选）》《读书：目的和前提》的梳理探究，理解学习的本质就是通过"假物"来提升自我、改变社会。体会本单元文章在说理上的针对性，并进一步理解比喻论证。

第四课时：通过对《拿来主义》《读书：目的和前提》的学习，理解"拿来"的内涵与表现，充分理解比喻论证的表达效果。通过对《劝学》《拿来主义》《读书：目的和前提》的比较，得出结论：学习能发挥效用的前提在于相信人性本善。

第五课时：通过《"劝学"新说》单元贯通写作与讲评，学习选择合适的角度、围绕话题核心进行有针对性的表述，培育关切现实的责任意识。明确学习的现代意义，思考学习对个人的真正价值。

第六课时：通过单元贯通话题"我说'学习之道'"作文的展示与讲评，对"学习之道"进行梳理总结，理解学习应弥合分裂、联结新旧。通过批改与评价单元贯通作文，体会并明确本次写作应该具备的基本素养与高度。

贯通点与课时安排示意图如下：

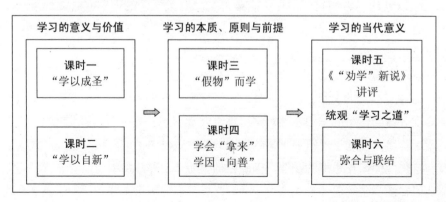

四、单元贯通预习任务

1. 提前预习第六单元全部课文，结合注释，疏通《劝学》《师说》的文意，在预习作业中提出疑问。

2. 结合拓展学习材料，了解荀子有关"化性起伪""美身求道"的基本思想及韩愈创作《师说》的历史背景。自行查阅资料，了解《反对党八股（节选）》的创作背景。

3. 通读单元课文，根据如下任务单的要求梳理文章内容，把握文章的主要观点。

篇　目	学习的意义与价值	学习的原则与方法	学习的准备与收获	体悟"学习之道"
《劝学》				
《师说》				
《反对党八股（节选）》				
《拿来主义》				
《读书：目的和前提》				
《上图书馆》				

课时教学设计

【课时一】"成圣"之学
——读《劝学》《师说》《反对党八股（节选）》

一、教学目标

1. 通过《劝学》《师说》理解"学以成圣"是古代学子的最高理想。

2. 理解"成圣"与"立诚"的内在关联。

3. 初步了解比喻论证。

二、教学重点与难点

理解学习的终极意义在于"成圣"，理解"成圣"与"立诚"的内在关联。

三、教学准备

请学生提前预习必修上册第六单元全部课文，了解荀子有关"化性起伪""美身求道"的基本思想。

四、教学过程

1. 结合《劝学》，理解"成圣"是古人学习的终极意义，在智性之上兼具德行方可"圣心备"。

2. 结合《师说》，以孔子为例理解"圣益圣"是"师道"的根本追求。

3. 结合《反对党八股（节选）》，理解"修辞立其诚"是为文之基，更是为人之本，探讨"成圣"与"立诚"的内在关联。

4. 小结。

5. 练习：从"学习的意义与价值"角度，写出《拿来主义》《读书：目的和前提》《上图书馆》三篇文章的重点。

五、教学实录

授课时间：2019 年 11 月 21 日。

授课班级：复旦附中 2022 届步青学院（10）班。

授课教师：龚兰兰。

师：今天我们进入课本第六单元，这个单元的关键词是"学习"。关于学习，大家应该是最熟悉不过的了，因为这就是大家的日常生活。关于学习的意义和价值问题，我想大家平时也或多或少地有过思考，今天我们通过第六单元的几篇课文，一起来了解在先哲们看来学习的价值与意义何在。请大家一起把荀子的《劝学》诵读一遍，读的时候想一想：在这篇文章里，荀子认为学习的意义和价值在什么地方？

（生齐声诵读《劝学》）

师：大家读得不错，但有几个字音要注意一下。第 2 段里，应该是"其曲（qū）中规"，我们一般说"歌曲（qǔ）""弯曲（qū）"；最后一段中，应该是"锲（qiè）而不舍，金石可镂（lòu）"，然后是"蚓无爪（zhǎo）牙之利"。请同学们在课本上拿笔画一画，找一找荀子对学习的意义和价值的揭示在哪些地方。请找出来，给大家 1 分钟时间。

生 1：首先在第 2 段提到"君子博学而日参省乎己，则知明而行无过矣"。就是说要多多学习，每天检阅和反省自己，这样的话就能够懂得贤明，而且行为会少有过错。

师：很好，不但找出来了，而且流畅地翻译了一遍，翻译得也很到位。我想问的是，这里面提到"日参省乎己"之后能够达到"知明而行无过"，中间的这个"而"应该如何理解比较合适？

生1：我觉得应该是表示递进吧，递进或者是并列。

师：递进和并列还是很不一样的，相较而言，你更倾向于递进还是并列？理由呢？

生1：我更倾向于递进。因为他要首先认识到他的见识是贤明的，有了这个意识之后才能促使他少犯错。

师：就是说，"知明"应该是在前的，有了智慧上的一定的积淀……

生1：对，然后才能促使他在行为上少有过错。

师：然后才会反映在他的行为上。

生1：我认为是这样的。

师：其他同学也是这么理解的吗？请再说说看。

生2：我也觉得这里应该是递进的关系。原因不仅是刚才那名同学说的"知明"可以推出"行无过"，我觉得"行无过"的层次应该是比"知明"更高一些的。因为"知明"就是智慧明达，这是心理上的，反映在行为上很难做到完美，做到"行无过"比"知明"更难，所以这里是递进。

师：哦，你觉得"行无过"的层级和境界比"知明"更高一些，两者是有区分的。我个人也觉得可以把这个"而"字理解成先后或者因果的关系。这个单元的关键词是"学习"，我们从这两个字的本源来看，"学"和"习"是不一样的，各有侧重。"学"在甲骨文中的形象像老师的一双手在摆弄算筹，他在教导学生计数。"习"在甲骨文中的形象是上面是鸟的一双翅膀，下面是太阳，它表示小鸟勤习不辍，每天都在练习飞翔。所以前面"学"是知识的积累，后面"习"是实践运用的过程，所以荀子在《儒效》中也特别肯定"学至于行之而止矣"。我们现在要背《论语》,《论语》第一篇的第一句是什么？

生：（齐）学而时习之。

师：对，所以也是把"学"和"习"联系起来，把"知"（也就是"智"）和"行"当作了两个紧密连接的过程。除了这一句，文章哪里还谈到了学习的意义和价值？

生3：我觉得第3段中也提到了。"吾尝终日而思矣，不如须臾之所学也；吾尝跂而望矣，不如登高之博见也。登高而招，臂非加长也。"就是说不学习相当于一直在原地踮着脚尖，学习的话就如同登上高处，可以被远处的人看到。说明学习可以拓展自己的视野，使自己能够看得更远，这就是学习的意义和价值。

师：很好。这篇文章在论证的时候有一个非常大的特点，就是它用大量的比喻来辅助说理，使说理能够达到更加形象、生动的效果，这是用比喻的方式在谈学习的意义。所以用第3段的这些比喻，我们说通过学习可以"博见"，可以"见者远""闻者彰"，可以"致千里""绝江河"，使自己得到提升。所以这段也是在谈学习给我们带来的直接效用。

那么还有吗？在这篇文章里面，关于学习的意义，后面还有吗？

生4："君子生非异也，善假于物也。"我觉得"善假于物"，它指的就是要善于借助学习。

师：其实和黄浩峰刚才所讲的那些内容是一致的，仍然是强调了学习，强调通过学来使我们不断得到提升。那后面呢，后面还有吗？看看第4段。

生4："积善成德，而神明自得，圣心备焉。"

师：这句话确实也谈到了学习的意义。大家如何理解"积善"两个字？什么是"积善"？在前面我们谈到的内容里，有没有什么内容可以和这个"积善"构成呼应，或者是对它进行解释的？

生5：我觉得前面说的那个"君子博学而日参省乎己"应该就是一种"积善"吧。也是通过反省自己来积累善行。

师：参省的过程是"善"的过程还是"积善"的过程？

生5：参省的过程应该是"善"的过程，日参省的过程应该是"积善"的过程。

师：所以君子博学，参省乎己其实是"善"的累积。"善"在学的过程中实现。博学、参省都是"善"的，而每一天这样反复地、不断地去参省，就是"积善"。还有吗？

文章开篇就说"学不可以已"，这个"不已"就是在"积善"，所以就这篇文章里面的"积善"，我们可以找到很多和它呼应的相关内容，包括使用比喻，"积土成山""积水成渊"也都是使用比喻对"积善"做形象的说明。

"积善"的结果是可以使人怎么样？

生：（齐声）"神明自得，圣心备焉"。

师：最终就是达到"圣心备"，学习最终落实于"成圣"。怎么理解这个"圣心"？圣人其实是古代最高的一种理想人格，为了达成这个"圣"的状态，人应该怎么做呢？

生：（齐声）不断地学习。

师：不断地学习，就是不断地"积善"，然后来达到神明自得的状态。从前面的"知明"到这里的"神明"，其实就是人的智性不断累积的过程。在智性累积的基础上最终成德，以备"圣心"。智性和德行最终成就了最后的"圣"。

那么什么样的人可以"成圣"？

生（齐声）：君子可以"成圣"。

师：那君子原本又是什么样的人呢？荀子他倡导什么？

生：（齐声）"性恶"。

师：是的，因为"性恶"，所以要"化性起伪"。那么他对靠学习以"成圣"的人本身，有很高的要求吗？《荀子》书中提到"涂之百姓"就可以"成圣"。这个"涂"，就是指路边随便一个人。不需要有很高的禀赋和才性就可以"成圣"。所以只要人肯"积善"，最终"加日悬久，积善不息，则通于神明"。所以圣人是由人积累而成的。

那么我们为什么要把"成圣"作为人的最高追求？为什么要把它作为终极的价值去坚守？

生5：欲明明德于天下，就要先从修身、齐家、治国而来。

生6：这是儒家追求的理想。

师：嗯，这不仅是荀子一个人的观点，而且能够代表整个儒家对人格培养的态度。我们看看其他的例子。比如刘向，他是大经学家、大学问家，他在《说苑》中有一段话和《劝学》中的表述也非常接近，同样也是用比喻的方式来表现"学"的意义。他说"骐骥虽疾，不遇伯乐，不致千里"，就算是千里马，如果没有伯乐的话，也难以日行千里。同样的，就算是干将这样的宝剑，如果没有人来挥动它的话，它也不可能自行去斩断物品；就算是良弓，如果没有校正它的工具的话，它也难以精准射中目标。所以"人才虽高，不务学问，不能至圣"。

再来看王阳明的例子，我们知道他是明代心学的大宗师。他年仅12岁的时候，有一次问他的老师："何为第一等事？"老师说"惟读书登第耳"，读书就是为了做官。王阳明就质疑老师说："登第恐未为第一等事，或读书学圣贤耳。"读书真正的要义应该是学着成为圣贤。所以"成圣"一直以来是儒家对人才培养的终极目标。

大家再一起把第 4 段读一读，感受"学以成圣"的价值。

（生齐声诵读）

师：大家再看看韩愈的《师说》，里面有没有什么内容可以和荀子在《劝学》里面提到的学习的价值和意义相呼应的？同样也找到画出来，给大家 2 分钟时间吧。

生 7：第 1 段中说"人非生而知之者，孰能无惑"，人不是生来就能知道很多东西的，总归是有疑惑的，疑惑是不断产生的，所以我觉得这句话和《劝学》里说的"学不可以已"是有呼应的。因为人的疑惑总是要产生的，他总是要解决他的疑惑，那就要学习，所以"君子曰：学不可以已"。

还有《师说》第 2 段有"今之众人，其下圣人也亦远矣，而耻学于师。是故圣益圣，愚益愚"。所以韩愈也把圣人当作学习要去达到的终极目标。他说学习的目的是要成为一个圣人。"圣益圣，愚益愚"的意思是说圣人知道学习所以他更加圣明，愚人不知道学习所以他没有办法成为圣人。所以他的意思可能是愚人通过学习也可以成为圣人，也就是说只要你积累善行，也就可以成为一个圣人。圣人更加知道去学习，所以他会更加圣明。这也跟《劝学》里面的"积善成德"有一定呼应性。

师：她讲得很多，把她在这篇文章里面感觉到的跟《劝学》可以呼应的地方全部都做了细致分析，我觉得讲得很好。尤其是刚才提到第 2 段里面说"圣益圣，愚益愚"，圣人为"圣"的原因正在于他肯"从师"而向学，所以才使得他的德行和智性都得到很大的提升。"圣"和"愚"是这篇文章里非常典型的对比，通过对比的方式来强调"从师"向学的重要性。

这篇文章在阐述学习的意义时还举了孔子的例子，孔子向谁学习？向他们学什么呢？又为什么要学这些？

生 8：向郯子请教官职的名称，向苌弘请教音乐上的事，向师襄学琴，向老聃问礼。

师：你觉得孔子为何要学这些？

生 8：因为孔子觉得自己在这些方面不及他人，希望学习他们的长处补足自己。

师：用原文里的话来回答，这些人"术业有专攻"，所以孔子向他们求学，不断地达成"益圣"。对于孔子来说，他求学问道不仅是想不断提升智性，而且是想在整体的能力方面都得到新的提升。

韩愈有一篇文章叫作《通解》。他说"古圣人言通者，盖百行众艺备于身而行之者也"。所以为了能够"百行众艺备于身"，我们就必须向更多的在术业方面有成就的人请教，来增益自己的这种学问和能力。所以古人如果肯"进修"，"或几乎圣人"，就比较容易接近圣人。《师说》中以孔子为例，同时引用了孔子的"三人行，则必有我师"的名言来强调圣人无常师。但是孔子本人对于称"圣"是非常谨慎的，在《论语·述而》里面，他说"若圣与仁，则吾岂敢"，我不敢自称做到了"仁"与"圣"，我只是做到了"为之不厌，诲人不倦"而已。这是他的自我评价。毕竟"圣"在中国古代是为人的最高理想，对于这个理想是否能够达成，孔子自己是谨慎的。但是《孟子》书中引用了子贡的话，子贡对孔子的评价是很高的："学不厌，智也；教不倦，仁也。仁且智，夫子既圣矣。"孔子的"圣"既体现在他肯学，又体现在他肯教，所以要"从师"，要向学。由此看来，孔子本人的经历确实能很好地证明"从师"求学的价值。

写这篇文章的韩愈，自己是否也像孔子这样能够"从师"向学呢？还有其他文章能体现这一点吗？韩愈还有一篇《原道》，"原道"就是探究道的本源，从中可以看到他想继承的"道统"是从哪里来的。他列举的尧、舜、禹、汤、文武、周公以及孔孟，这些人都是什么样的人呢？

生：（齐答）都是圣人。

师：这些人传袭下来的"道统"，到孟子这里就断绝了。所以韩愈要挺举"道统"，他钦慕的、想通过学习努力靠近的对象就是圣人。苏轼在《潮州韩文公庙碑》中称赞韩愈"文起八代之衰，道济天下之溺"，就是肯定他能努力地继续挺举"道统"、努力向圣人靠近的心志。

以上是《师说》中谈到的学习的意义。大家再看看毛泽东的《反对党八股（节选）》，这篇文章还能和前面两篇古文的内容关联起来吗？这篇文章是在整风运动的背景下做的一个报告，课文里节选了其中的一部分。请大家一起读一读毛泽东反对的八大罪状。

生：（齐读）空话连篇，言之无物。装腔作势，借以吓人。无的放矢，不看对象。语言无味，像个瘪三。甲乙丙丁，开中药铺。不负责任，到处害人。流毒全党，妨害革命。传播出去，祸国殃民。

师：这八种毛病中，最后第七、第八条其实是在谈党八股的危害和后果，前六条是有针对性的批评。能不能把前六条再浓缩概括一下呢？比如第一条概括起来就是里面的一个字。

生：（齐声）空。

师：那么后面几条呢？第二条用一个字来概括是什么？

生：（齐声）装。（第三条呢？）乱。

师：就是没有目标，没有对象。如果把这些批判综合起来看，作者总的来说在批判什么？作者反对什么样的文风？

生：（七嘴八舌）空泛，脱离实际，华而不实，只有帽子没有内容，形式主义，没有考虑对象。

师：再浓缩一下可以吗？不真、不实，也就是假、伪、虚。作者批判这些，那是为了提倡什么？

生5：马克思列宁主义的文风。

师：马克思列宁主义的文风最重要的基础是什么？

生：（齐声）真，要真要实。

师：在《反对党八股（节选）》中，作者批判虚的、假的、空的、没有对象的文风，其实就是想提倡真的、实的、有基础、有依据的文风。这个意思在古人那里是怎么表述的呢？《周易》里面有一句话叫作"修辞立其诚"。这个"立其诚"要怎么理解，大家能谈一谈么？

生9：如果做一件事情是心诚的话，那你的修辞就算看上去非常平淡，其实也有许多的内容在里面。就比如前面讲的《劝学》，它的许多比喻为什么读起来觉得非常有道理，因为它确实落到了那个道理上面去，它没有离道理很远，也没有给你一个大家在日常生活中看不到的东西，它是切合实际的。

师：所以"诚"其实是内在的。你刚才提到即便表面平淡，看似普通，如果内在有一个"诚"作为核心，也是可以支撑和挺立起来的。所以这个"修辞"不是我们今天常指的修辞手法的"修辞"，它指的是为文、著述、写文章。为文和为人有没有关系呢？

生5："有德者必有言，有言者不必有德。"

师：很好。能够打动人，能够让人得到深挚感受的"言"，背后其实是由人来支撑的。所以《反对党八股（节选）》看上去只是在批判文风，其实背后仍然是为学、为人的态度。那么"立其诚"和前面提到的"成圣"有关系吗？

生10：我想到一句话"率性之谓道"，坚守自己的本性就是一种追求

"圣"的方法。

师："率性之谓道，修道之谓教"。能够从内在修养自身，就是走在"成圣"的路上了。其他同学还有补充吗？或者也可以结合自己的学习实际来谈一谈这个"诚"和你想要追求的理想、目标或者信仰有什么样的关联。

生11："诚"字如果是对于我们学生来说的话，比如平常写作文，如果发自内心地真正去思考一件事情，是会有收获的。像前面讲的"积善"一样，如果你每天都去积累这样的思考的话，你就会有提高和收获吧。

师：所以如果不"诚"的话，其实就不能"积善"。《劝学》里面说："蚓无爪牙之利，筋骨之强，上食埃土，下饮黄泉，用心一也。"那么"心一"就是"诚"的过程。不"诚"，还可能执着地"心一"，可能"不已"，可能去"积善"吗？应该是很难做到的。因为"圣"在某种意义上像黑塞所说的，是"一个永远也达不到终点的目标"，所以连孔子这样的人也不轻易自诩为"圣"。在这样一个高远的、近乎终极的意义和目标面前，如果没有"诚"的心志，他是很难"不已"地去"积善"的。刚才这名同学说得很好。

"诚"除了我们比较熟悉的真诚、真实之外，本身也有专一、一致的意思，这在字典里有明确解释。所以"诚"有时会比较接近于"笃"这个字的含义。比如我们学校承袭的校训中提到"博学而笃志，切问而近思"。"笃志"的过程，其实就是不断地去修炼自身，让自己的智性和德行得到更高提升的过程。这句话后面还有一句，完整的表达是什么，大家知道吗？后面大家在《论语·子张》中还会背到这篇的。"博学而笃志，切问而近思，仁在其中矣。"所以当我们做到了"诚""笃"，当我们能怀诚笃之心去不断地"积善"，我们就是在通往"善"的路上，通往"圣"的路上。这是我们把这几课贯通起来后可以得到的启示。

最后我们可以看一看"诚"和"圣"的关系，这是宋代的大儒很早就讨论过、理学家们非常感兴趣的话题。周敦颐说"诚者，圣人之本"，"圣"，其实就是做到"诚"而已。荀子也提到"天地为大矣，不诚则不能化万物；圣人为智，不诚则不能化万民"。我们不断地修养自己，成就更高的人格，最终仍然要化万物，落实于万民，落实于天下！

最后给大家留一个作业，回去之后把这个单元的后面三篇文章，即《拿来主义》《读书：目的和前提》以及《上图书馆》贯通起来，想一想这三篇文章分别揭示了学习什么样的意义和价值。今天的课就上到这里，下课。

【课时二】"学以自新"

——读《拿来主义》《读书：目的和前提》《上图书馆》

一、教学目标

1. 理解学习的意义在于"自新"。

2. 明确"学以自新"的丰富内涵。

3. 了解类比说理。

二、教学重点与难点

教学重点：理解学习的意义在于"自新"。

教学难点：明确"学以自新"的丰富内涵。

三、教学过程

1. 导入。

请几名同学分享上节课的课后作业，结合《拿来主义》《读书：目的和前提》《上图书馆》的文章内容，谈一谈这三篇文章分别揭示了学习什么样的意义和价值。

初步明确：《拿来主义》强调要自成为新人；《读书：目的和前提》强调要获得真正的修养，实现自我完善，享受更多更大的幸福；《上图书馆》中提到读书让人进入知识和情感上的新世界，获得乐趣。

2. 通过学习《拿来主义》，理解"自新"的内涵及其与学习的关联。

问题一：在《拿来主义》中，鲁迅批判了哪两种主义，各有什么特点？

明确一：

闭关主义：不送出去、不拿进来，排外、隔绝。

送去主义：只送出去、不拿进来，谄媚、自矜。

闭关是历史，众人皆知；送去是现实，不少人沉迷其中而不知有害。后者是鲁迅重点批判的对象。

明确二：鲁迅通过精确的语言表明了对送去主义的态度。

文章第1段充满嘲讽批判的意味，可以请学生结合文本进行分析，如"一向"，说明闭关主义政策持续时间长，贻害至今；"捧着""一路的挂过去"，将送去主义者自鸣得意又对西方充满讨好的嘴脸描绘得生动形象。作者语言幽默犀利，鲜明地表达了观点和态度。

问题二：鲁迅认为"只是送出去"的危害是什么？这种行为的深层原因

是什么?

明确一:国家珍贵资源流失,子孙后代的发展空间断绝,这使他们在未来成为受制于人的奴隶。

"送去"得不到外国的平等对待,只会增加对方的轻蔑,使其有图谋地"送来",向中国倾销商品,加剧了中国被控制、被宰割的命运。

明确二:分析送去主义的深层原因。

联系鲁迅《华盖集·忽然想到》:"外国人所得的古董,却每从高人的高尚的袖底里共清风一同流出。""送去"的深层原因是对自己不自信,失去人的尊严,对强权和强权文化进行跪拜。

小结:无论是闭关主义者,还是送去主义者,都没有正确看待自己,也没有正确看待自己和他人、他国的关系。他们体现的是自我的迷失,且迷失而不自知。

问题三:拿来主义的意义何在?

明确一:人能自成为新人,文艺能自成为新文艺。

明确二:分析新人的特点。

(1)"新"与"旧"相对,旧式的人即前文提及的秉持闭关主义的排外的人,或秉持送去主义的谄媚、不自信的人。这些人不能正确地看待传统文化,也不能正确地对待西方外来文化。而新人是能够以正确的方法、态度面对自身的文化和外来文化的人。

新人的一大特点就是能够运用脑髓,放出眼光,自己来拿。拿来主义者是真正"清醒的青年",也是能使中国避免在列强环伺中继续沉沦下去的希望。

(2)新人源于鲁迅一直以来的"立人"思想。

是故将生存两间,角逐列国是务,其首在立人,人立而后凡事举;若其道术,乃必尊个性而张精神。

则国人之自觉至,个性张,沙聚之邦,由是转为人国。人国既建,乃始雄厉无前,屹然独见于天下。

(鲁迅《文化偏至论》)

只有立人,尊重个性,张扬精神,才能有真正的"人国",才能在世界诸国之中获得自己的位置。这些重新站立起来的国民就是新人。

问题四:"自新"与学习的关联在何处?

明确:"自新"之"自",强调要靠内在的力量来实现人的更新,而非依靠外界的力量。学习是实现这种内在自我更新的重要途径，"自新"正是学习的意义所在。

朱熹在《大学章句》中解释"大学之道，在明明德，在新民，在止于至善"一句时，认为"新者，革其旧之谓也，言既自明其明德，又当推己及人，使之亦有以去其旧染之污也"。

因此学习的重要意义就在于使自己和他人都能"去其旧染之污"，解除遮蔽，打破旧思想、旧习惯，恢复原本光明峻洁的人格。

3. 通过学习《读书：目的和前提》，进一步深化对"学以自新"的认识。

学习任务：结合文章内容，找出能解释"学以自新"的内容。

明确一：请学生阅读并体会以下内容。

"真正的修养不追求任何具体目的，一如所有为了自我完善而作的努力"，教养"是我们自我意识的增强和扩展，从而使我们生活更加丰富多彩，享受更多更大的幸福"，阅读能够使人"有了鲜活的意识和理解"，"领略人类所思、所求的广阔和丰盈，从而在自己与整个人类之间，建立起息息相通的生动联系"，读书"帮助我们将自己的人生变得越来越充实、高尚，越来越有意义"。

"自新"之"自"，强调人的更新与成长应该是自觉的、自发的过程，是对自我完善孜孜不倦的追求，也就是鲁迅所说的"自觉至，个性张"（《文化偏至论》），"自成为新人"。同时，"自新"之"新"，不但是更新对自己的理解，也是更新对人类的理解，从而自行建构起人生的意义。读书正是培养这种自觉意识的最佳途径。

明确二：请学生阅读并体会以下内容。

真正的修养一如真正的体育，既是完成同时又是激励，随处都可到达终点却又从不停歇，永远都在半道上，与宇宙共振，于永恒中生存。

（《读书：目的和前提》）

这句话通过类比说理（将对修养的追求和对体育的追求进行类比），生动形象地阐明了人的自我完善之路"永无止境，任何人也不可能在什么时候走到尽头"。因此"自新"之路是"苟日新，又日新，日日新"地不断前行，不断更新与不断发现。在这种"自新"又"日新"中，人获得了生命的意义，获得了充实感与高尚感。

4. 结合《上图书馆》中的内容，欣赏作者在图书馆里获得的"自新"之乐。

问题：文章写了几次在图书馆的阅读经历？能否分析作者从中获得了怎样的乐趣？

明确一：作者在"公书林"图书馆翻阅英文小说，虽然看不太懂，但拓展了兴趣，对更多的小说作品产生了好奇心。这是发现新世界、发现未知的快乐。

明确二：在清华的图书馆，作者阅读了许多西方经典哲学、文学作品，觉得"进入了一个知识上和情感上的新世界，一片灿烂"。这些阅读使作者进入了全新的世界，进入了黑塞所说的"领略人类所思、所求的广阔和丰盈，从而在自己与整个人类之间，建立起息息相通的生动联系"的阶段。

明确三：在牛津大学的包德林图书馆，作者通过纵情自由阅读，破除了内心的不平与忧虑，使心境豁然开朗，感觉到了阳光和光明的存在。这也就是黑塞所说的"找到生活的意义，正确认识过去，以大无畏的精神迎接未来"。

明确四：作者在英国博物馆的圆形图书馆，想到了《哈姆莱特》中的台词，对人类的智慧与创造产生了深深的认同与自豪，感受到了人类的共同尊严。

黑塞说："在数千年来不计其数的语言和书籍交织成的斑斓锦缎中，在一些突然彻悟的瞬间，真正的读者会看见一个极其崇高的超现实的幻象，看见那由千百种矛盾的表情神奇地统一起来的人类的容颜。"

5. 总结。

学习的意义在于"自新"。无论是向内探索自我意识，还是向外领略人类共同的情感，或是培育新人、立人立国，都能通过不追求任何具体目的的读书、通过学习来达成。

6. 作业布置。

（1）你是否也曾在读书的过程中感受到"自新"之乐？请结合自己的经历，和同学交流分享。

（2）面对今天的社会环境，就学习的意义和价值，你是否还能做出一些补充？请简单写下来，并说明理由，不少于 400 字。

【课时三】"假物"而学
——对《劝学》《师说》《反对党八股（节选）》《读书：目的和前提》的梳理探究

一、教学目标

1. 体会单元文章在说理上的针对性。

2. 理解学习的本质就是通过"假物"来提升自我，改变社会。

3. 进一步理解比喻论证。

二、教学重点与难点

教学重点：体会本单元几篇文章提出的学习原则和具体方法的现实针对性。

教学难点：理解学习的本质就是通过"假物"来提升自我，改变社会。这是本单元文章表现出的一般之理。

三、教学过程

1. 导入。

总结单元预习作业中同学们对《劝学》《师说》《反对党八股（节选）》《读书：目的和前提》中学习原则与方法的梳理，展示认同度高的关键词。

如：《劝学》中提出要"不可以已""善假于物""积善""心一"，《师说》中提出要"从师""师道"，《反对党八股（节选）》中提出要倡导理论联系实际的马克思列宁主义文风，《读书：目的和前提》中提出要"读真正的杰作"。

2. 几篇文章在谈到应该如何学习时，提出的观点各有侧重。这和作者面临的现实问题或困境有关。要让学生理解几位作者提倡的学习原则与方法的针对性，领悟学习即是"假物"，是解决困境的凭借。可先请几名同学结合单元预习作业，结合《劝学》《师说》谈一谈对文章针对性的理解。

问题一：荀子认为学习应该"不已"，要积累，要"心一"，这和他对人性的认识有什么样的关系呢？

明确一：联系荀子"性恶"与"化性起伪"的观点进行分析。

人之性恶，其善者伪也。今人之性，生而有好利焉，顺是，故争夺生而辞让亡焉；生而有疾恶焉，顺是，故残贼生而忠信亡焉；生而有耳目之欲，有好声色焉，顺是，故淫乱生而礼义文理亡焉。然则从人之性，顺人之情，必出于争夺，合于犯分乱理而归于暴。故必将有师法之化，礼义之道，然后出于辞让，合于文理，而归于治。用此观之，人之性恶明矣，其善者伪也。

（《荀子·性恶》）

荀子认为人的本性是自然状态，本无善恶之分。但如果缺少了后天的有意识的引导、规范，人性就很容易在环境的影响下导向争夺、残贼、淫乱。引导、规范的目的是导人"向善"，使人不至于膨胀、堕落。"学"是矫正人之本性的重要途径之一，是"化性起伪"的具体方法。

明确二：结合《劝学》的具体内容，理解荀子对人之本性与学习之间关系的看法。

文章运用比喻论证来形象化地表明人之本性会因为学习而发生巨大的改变。在课文第1段中，蓝色、水的形态、直木、尚未打磨的金属器具都喻指人固有的天性，而青色、冰的形态、曲木、锋利的金属器具则喻指经过有意识的改造之后远超越原有质性的更美、更善的人性状态。"青于""寒于""不复"说明了这种超越和提升是明显的、有效的。而学习则是这种超越和提升的原因。

课文第2段也通过大量比喻来继续强调学习能使人超越、提升。可以请同学继续分析，如因登高而招，故见者远；因顺风而呼，故闻者彰；因假舆马、舟楫，而致千里、绝江河；等等。

归结起来，学习就是"善假于物"，人能通过学习实现对自身固有本性的提升与超越，这是学习的本质。

明确三：理解荀子提出的具体学习方法与"假物"之间的逻辑关联。

若夫目好色、耳好声、口好味、心好利、骨体肤理好愉佚，是皆生于人之情性者也，感而自然，不待事而后生之者也。夫感而不能然，必且待事而后然者，谓之生于伪。是性伪之所生，其不同之征也。

（《荀子·性恶》）

人的"好色""好声""好味""好利""好愉佚"的天性是稳固而强大的，学习作为后天有意的努力，不可能一蹴而就地改变人的天性，因此需要渐进式地、持之以恒地付出，不能有半点松懈，这样才能真正"假物"，发挥出学习的巨大效用。故而荀子提出要"积善"，要"心一"的具体要求。

可见，学习的具体方法、途径，是由学习的目的以及现实中的针对性需求决定的。

问题二：在《师说》中，韩愈提倡"从师""师道"，这是否也可以看作是"假物"的具体表现？

明确一：结合唐代历史背景，理解韩愈创作《师说》的针对性。

由魏、晋氏以下，人益不事师。今之世，不闻有师；有辄哗笑之，以为狂人。独韩愈奋不顾流俗，犯笑侮，收召后学，作《师说》，因抗颜而为师。

世果群怪聚骂，指目牵引，而增与为言辞。愈以是得狂名，居长安，炊不暇熟，又挈挈而东，如是者数矣。

（柳宗元《答韦中立论师道书》）

唐代重门第之分，严士庶之别。士族的子弟，凭高贵的门第可以做官，他们不需要学习，也看不起老师。他们尊"家法"而鄙"从师"，根据一家一姓之说画地为牢，攻击、排斥尊师重道的观念。

佛、老思想的盛行严重冲击了儒学的地位，儒家思想的式微使像韩愈这样的儒家士子们担忧，并有意识地想要稳固儒家的正统地位。

抵排异端，攘斥佛、老；补苴罅漏，张皇幽眇；寻坠绪之茫茫，独旁搜而远绍；障百川而东之，回狂澜于既倒：先生之于儒，可谓有劳矣。

（韩愈《进学解》）

今之世，为人师者众笑之，举世不师，故道益离……不师如之何？吾何以成！……吾欲从师，可从者谁？借有可从，举世笑之。

（柳宗元《师友箴·并序》）

明确二：理解"从师"是"体道""尊道"的途径，是"善假于物"的体现。

韩愈曾在《原道》中感慨："后之人虽欲闻仁义道德之说，其孰从而求之？"孔孟之说历经秦汉魏晋的战乱，佛、老思想的冲击，必须借由"道"的真正承担者来维护和发扬。因此"从师"才能靠近儒家之道。韩愈面对时人的嘲笑攻击，以师者自居，并非狂妄自大，而是希望后学小子能借助自己来"体道""悟道"，保护儒家的思想，使其流传不衰。

李蟠"学于余"就是在"行古道"，其中值得赞许之处既在于对儒家思想的继承接续，也在于他以实际行动沿袭了儒家善学乐学、"假物"而学的传统。

3. 请同学按照已经讲解过的两篇文章的思路展开小组讨论，分析《反对党八股（节选）》中"假物"的表现。请每个小组派一位代表进行交流。

明确一：结合课后"学习提示"，理解本文的针对性。

1942 年，在延安和抗日根据地普遍盛行的主观主义、宗派主义、教条主义的不良风气使党内人员在写文章、做演说时也空洞不实，不看对象，不考虑群众的需要和感受。为了防止不良风气危害革命工作，毛泽东做了这次讲话。

明确二：文中提倡"靠马克思列宁主义的真理吃饭，靠实事求是吃饭，靠科学吃饭"，即要以真实为基础，通过科学的理论指导，坚持真理不动摇，来纠正实际工作中的问题。这也是"假物"的表现。

马克思列宁主义的思想对党内同志来说并不陌生，但有的人在具体的实践中容易偏离原本的正确道路，走向实事求是的反面。这也说明"假物"而学不是一蹴而就的，需要时时警惕、不断修正、坚持不懈。这与《劝学》中要求的不断"积善"、不断日参省来改善人的天性是一致的。

明确三：通过举例分析，说明毛泽东在这篇讲话中做到了言之有物、有的放矢、语言有味。

例如，作者列举了许多抗日根据地同志写文章、做演说时的具体问题，举了生动翔实的例子，运用了大量比喻、排比、反问的修辞，在批评党内同志时注意了分寸和力度，其幽默讽刺的口吻并不显严苛，等等。请学生结合自己的阅读感受进行具体分析。

4. 请学生阅读《读书：目的和前提》，体会文章提倡的研读世界文学的针对性何在，以及"假物"的表现。

明确一：文章第 2 段提到，人们常常找不到生活的真正意义，将"赤裸裸的需要"作为生活的意义，或者将读书看作"散心消遣"的手段，无法获得充实、高尚的体验。

文章最后一段提到，在"当今之世"，许多年轻人沉溺于愉快的生活，不能理解埋头读书的价值。就算愿意读书的人，也选择时髦的、富于刺激性的读物，而不愿意花力气、下功夫去读杰作。

明确二：黑塞提倡研读世界文学中的杰作，就是想使人们通过这些"思想、经验和理想的巨大财富"来寻找到生活的真正意义，获得更多的幸福。这就是"假物"的表现。

5. 总结。

本课分析的几篇文章虽然时代背景各有不同，针对的现实问题也差异很大，但都阐述了有关学习的一般之理：学习、读书、"从师"都是在"假物"，能使我们自身不断精进完善，获得力量抵抗世俗、改变陋习，传承发扬优秀文化，坚定科学精神，变得更强大、更理性、更幸福。

6. 作业布置。

阅读课本单元学习任务中《议论要有针对性》一文，思考文中所说的"议论的现实针对性，不等于只能把议论局限于某时某事"的道理，结合《拿来主义》谈谈你的看法。

【课时四】学会"拿来"
——比喻论证与"拿来"的内涵

一、教学目标

1. 通过分析、鉴赏充分理解比喻论证的表达效果。

2. 理解"拿来"的内涵和表现。

3. 思考学习发挥效用的前提。

二、教学重点与难点

教学重点：理解"拿来"的内涵和表现，找到在面对学习、读书或外来文化时"拿来"的共性特点。

教学难点：明白学习发挥效用的前提是对人本性中"善"及"向善"的坚守。

三、教学过程

1. 导入：评价上节课的课后作业，分析《拿来主义》一文的现实针对性。

复习部编新教材初中《语文》课本中的《未有天才之前》：

然而现在社会上的论调和趋势，一面固然要求天才，一面却要他灭亡，连预备的土也想扫尽。举出几样来说：

其一就是"整理国故"。自从新思潮来到中国以后，其实何尝有力，而一群老头子，还有少年，却已丧魂失魄的来讲国故了，他们说，"中国自有许多好东西，都不整理保存，倒去求新，正如放弃祖宗遗产一样不肖"。抬出祖宗来说法，那自然是极威严的，然而我总不信在旧马褂未曾洗净叠好之前，便不能做一件新马褂。……但若拿了这面旗子来号召，那就是要中国永远与世界隔绝了。倘以为大家非此不可，那更是荒谬绝伦！……

其一是"崇拜创作"。从表面上看来，似乎这和要求天才的步调很相合，其实不然。那精神中，很含有排斥外来思想，异域情调的分子，所以也就是可以使中国和世界潮流隔绝的。许多人对于托尔斯泰，都介涅夫，陀思妥夫斯奇的名字，已经厌听了，然而他们的著作，有什么译到中国来？眼光囚在一国里，听谈彼得和约翰就生厌，定须张三李四才行，于是创作家出来了，从实说，好的也离不了剽取点外国作品的技术和神情，文笔或者漂亮，思想往往赶不上翻译品，甚者还要加上些传统思想，使他适合于中国人的老脾气，而读者却已为他所牢笼了，于是眼界便渐渐的狭小，几乎要缩进旧圈套里去。

作者和读者互相为因果，排斥异流，抬上国粹，那里会有天才产生？即使产生了，也是活不下去的。

联系《随感录四十八》：

中国人对于异族，历来只有两样称呼：一样是禽兽，一样是圣上。从没有称他朋友，说他也同我们一样的。

明确：鲁迅生活在新旧文化交替冲撞的时代，因此应该如何面对旧文化和外来文化，如何更好地求得个体的发展与中国的发展，是他自青年时代起就十分关心的问题。初中学过的《未有天才之前》写于1924年，当时鲁迅就已经明确指出，中国对待传统文化有妄自尊大的心理，表现为好古的国粹主义，同时又排斥外来文化。在《随感录四十八》中他又指出了另外一个极端，即国人完全跪倒在外来者面前，失去自我，奉对方为"圣上"。两种偏颇的文化态度一直都受到鲁迅的批判。写于1934年的《拿来主义》是鲁迅晚年的总结之作，对如何面对西方外来文化和中国传统文化都有指导意义。

2. 理解正确对待文化需要先"拿来"，成为真正的拿来主义者。

问题一：拿来主义者需要什么样的品质？又如何理解这些品质？

明确：

要沉着，勇猛，有辨别，不自私。

要运用脑髓，放出眼光，自己来拿。

其中勇猛是"自己来拿"的前提，强调选择时的主体性和自信力，而不是进行被迫的、卑怯的选择。沉着、有辨别是运用脑髓，放出眼光的前提，强调的是选择时的理性态度，即能客观辨析文化中的精华与糟粕，不受情绪和面子的妨害。要具备这样的品质，首先要不自私。这一点在当时的中国也具有很强的针对性，是人们"拿来"的根本前提。如果自私，就无法保持公心，如同前面提及的国粹主义和跪拜心态，看似选择相异，本质都是未能摆脱自私之心。

问题二：阅读集中使用比喻说理的两段文字（第8—9段），思考这些比喻是如何与观点呼应，并形象化地进一步阐述观点的。请几名学生对自己印象最为深刻的地方进行赏析，教师根据学生发言进行点拨引导。

明确：

（1）"大宅子"的比喻。

重点不在于喻指的是中国传统文化还是外来文化，而在于"大宅子"强调的是这种文化价值贵重且构成复杂，要尽力利用又要小心分辨其中的构成。

鲁迅特别强调了不要去计较"大宅子"的来历，这是因为当时的青年被列强别有用心的倾销"吓怕了"，他们和国粹主义者一样，面对外来文化时顾虑重重。

因此鲁迅强调面对这样的"大宅子"，首先要"不管三七二十一"地去"拿来"，这正是沉着、勇猛的表现。

（2）对孱头、昏蛋、废物的理解。

用对待"大宅子"的三种不同态度来喻指面对外来文化的三种错误态度，和真正的拿来主义者构成对比。

孱头，指的是恐惧外来思想文化的人。他们往往以提倡复古、保存国粹来抵抗外来文化。"怕""徘徊""不敢"形象地表明了这种恐惧是深入骨髓的，他们完全没有沉着、勇猛的态度。这类人也是鲁迅一直以来不遗余力批判的对象。

一到衰弊陵夷之际，神经可就衰弱过敏了，每遇外国东西，便觉得仿佛彼来俘我一样，推拒，惶恐，退缩，逃避，抖成一团，又必想一篇道理来掩饰，而国粹遂成为孱王和孱奴的宝贝。

（鲁迅《看镜有感》）

昏蛋，指的是全盘否定外来文化的虚无主义者。"勃然大怒""一把火烧光"表明这类人不加辨别、一概排斥的态度，他们缺少沉着冷静的态度和运用脑髓的理性能力。这种激进的"大怒"常常被误认为是"革命"，但其实也是错误的。

废物，指的是拜倒在外国思想文化的脚下，主张"全盘西化""全盘吸收"的人。这种人中就有买办文人，实际上充当了帝国主义进行文化侵略时的掮客。他们首先未能做到不自私，对外来思想文化的态度取决于个人的生计利益，不愿为国家、民族的未来担负应有的责任。

小结：鲁迅用"大宅子"和面对宅子的三类人的比喻，生动形象地将缺少"拿来"精神导致的荒谬举动一一揭出，真正的拿来主义者应该是怎样的也就呼之欲出了。

（3）对鱼翅、鸦片、烟枪、烟灯、姨太太的理解。

第9段同样使用了比喻论证，鱼翅比喻文化中有益无害的部分，故而是精华就应全面接收；鸦片比喻文化中精华糟粕并存的、有益也有害的部分，故而要取其精华，去其糟粕；烟枪和烟灯比喻文化中无益也无害，用处很小的部分，应当舍弃；姨太太，指文化中的糟粕，即有害无益的部分，应当彻底舍弃。

这些比喻都与拿来主义者的"占有，挑选"有关，正是因为运用了脑髓，放出了眼光，有了辨别力，才能将文化中复杂难辨的成分分门别类地整理，区分对待。而这一段中的比喻，也与"大宅子"构成了完整的逻辑，展示了进入"大宅子"的拿来主义者是如何区别于前面提到的三类人，充分享用了这个"大宅子"的。

3. 理解《读书：目的和前提》一文中黑塞是如何对浩如烟海的书籍做到"拿来"的。

问题一：文章哪些段落提到了在阅读过程中的挑选、甄别问题？请概括其中的主要观点。

明确：

第 3 段，指出读者先要认识自己，了解自己的喜好，凭爱好去阅读。

第 4 段，指出教养要有一个可教养的客体作为前提，那就是个性或人格。

第 5—7 段，通过回忆自己年少时的阅读经历，指出阅读不应该出于义务与责任，而应该由兴趣与爱好驱动。

第 8 段，指出我们先得向杰作表明自己的价值，才能在阅读中有所得。

问题二：黑塞在阅读上的提倡与鲁迅的拿来主义有什么共同之处？

明确：

黑塞认为阅读的起点是认识自己，这也是有辨别力的体现。经典著作浩如烟海，到底从哪里开始阅读，阅读什么，是需要每个读者自行分辨的，而自身的兴趣、爱好就是辨别的依据。

黑塞强调阅读能对人产生积极的影响，阅读的一个前提是人本身的个性或人格，也就是"先得向杰作表明自己的价值"。无论是外来的文化，还是书中的思想和知识，都是外部的存在，外在的力量必须要通过内在的支撑才能发挥效用。这与鲁迅提倡的东西是一致的：要先具备沉着、勇猛、有辨别、不自私的品质，才能在面对"大宅子"时知道如何挑选、占有。

4. 理解《劝学》《拿来主义》《读书：目的和前提》的作者对人本身都有乐观的期许，都相信人的"善"是学习的前提。

讨论：《拿来主义》和《读书：目的和前提》都认为人应该首先具备一定

的素养和品质，才能使学习、读书、文化汲取得到实现。那么这样的素养和品质又应该如何获得？这又是否和荀子的"性恶"之说相矛盾？

明确：无论是鲁迅要求人首先要沉着、勇猛、有辨别、不自私，还是黑塞要求人基于爱而开启阅读之路，他们都仍然相信人有"善"的天性与可能。这种可能性是学习、读书发挥出其效力的重要前提。

荀子虽然认为人性本恶，但他相信人能够"化性"，能够在更好的方向上改变，最终实现"青于蓝""寒于水"。这种相信其实仍然是对人本身的相信，相信人有愿望亦有能力变得更好、更善。

小结：学习的重要前提在于拥有"拿来"的品质，相信自己的内在就是值得被教养、愿意被教养的客体，拥有包容宽厚之心。只有先立足于自身存在中的"善"，才能通过外在的有益影响不断成长。

5. 作业布置。

完成本单元学习任务三中的作文。

【课时五】《"劝学"新说》单元贯通写作与讲评

一、教学目标

1. 学习选择合适的角度、围绕话题核心进行有针对性的表述，培育关切现实的责任意识。

2. 明确学习的现代意义，思考学习对于个人的真正价值。

二、教学重点与难点

教学重点：理解"'劝学'新说"的含义，培养作文的对话意识。

教学难点：理解学习的现代意义，思考时代中的个体对学习应秉持的态度。

三、教学准备

提前阅读班级范文，并进行简单的点评。

四、教学过程

1. 导入：请同学回顾作文材料，谈一谈自己对材料的思考。结合学生的理解和批阅情况进行点评，明确该材料中应该关注并在作文中解决的主要问题。

《劝学》是两千多年前荀子对学习问题的朴素认识，《师说》是一千多年前韩愈对"耻学于师"的批评。随着社会的发展变化,我们今天在学习中又遇到了新的难题。针对当下学习中的某些问题,以《"劝学"新说》为题,写一篇不少于800字的文章。

(必修上册第六单元的单元学习任务三)

明确:题目中强调"新说",即要针对当下学习中的某些新问题、新难题展开论述。这些问题是社会的发展变化带来的,是今天的学习者会面临的。

"劝学"之"劝"意味着文章的目的应在于激励、鼓励人们学习,而非仅仅指出问题。要注意落实学习的现代意义。

材料中提到的《劝学》《师说》应该在文章中得到呼应。应思考古人的观点在今天是否仍然有合理性,是否遭遇了挑战,对此应有明确的态度和立场。

2. 结合批阅情况指出作文中普遍存在的问题。

如:

对学习的理解比较狭隘,将学习理解为"在课堂上学习各学科知识",未能意识到本单元的学习概念是更为开放的。阅读,汲取、分辨信息也都属于学习的范畴。

未能对材料中提及的《劝学》《师说》中的观点有所回应,缺少和材料对话的意识。

未能扣住"新说",没有在文章中关注时代与环境的变化对学习带来的影响、对学习者提出的新要求。

未能扣住"劝学",只对时代环境、社会中的学习误区展开了批判,未能展现出"劝"的意义。

有的同学全篇只谈到了具体的学习方法,并未对学习本身进行深入的思考。

还有的同学将《"劝学"新说》当成《〈劝学〉新说》,结合《劝学》谈学习的意义,偏离了题意。

3. 分析作文中的关键问题应该如何表达呈现。请同学参与讨论,打开思路,形成共识。

(1)结合材料的要求,在文章中可以试着回答以下问题:

在当前的时代环境下,学习面临的新困境是什么?

为什么在今天这样的时代,我们还需要学习?

今天的学习跟《劝学》《师说》的时代相比,有什么不同?需要特别注意的是什么？

（2）请同学们进行小组讨论，结合自己作文中已经有的思考，谈一谈自己的看法。教师可以根据学生的发言适当引导。

围绕已经提出的核心问题，明确以下内容：

① 今天在学习中遇到的新难题。

学习功利化的情况愈演愈烈，坚守学习的真正价值变得更加艰难。

商业资本的推动使学习的费用更为昂贵，高投入之下对高回报的期待也在提高。应试思维下学习的效果被直接量化为考试分数，学习仅在考试的维度中才发生意义。过于急切地盼望学习的回报，希望能及时收获学习的好处，忽视学习在成长过程中的积累意义。

超前学习成为普遍常态。

出于对竞争的焦虑和对落后的恐慌，超前学习成为普遍现象。过早开始的知识教育、过度过量的学习内容削弱了学习中的乐趣，使学生在学习中非但没有获得求知的欲望，反而有了厌学的情绪。

资讯的发达助长了依赖、懒惰心理，学习更加缺少务实、求真的精神。

想学又不想努力，害怕付出和吃苦。手机的普及和网络的发达使学习的过程变成检索的过程，学习主体性缺失。

学习的"竞争对手"日益强大，比如手机，各类丰富的视听娱乐资源……这些东西触手可及，使沉潜静心、摒除干扰变得十分困难。

② 今天更加需要学习的原因。

人的自我完善之路并不会因为时代的改变而变化。无论是荀子理想中的"君子之学"还是黑塞提倡的通过学习获取人生的幸福、探索人类的边界，在任何时代都不会过时。

资讯的发达、信息的泛滥、各种立场的声音等这些都需要我们用清明的头脑、敏锐的眼光去判断、分析。要做到鲁迅的"拿来"，首先就要通过学习培育广阔的视野和成熟的心智。

在人工智能时代，学习有助于使人保持创造力。

③ 今天应该这样学习。

正视学习的真实意义，学着正确看待学习的"无用性"。

在充分享受信息时代的便捷资讯和多样学习渠道的同时，努力保持学习的自主权。

以沉潜专注的态度摒除喧嚣杂音，不轻易向学习的"竞争对手"投降。

（3）请同学根据课堂上的讨论，进一步修改自己的习作。

4. 教师点评班级范文。

示例一：

"劝学"新说

顾心尧

两千年前，荀子在他的著作中论述了他对学习问题的朴素认识。时至今日，随着科技日新月异的发展，大部分人都意识到学习的必要性，然而对于学习，人们又产生了新的三大误区。

其一，否定学习的重要性，承认学习无用论。比尔·盖茨大学辍学，成为世界首富。马云学业未完成就创立阿里巴巴成为中国富豪。这些新世纪伊始的商界神话，刺激着无数人的神经。更有北大毕业生卖猪肉、网络视频主播月入百万的消息，让那些学习无用论的支持者更加坚定不移地认为学习无用。

那么学习真的无用吗？事实恰恰相反。原因很简单，对于前者而言，不管是比尔·盖茨还是马云，他们放弃学业并非因为他们认为学习无用。比尔·盖茨大学未毕业是因为他认为大学教的那一点点知识已经无法满足他了。马云辍学后是去学习当时十几亿中国人都不知道的互联网技术。他们辍学，恰恰是因为他们想要更好地学习。而对于后者而言，卖猪肉的北大毕业生利用自己在北大时的知识储备以及积累的人脉，在今年"双十一"时收入18个亿。再看看几年前那些网络上的"明星"们，在时代的大浪淘沙下，至今又剩下几个人呢？

其二，承认学习的重要性但过度夸大学习的功利目的。学习的确是有着功利目的的，读好书就能考上好大学，就能有一份好工作，就能有一个好人生，这句话在某种意义上是不错的。但不管从以上的例子，还是从现在许多大学生考上名牌大学后就开始荒废自己的活生生的事例上，我们都可以看出一味地强调学习的功利目的，或会导致学生产生厌学情绪，或会导致学生一旦达到某种功利目的后就放弃学习，从而产生巨大的危害。

其实学习之途岂能怀功利之心。韩愈曾说学习是成为圣人的途径。在现代社会，圣人难觅踪迹，但是通过学习往往可修身、知礼仪、守仁心。赫尔岑曾经说过："不去读书就没有真正的教养，同时也不可能有什么鉴别力。"之所以没有教养，是因为他不懂得对真理的敬畏，之所以没有鉴别力，是因为他不懂得明辨是非。以功利之心去学习的人往往精神贫瘠。人，兴趣是最好的老师，只有真正热爱学习的人才能修身、齐家、治国，学习之益岂能以"功利"二字渎之。

其三，承认学习之益良多，但始终将自己置于学习的对立面上。这种情况最多见。甚至不少学生将"学习是苦口的良药"奉为真理。其实良药可以很甜，不少人愁于数理测算之复杂、古文诗词之拗口，但仔细研读后便能发现公式内在之精美、词汇文藻之华丽，毕竟将一个敌人变成朋友远比消灭它来得强。

此文名曰《新说》，借荀子之题，寓今时之人。即，学习重要、学习不功利、不对立学习。最后以《荀子》中的一句作结："学不可以已。"

点评：作者针对他在今日的社会现实中观察到的学习误区，以纵深的结构不断推进。显然这三重误区之中，越往后越难破除。认识到学习的重要性或许是容易的，但这"重要"却体现为仅仅视学习为利益工具。破除学习是谋利之途的思想已然不易，更难的是从学习中得到愉悦，避免将学习视为压迫性的存在。前两种误区很大程度上是外在环境引导推动的结果，而最后一种误区需要靠自我内在的力量来寻找，其实对人的要求更高。从本文的布局可以看出作者体察"学习"二字的深度。

示例二：

<h2 style="text-align:center">"劝学"新说</h2>

蔡谨妤

这是一个最好的时代，也是一个最坏的时代。

人们面前应有尽有，人们面前一无所有。

我们这个时代，对学习者而言，应当是最优越的了。我们依靠方便快捷的网络技术记录着人类历史长河中近乎所有的智慧结晶。知识之于我们似乎唾手可得。但这正是最为危险、最值得我们警惕的地方。

一个公式忘记了，百度一下答案便现于眼前，为什么还要费尽心力再推一遍呢？一篇文章没有看懂，或根本不想费劲理解，上网一搜，文章的内容概括、思想主旨便一网打尽，何必等到"书读百遍，其意自见"？我们骄傲地说，我们不费吹灰之力就能变得博学，但这只是虚像罢了。

网络上的知识是一条捷径，能让我们直接滑向目标，但这阻绝了完全掌握知识所必经的曲折之路，也掩盖了通向不同可能，带来机遇和多样性的路口。当我们站在技术与知识的高峰却不由自主地顺着山坡滑去时，便失去了前人为我们费尽心血搭出高峰的意义。我们应该做的是谦逊而无畏地攀爬这座已经降低了不少难度的山，然后在山巅继续开拓那些还未有人涉足的荒路。"书山有路勤为径"这句话虽然已经为我们所熟知，但它的意义我们应时刻牢记在心，时代不会改变它、淹没它。

网络同时也可能是一层屏障，用丰富多彩的内容使我们与真实世界隔离。学习生活已经占据了我们太多时间，让我们处于饱和的紧张状态，而当我们有了一点空闲时间，我们只想好好地在虚拟世界放松娱乐一下，而不是仔细地观察真实生活。我们也许可以借助于网络的力量掌握知识，但是这些知识的来源也可以是生活中那些被我们忽略的现象。雨后的彩虹，在它美丽的背后，蕴含着光的折射原理；美丽和谐的建筑也许运用了黄金比例；浴缸中的水流绕同一方向盘旋是因为地球自转带来的科里奥利力……其实，发现知识离我们如此之近，这是一件多么令人激动与幸福的事啊！

首先，生活中的知识不再像课本上那样抽象、那样冰冷，也就是说，它留给我们的印象会更加深刻。而更重要的是，拿柏拉图的洞穴人比喻来说，这就像你通过洞穴上的光影发现了外部世界的光芒一样，你通过流于表面的现象向着理想世界前进了一步，而不是拘泥于现象直至逐渐习惯，直至不再好奇、不再思考。要收获这份幸福，我们仅需要改变一个观念——生活也可以成为课堂，而且这比普通的课堂有趣得多也丰富得多。

诚然，这是一个最好的时代，我们有先进的技术和完善的教育体系。但是，我们也应该保持对知识、对生活的好奇与谦逊，如此，我们才能在持续的学习中不断地追求精神与心灵的完善，而不是在骄傲中止于虚妄的"至善"。

点评：作者围绕"新"字展开，将今人在网络时代面临的学习阻力表述得生动具体，体现出对日常生活的体察与思考，并表现出良好的思辨能力。网络的确增加了学习的便利度，但这种"捷径"却也可能是不易察觉的遮蔽物。作者并未将学习窄化为书本理论知识的获取，而是能看到学习与真实生活的密切关联，仍然将学习本身视为善的、美的存在。这是十分珍贵的。

5. 作业布置。

结合本单元课文，以"我说'学习之道'"为话题，写一篇单元贯通作文，要求不少于 2 000 字。

【课时六】"我说'学习之道'"单元贯通作文展示与讲评

一、教学目标

1. 通过写作对"学习之道"进行梳理总结，理解学习应弥合分裂、联结新旧。

2. 通过评价单元贯通作文，体会并明确本次写作应该具备的基本素养与高度。

二、教学重点与难点

教学重点：对"学习之道"进行梳理总结。

教学难点：思考学习与读书的分离现象；体会学习对于联结新旧的意义。

三、教学准备

1. 请某个语文学习小组的同学分工批改班级同学的单元贯通作文，给出评语，并选出其中的优秀文章。

2. 教师参与该小组同学的讨论，明确本次单元贯通写作中的优点与问题，给出汇报建议。

3. 提前印发范文和讲评拓展材料，准备汇报材料。

四、教学过程

1. 请负责此次单元贯通写作批改的学习小组成员汇报批改情况。

（1）通过作文中的具体案例，明确对话题"我说'学习之道'"的思考与认知。

用演示文稿展示班级优秀作文片段并进行点评。

倘若一个人学习，只是为了背几句诗文、写几个公式、默几个单词来应付考试，对于人生的价值的看法止步于满足物质的实用需要，是何其可悲。"吾生也有涯，而知也无涯。以有涯随无涯，殆已。"世上有用的知识何其多，但生命却是极其有限的。因此，学习的价值更在于在短暂的生命中，不断充实自己，拓宽生命的广度，以摆脱生死幻灭的虚无。

（摘自学生习作）

话题中强调的是"我说"，意味着要有自己的思考，不能仅仅把课文中的观点积攒起来，那就成了"掉书袋"，缺少个人的思考。

用演示文稿展示班级优秀作文片段并进行点评。

学习的意义是多元的。之前所说为国而学，但并非单纯"为国"学。因为国终究归于人，而学终究归于自己。学习终究是为了自身的完善。但这"为了"并不是利己主义所追求的目的，而是效果。它意味着通过学习，通过"假于物"而最终自我升华，却并不是抱着功利的目的性。两者表面似乎没有差异，但其中的蕴涵却是截然不同的，甚至是相反的。因为单纯抱功利目的的学习带给人的只有知识。但仅拥有知识的人是不能被称为"知识分子"的。别忘了最初这个词是为一群因为学习而找到信仰的反抗者所发明的啊！只有非目的性的学习才能使人融入自己所学，从而拥有超越理性的信仰。而也只有当一个人有所相信时，他才能拥有足够的力量面对这个世界。

（摘自学生习作）

"学习之道"的范围比较广，包括学习的意义、目的，学习的态度、方法，学习的前提与收获，等等。

用演示文稿展示班级优秀作文片段并进行点评。

面对知识和信息，没有思考的人是无力的，只有像鲁迅先生说的那样"沉着、勇猛，放出眼光去拿"才能化被动接受为主动学习。此时博学精神不失为一种出路。回到开头，博学是与"日参省乎己"相连的。这意味着博学的本质与任何方式的学习都是一致的，都要回归于个人和自我的体悟。面对时下信息汹涌的洪流，既然它无法避免，那么我们就应该以博大的襟怀去拥抱它，并且在心中知白守黑，保持自我意识与判断能力，包容并学习我们所不愿意接受或看见的部分。或批评、或吸收，使自己的内心变得坚强，使我们的主体性不被淹没。

（摘自学生习作）

"我说'学习之道'"和前一篇作文《"劝学"新说》的侧重点不一样，后者的目的在"劝"，即鼓励大家努力学习，而前者重在谈论对学习的深入思考以及"学习之道"的内涵。

（2）结合批改情况，对此次单元贯通写作进行评价，给出评判标准。

① 是否能让课文中的观点较好地融入文章，而非简单地罗列或堆砌。

② 是否能写出个人对"学习之道"的认识，文章是否有核心、有层次。

③ 是否能在课文之外，联系更广阔的社会现实，或结合个人的学习感受，写出真情实感。

④ 能否写出这个话题之下的侧重点，而不是对前一篇作文《"劝学"新说》进行复制。

⑤ 语言表达是否准确，是否有语病和错别字。

⑥ 是否符合 2 000 字的基本要求。

2. 教师对班级单元贯通作文及汇报小组的表现进行评价。

明确一：

肯定学生在此次单元贯通写作中的优点和进步，如能按照一定的逻辑和渐进式的思考来重组课文，有联系当下社会现实的意识，能写出这个话题的现实意义，等等。

肯定小组同学在批改和现场汇报中的优点，如能根据制定的评判标准挑选出合适的范文，对话题的理解比较深入全面，能认真写出作文评语，等等。

明确二：指出此次写作中存在的主要问题。

（1）未能意识到话题"我说'学习之道'"和前一篇作文《"劝学"新说》的区别，未能写出这个话题的独特性。如果只能看到话题的共性而看不到个性，就容易套题，这在本质上是不诚实的，恰恰违背了"修辞立其诚"。所谓的"诚"，在作文中，首先体现在对话题本身的尊重、理解上。

（2）未能用自己的思考来统摄课文中的观点，"我说"变成了"他说"，变成了"课本说"。"我说"，并非要求一定要提出比荀子、韩愈等人更高明的见解，而是要写出自己认可、赞成的依据，结合自身的学习经历和感受来验证他人的观点或表达共鸣。这样就能把"他说"转变成"我说"。这才是鲁迅所谓的"运用脑髓，自己来拿"在作文中的体现。

3. 教师进一步指出在话题"我说'学习之道'"中值得探讨和关注的问题。

（1）理解学习和读书在课本和现实语境中的区别，关注学习与读书分离的问题。

学习与读书有时是同一个意思，比如：他学习很用功；他读书很用功。

但在课文中，荀子的"学"和黑塞的读书的含义显然各有侧重。荀子所谓的"学"，对应的是知识的积累、智慧的获得；黑塞所谓的读书，指的是阅读书籍，并从中获得精神的愉悦和修养境界的提升。这两者原本应该密不可分。

在今日的语境中，学习往往指的是习得知识、技能，是有目的、有计划、有针对性的；相较而言，读书往往是无目的地进行阅读，在人类精神遗产中漫游。一个学习不错的学生也有可能并不爱读书，甚至是不读书的。这种奇异的分离是如何成为可能的，对我们的影响又何在？这是值得思考的问题。

请学生思考并讨论。

（2）理解学习的意义在于实现过往与未来的对接，使人成为丰富的、发展的存在。

在本单元我们曾探讨过古代读书人将学习的终极意义定为"成圣"，即从文化源头去确立学习的价值。这种目的带有回溯文明、建构理想的意义，使人无论发展到什么阶段，都能感受到古典的理想人格的召唤，继承文化基因，守护住民族魂魄。同时，学习的意义也在于"自新"，即不断涤除昨日之"我"的浅薄鄙陋，以新的眼光、新的视角发展自我，同时更新与世界的关系，避免固化，使人始终处于形成之中、活泼的生长之中。

正是通过学习，人才能实现过往与未来的对接，不再是生命长河中一个个孤立的个体，才有了绘制人类代代相继的生命图谱的可能。如此，人类遗留下来的智慧经验与丰厚文明才能有更新、创造的可能。

（3）补充阅读大江健三郎的《为什么孩子一定要上学》，结合拓展材料进一步理解"学习之道"。

为什么孩子一定要上学

大江健三郎

（一）

在我迄今为止的人生历程中，我曾两次思考这个问题，十分幸运的是，最终都得到了很好的答案，我认为那是我遇到的无数问题里，寻找到的最好的答案。

最初，我很怀疑，孩子是否要上学。当时我10岁，那年夏天，日本在太平洋战争中战败。

战败使日本人的生活发生了很大的变化，那之前，我们孩子，还有大人，接受的教育一直在说，我们国家最强大最有力量，说天皇是个神。然而战后我们明白，天皇也是人。

当时的美国，是我们最害怕、最憎恨的国家，可是后来，又是这个国家成为我们要从战争废墟中重新站起来最需要依赖的国家。

我觉得，这样的转变是对的。可是战争刚结束一个月，我就不愿去学校上学了。

因为直到仲夏，一直说"天皇是神，美国人是恶魔"的老师，竟然十分自然地开始说起完全相反的话来，并且也没有对我们做一些诸如以前的教育是错的之类的交代。他们教我们说天皇也是人，美国人是朋友，是那么自然而然。

进驻的美国兵乘坐着几辆吉普车开入密林间的小村落，那天，学生们摇着自制的星条旗用英语高呼"HELLO"，站在道路的两旁，夹道欢迎了他们。我从学校跑出来，跑到森林中去了。从高处俯视山谷，小模型一样的吉普车沿着河边的道路开进了村庄，如同豆粒大小的孩子们的脸虽然看不清楚，可是，他们的"HELLO"喊声却听得真切，我流了眼泪。

（二）

从第二天早上起，一去学校，我马上就从后门出去直奔林子，一直到傍晚，都是我一个人度过的。我把大本的植物图鉴带到林子里，在图鉴中寻找着林子里的每一棵树的名字和特性，并把它们一一记在心里。

我们家做着与林子管理有关的工作，我记下了树木的名字和特性，应该是对将来的生活有益的。林子里树木的种类实在太多了，这么多的树都有各自的名字和特性，我觉得十分有趣，简直着了迷。

我不打算去上学了，打算在森林里一个人对照植物图鉴记树木的名字，了解它们的特性。我喜欢树，但能和我一起谈论它们的人，无论老师还是同学，一个都没有，那么我为什么还一定要去学校，学习一些和将来生活毫不相干的东西呢？

秋季的一个大雨天，我照常进了林子，雨越下越大，林子中到处流淌着从前没有的水流，连道路也坍塌了。天黑了，我没有走出林子，并且开始发烧，第二天，是村里的一个消防队员在一棵大的七叶树的树洞里面发现了昏迷的我，把我救了出去。回家以后，烧并没有退，从邻村来给我看病的医生说："我已经没有办法了，没有药可以治。"这话仿佛是有人在梦里和我说一样，我都听到了。医生放下我走了，可是妈妈，只有妈妈，对我没有丧失信心，一直看护着我。

有一天深夜，我虽然还发烧，却从长时间的昏迷中清醒。我躺在榻榻米上面，妈妈坐在枕头旁边盯着我看。

"妈妈，我会死吗？"

"你不会死的，妈妈在这为你祈祷。"

"医生不是说这孩子没救了吗？我会死的。"

妈妈沉默了一会儿，对我说："你就是死了，我也会再生你一次，所以，你不要担心。"

"可是，那个孩子和我不是同一个人啊。"

"不，是一个人。我会把你从生下来之后到现在看到的、听到的、读到的东西，做过的事情全部讲给新生下的你听。这样两个孩子就是一模一样的同一个孩子了。"

妈妈的话我好像没有完全明白，但是心里却宁静下来，安稳地睡觉了。第二天开始我慢慢康复，到了初冬，我开始想上学了。

（三）

不论是在教室里上课还是在运动场上打棒球，我经常会一个人发呆，我想现在活在这里的我，是不是死去之后又被妈妈再生一次的孩子呢？我现在的记忆是不是由妈妈讲给那个死去的孩子所看到、听到、读到的东西和他经历的一切事情形成的呢？并且是不是我使用那个死去的孩子的语言在说话呢。

我还经常想，教室里，运动场上的孩子们是不是都是没有长大就死去的孩子呢？他们又被重新生出来，听到死去的孩子们的所见所闻，按照他们的样子替他们说话。我有证据：那就是我们都用同样的语言说话。

并且，我们是为了让这种语言完全成为自己的东西才来到学校学习的。不仅仅是语文，就连自然科学也都是这一继承必需的。如果只是拿着植物图鉴和眼前的林木去对照，那么就永远不能代替死去的那个孩子，只能和他一样永远不能成为新的孩子。所以我们才都来到了学校，大家一起学习，一起游戏。

（四）

现在我又想起了一件我成人之后发生的事情。

我的长子叫作光，他出生的时候脑部异常，到了5岁还不会说话。相反他对声音的高低却特别敏感。比起人的语言，他首先记住的是许许多多鸟儿的叫声，而且他一听到鸟儿的叫声，就能说出鸟的名字来。鸟的名字，他是从唱片上学来的。这是光说话的开始。

光7岁的时候才上学，进入特别班。集中在那里的孩子，身体上都有不同的残疾。有的总是要大声喊叫，有的不能安静，要不停地动。一会儿撞到桌子，一会儿掀翻椅子。从窗户望进去，看到光总是用手捂着耳朵，身体呈现僵硬的姿态。

于是已经是成年人的我又问自己孩童时期的那个问题，光为什么要去上学呢？孩子只懂得鸟的歌声，又喜欢父母教他鸟儿的名字。那么我们为什么不回到村子里面去？在林中盖个小房子，我按照植物图鉴确认树木的名字和特性，光听鸟儿的歌唱，妻子就在一旁画我们的速写，这样的生活，有什么不可以呢？

解决了这个摆在我面前的难题的人竟然是光。

光进入特别班之后不久，发现了一个和自己一样不喜欢噪声的小朋友。于是，两个人便总是坐在教室的角落里互相握着对方的手，一起忍耐教室的吵闹。

不仅如此，光还开始帮助这个活动能力比他差的小朋友去上厕所了。能帮助小朋友做一些事情，对光来说，实在是种充满新鲜感的快乐体验。渐渐地，他们两个人开始在距离其他孩子远一点的地方摆上椅子，一起听广播里的古典音乐了。

又过了一年，我发现光超越了鸟的声音，人类创造的音乐开始成为光可以理解的语言了。他甚至能从播放过的曲子里面记下朋友喜欢的曲目的名字，而且回到家还可以找到这张光盘。老师也发现这两个平时很少开口的孩子的语言之中，已经出现了巴赫、莫扎特的名字。

（五）

从特别班到养护学校，光是和那个孩子一起上的。在日本读完高三，智障孩子的学校教育就结束了。毕业前夕，老师要为大家举行告别会，作为家长，我也去了。

光从小跟着母亲学钢琴，这会儿已经可以自己作曲了。我根据他们的这段对话写了一首诗，光把它谱了曲，这就是后来的《毕业变奏曲》。

现在对于光来说，音乐是他蕴藏于内心的深刻而丰富的东西，也是他将内心的情感向他人、向社会传达的唯一语言。这种语言是在家庭里发芽，在学校里发展成型的。不仅仅是语文，还有自然科学、算术、体操、音乐，这些都是深刻了解自己、与他人交流的语言。

为了学习这些，无论是什么时代，孩子都是要去上学的。

（读者杂志社编《一百年，不孤独》，
敦煌文艺出版社，2016 年版，第 37—41 页）

请同学谈一谈，这篇文章是如何体现学习能实现过往与未来的联结，使人成为丰富的、发展的存在的。

4. 单元贯通范文展示与点评。

探究真理，守护文明

——我说"学习之道"

杨斯淇

《古诗十九首·青青陵上柏》中写道："人生天地间，忽如远行客。"庄子也曾无奈："吾生也有涯，而知也无涯。"人的生命时限相比宇宙短暂如蜉蝣，人的认知限度相对天地又渺小如一粟。然而人，如此渺小，如此可怜，却能燃起辉煌的文明，却能使自己的精神强大到足以与世界抗衡，何也？——因为我们学习，我们记忆。

荀子说："学不可以已。"学习是贯穿人类千古历史的永恒命题。从荀子、韩愈，到毛泽东、鲁迅、黑塞，在不同的时代下，我们总在孜孜不倦地谈论学习的途径与学习的意义，因为强大的学习能力使得人区别于动物，因为步伐的永不停歇使得人不必叹息生命的短暂。学习接近于一种本能：在对未知的恐惧与对新事物的求知渴望中，我们汲取知识，我们积累经验，于是我们得以武装自己，来更好地面对世界。

然而，在"学习"二字已被所有人信手拈来的今天，学习最基础的方法论已经被繁多而浮华的各式技巧掩盖，学习的目的与意义也已经含糊不清，甚至于被混淆——心浮气躁的学习者总是在寻求捷径，而与此同时甚少有人能回答"为何而学"这一问题——或许是时候重新考察"学习"二字的含义了。

倘若我们追问"学"的定义与含义，或许可以在早期的文献中窥得一二。《论语》的起始便是《学而篇》——"学而时习之，不亦说乎？"于是学习从一开始就奠定下自然而愉悦的基调。老庄哲学并不注重"学"，因为虽然学习之于人的本性为自然的，却终究是耗费心力、须刻意为之的举动；普通人可没有能使自己与大道相融的定力或者"游刃有余"的能力，于是入世而亲民的儒家将"学"推往极致，使得普通人亦有机会接近圣贤、扩充自我。观荀子名篇《劝学》，便可知学习的基本含义："木受绳则直，金就砺则利"，学习是使自己受磨砺，不断匡正自我以成就自我的过程；"君子生非异也，善假于物也"，学习是学会使用工具，托于外物以助于求知的过程。学习是日复一日的积累，是每日的自省与坚持，而学习最终的目的在于明悟"道"与追求"圣心"，故须沉静的心境与决心。换言之，学习的目的须高尚纯粹，学习的过程须切实而朴素；儒家的阐释并未为学习设下门槛——"孔子曰：我欲仁，斯仁至矣！"

之所以可以说"我欲学，斯学至矣"，实则是学习本是一种愿意在点滴努力中提升认识、扩展知识的过程，一种面对新的知识愿意"拿来"、渴望"拿来"的姿态，一种积极的心态，一种谦逊而诚恳的向上力量。前二者是学习的前提与方式，后二者是学习亦是为人的根本态度。工地上的诗词爱好者亦可以摘下诗词大会的桂冠，而倘若如毛泽东批判的"党八股"作者循环于已有的范式、陶醉于空洞华美的表达却并不真正治学、并不诚恳为人，只会被已有的知识束缚了触碰真实与知识之手，误了自己也误了他人。

孔子曰："困而不学，民斯为下矣。"正是是否学习定义了人的高下，而非人的高下决定是否当学习。中年人自称"年纪大了"、自以为行为方式已成熟固化而不学，门第卑微、资质愚钝之人妄自菲薄、托词于种种外物而不学，归根到底都是把学习作为身外之物，贬值到与财富等同。

却是对这样一个简单道理的忽视酿就了近代中国的悲剧——我们固守自我，我们畏惧西潮，于是巨龙沉睡，在不断的"送去"中我们亏空自我，沦丧于百年的黑暗。鲁迅于黑暗中点明火炬，高喊——"我们要拿来！"此理延至今日还仍然值得"参于前"而"倚于衡"。今天的我们仍然畏惧于外来文明而盲目地夸大自身文明，殊不知这无济于强大自我、认识自我，只会助长自卑与虚弱；建立真正的自尊、自信还有待对已有的做进一步发掘。而与此同时，信息时代的个体受制于群体性的满足感，在扩大化与量化的认同里自满而自大，于是忘却了拿来，忘却了学习，在自己与身边人共同织就的信息茧房里沉沦、停滞。真正的学习者不会放任自己在丧失主体性的懦弱中全盘接受或者全部焚毁，而是"使用""存放"或者"毁灭"，放出眼光，自己来拿，于是成为全新的自己。

既已完成对学习含义的考察，或许我们应当来看一看现实了。很大程度上学习的重要性在这个时代早已不证自明——是的，已经有完备的教育体系教授我们如何学习，"学生"已成为一个光荣的身份，所有人都明白这批不断学习的青年是国家未来之所在，然后呢？我们不断提升统一性考试的难度，我们对知识的掌握得心应手，但我们今日的青年却出现了一些不好的现象。这是时代潮流无可奈何的走向，还是我们想当然遵从的学习过程出了问题？

再次回溯历史，"学"与"德"并非自古割裂。"学"自古就与功名利禄脱不开关系，"学习"与"效能"的绑定已成为传统；但过去的儒家思想体系不仅使得功利的追求纯粹化与神圣化，同时也孜孜不倦地发挥道德教育作用。致命的是，新时代下我们仍然延续着传统的对学习功利性的定义，但新的知识体系确保了我们的全知与博学，却未能使我们成为更完善的人。若是放到韩愈笔下，我们所学的恐怕与"句读之学"没有什么差异——皆是"术"，皆停留在技艺与知识层面，真正的"道"却衰微，以致"小学而大遗"，道德与理想无人持守；人人沉湎于丛林法则般的竞争，渴望借学习之翼出人头地，却不知肩上之翼已抽筋剔骨，只剩下华美繁多的羽毛。

当早熟的儿童"懂事地"明白学习的目的是给父母"长脸"与考上名牌大学；当人们一面剥离"教养"与"学习"，一面又无人能为"教养"负得起责任；当我们已经很难在学习中获得来源于黑塞所说"鲜活的意识与理解"与"人类所思、所求的广阔与丰盈"的幸福——考试与做题不断挤压这种幸福的生存空间并将其异化，学习又有什么意义？我们或是在僵化的学习中成为书房里未见人世而痛苦的浮士德博士，或是成为钱理群笔下"精致的利己主义者"。

黑塞说："真正的修养不追求任何具体目的。"学习也本应如此，学习却很难如此。最初的最初，荀子就曾告诉我们："君子博学而日参省乎己，则知明而行无过矣。"新时代下对于"学习"的阐释与理解是时候唤回"学习之道"了，而学习的根本目的应当被矫正，回归一如"读书"的无效能性与无目的性——是的，其根本目的应当是获取修养，获取作为一个人能够立足在世界的根本；是自我意识的增强与扩大；是找到生活的意义，审视过去与未来；是使自我的认识与宇宙共振，于永恒生存。

"君子之学，以美其身。"这一目的太高、太远，随处都可到达终点却又永不停歇，于是近乎无目的性，于是近乎祛除效能性的虔诚。在这种纯粹的目的性下我们才得以喘一口气，名正言顺地首先学习"德"、学习"礼"，在学习算术前先学习怎样成为一个合格的、大写的人；我们才得以抽空看一看复旦大学的理念与章程，看一看自己是否达到了先人的期望——

"为学办校在于探究真理，守护文明，正谊明道，不计其功。"这本是教育与学习的目的所在，这本是所有时代发自人类本能的呼唤所在。

点评：杨斯淇同学几乎将单元贯通写作的意义呈现到最大化，使老师看到了单元贯通写作能带给学生怎样的成长。她并未简单地将几篇课文中的观点或是老师的观点机械罗列，而是以自己的思考来进行统摄，并将《论语》中论"学"的内容也一并汇入，展示了对"学习之道"的深刻理解。她在文章中能及时关切并对接现实，以今日面临的学习之困境作为反观的对象，体现出敏锐的洞察力。文中提及学习的意义在于"探究真理，守护文明"。学习能使人扩展视野，求新、求真、求变，继承丰厚文化积淀，确立为人理想。

四、"探索与创新"——必修下册第三单元教学设计

龚兰兰

第三课时，第13届上海市语文大讲堂杨浦区选拔赛第一名

单元教学定位

一、学习任务群定位

高中《语文》必修下册第三单元所选课文都是知识性读物，是《普通高中语文课程标准》（2017年版，2020年修订）"实用性阅读与交流"学习任务群的重要教学内容。本单元四篇文章的文本共性在于都说明了事物的原理、特征，呈现了一个客观的科学探究过程，逻辑性比较强，因此具有较为明确的一般阅读方法。学习本单元，应关注核心概念、说明方法、说明对象，梳理文章的层次逻辑，重点鉴赏这类读物准确、简洁、通俗的语言特点。这也是"实用性阅读与交流"学习任务群的重要学习目标与学习内容。

本单元的文章内容涵盖了医学、物理学、建筑学、文学这几个不同的学科领域，关涉古今、中外、文理，提供了复杂多样的学习样本，同时又都能统摄在"探索与创新"这个主题之下。其中，《青蒿素：人类征服疾病的一小步》《一名物理学家的教育历程》两篇文章展示了科学发现的艰辛过程和创造精神；《中国建筑的特征》《说"木叶"》深入浅出地介绍了各自关切的主要概念，并探究了具体的问题，体现了科普知识读物的严谨性和脉络感。

因此本单元的教学设计应充分考虑"实用性阅读与交流"学习任务群提出的"学习当代社会生活中的实用性语文"的整体目标，落实语文学科核心素养的培育任务。

二、学段定位

学生在初中阶段对说明性文体有了基本的认识，也熟悉常见的说明方式、理解说明语言的一般特点，这为本单元的学习奠定了良好的知识基础。本单

元文章涉及医学、物理学、建筑学、文学这几个不同学科的知识，与学生现有的学习经验和知识储备有密切的关联，容易引发学生的阅读兴趣，并对进一步培育他们的科学探究热情有促进作用。

学生对科学的认识主要是来自具体的实证与科研，对科学精神、科学内涵以及科学与人文的关系还缺少更进一步的思考。同时，在如今分工精细的知识体系中，学生习惯了分门别类地学习知识，也往往更认可实证科学的研究方法，对人文科学是否具备科学性，以及这种科学性与实证科学的异同不甚清晰。因此在培养学生的科学精神，激发其科研兴趣的同时，也需要避免使学生陷入狭隘的唯科学主义观念中。要使学生理解直觉思考和审美能力对科学思维培育的必要意义。

三、贯通点与课时安排

结合本单元的主题、文章内容以及学生在预习作业中的疑问点，共设置三个贯通点：科学精神、赤子之心、科学的直感。

第一课时：通过对课文的梳理，探究科学探索中应具备的科学精神与科学品质；理解科学精神的现实意义。

第二课时：探究科学家们克服困难、保持热情进行科学研究的具体原因；体悟赤子之心是科学家进行科学发现的原动力，也是创新的基础。

第三课时：理解本单元在说明事理上的特点；理解历史文化语境为诗歌鉴赏提供了感受、联想的基础；体会科学的直感的含义与重要意义。

第四课时：能针对话题中的核心概念进行合理阐释；思考"走进科学"的必要性，反思难以走进的原因。

贯通点和课时安排示意图如下：

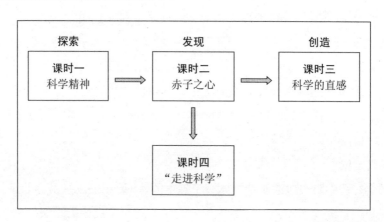

四、单元贯通预习任务

1. 复习必修上册第二单元中的《喜看稻菽千重浪——记首届国家最高科技奖获得者袁隆平》《"探界者"钟扬》两篇课文。

2. 预习本单元的四篇课文，在预习作业中提出疑问。

3. 完成单元学习任务单。

篇　目	说明对象	主要说明方法	行文思路	语言特点
《青蒿素：人类征服疾病的一小步》				
《一名物理学家的教育历程》				
《中国建筑的特征》				
《说"木叶"》				

4. 阅读补充拓展材料《我的世界观》（爱因斯坦）、《对科学的直感》（福井谦一）、《现代科学的起源》（怀特海）。

课时教学设计

【课时一】科学精神与科学品质
——读《青蒿素：人类征服疾病的一小步》
《一名物理学家的教育历程》《中国建筑的特征》

一、教学目标

1. 通过对课文的梳理，探究科学探索中应具备的科学精神与科学品质。

2. 理解培育科学精神的现实意义。

二、教学重点与难点

教学重点：阅读本单元的三篇课文，了解其中体现的科学精神在于质疑批判、坚持实证、继承创新。

教学难点：在理解科学有限性的基础上，明确科学精神能培育人的"诚心"与活泼的生命力。

三、教学准备

请学生查阅资料，了解本单元几位作者的生平经历与科研成就。

提供两段探讨科学对人生的意义的材料，请学生提前阅读了解。

四、教学过程

1. 导入。

请同学结合预习所得，简单介绍本单元几位科学家的研究领域和学术成果。

明确一：本单元的科学是广义的概念，收录的几篇文章涉及自然科学和人文科学的多个领域，涵盖医学、物理学、建筑学、文学这几个学科不同的范围。

明确二：不同学科领域的成果呈现出不同的样态，以不同的形式、从不同的层面影响社会：有医药的发明、提取与推广应用，有纯粹物理理论的研究，有对既有建筑成果的总结和现代应用，也有对文学现象背后原因的探究。

补充雷海宗的《专家与通人》。

学问分门别类，除因人的精力有限之外，乃是为求研究的便利，并非说各门之间真有深渊相隔。学问全境就是一种对于宇宙人生全境的探讨与追求，各门各科不过是由各种不同的方向与立场去研究全部的宇宙人生而已。政治学由政治活动方面去观察人类的全部生活，经济学由经济活动方面去观察人类的全部生活。但人生是整个的，支离破碎之后就不是真正的人生。为研究的便利，不妨分工；但我们若欲求得彻底的智慧，就必须旁通本门以外的知识。各种自然科学对于宇宙的分析，也只有方法与立场的不同，对象都是同一的大自然界。在自然科学的发展史上，凡是有划时代的贡献的人，没有一个是死抱一隅之见的人。如牛顿或达尔文，不只精通物理学或生物学，他们各对当时的一切学术都有兴趣，都有运用自如的理解力。他们虽无哲学家之名，却有哲学家之实。他们是专家，但又超过专家；他们是通人。

（选自孙静主编《大学语文》，中国林业出版社，2012年版）

明确三：理解不同学科是从不同的路径、不同的视角来理解世界的，但大家殊途同归。学科研究根本上是为了追求真理，增加对宇宙、人生的认识。虽然学科领域不同，但在学科研究过程中都体现出一些共同的科学精神与科学品质。

2. 探究《青蒿素：人类征服疾病的一小步》《一名物理学家的教育历程》《中国建筑的特征》三篇文章中共同体现的科学精神。

问题一：简述屠呦呦团队发现和应用青蒿素的过程，并找出其中最关键的部分。

明确：文章按照时间顺序叙述了整个发现和应用青蒿素的过程。20世纪60年代，为抗击疟疾启动"523"项目，屠呦呦团队广泛收集、挑选、测试，然而进展甚微；通过改变青蒿素提取方式，1971年确立了青蒿素的抗疟疗效；1972年提纯得到青蒿素；1973年制成青蒿素胶囊，进入临床试用；1977—1986年，青蒿素的研究成果得到推广，并在国内、国际逐步引起关注；后续十年发现双氢青蒿素并发展成新药物，记录青蒿素发现的历史及相关知识的图书于2009年出版，2002年以后青蒿素在全世界得到广泛应用。

其中最关键的部分是将青蒿素的提取方式从加热变为低温，从而确立了青蒿素治疗疟疾的有效性。

问题二：发现青蒿素的过程体现了什么样的科学精神？

明确：对通常的提取方式有反思与质疑，有纠错的意识，勇于进行自我否定，这体现了科学的批判精神。

问题三：在《一名物理学家的教育历程》中，加来道雄叙述了他童年对鲤鱼池的奇妙想象。这是否也能体现科学的批判精神？请同学找出来读一读，并进行分析。

阅读文章第10自然段。

我常想，我们就像自鸣得意地在池中游动的鲤鱼。我们的一生就在我们自己的"池子"里度过，以为我们宇宙只包含那些看得见摸得着的事物。就像鲤鱼一样，我们认为宇宙之中只包含有熟悉可见的东西。我们自以为是地拒绝承认就在我们的宇宙跟前存在有别的平行宇宙或多维空间，而这些都超出了我们的理解力。如果我们的科学家发明像力这样一些概念，那仅仅是因为他们不能用眼检验出充满于我们周围空间的不可看见的各种振动。一些科学家鄙视更高维数世界的说法，是因为他们不能在实验室里便利地验证它。

（《一名物理学家的教育历程》）

明确：这段话中提到"以为""我们认为""自以为是"，表现出对习以为常、"熟悉可见"的事物的反思与质疑。加来道雄在童年时代就意识到人在认识上是有限的。这种有限性源于自身生活世界的狭小，如同第4段所说"鲤鱼和我生活在两个截然不同的宇宙之中，从不进入对方的世界"。当人对这种有限拒绝承认时，就会"自鸣得意"，困守小小的"池塘"而不自知，甚至对超出自己经验和理解范围的事物表示出完全的抗拒。因此这篇文章也体现出科学的质疑精神。

小结：科学质疑、科学批判的精神，既指向对自身的反思与纠正，也指向对外部世界固有解释的突破与挑战。质疑与批判只有同时具备内外两个维度，才能保证科学性与平衡性。

3. 请同学分组讨论，思考本单元的前三篇课文还能共同体现哪些科学精神。找出相关的内容，并概括出这些科学精神的内涵。

请每组派出同学在班级内进行交流，教师根据学生的梳理进一步引导并总结。

明确一：要有继承、创新精神，在已有的文明成果的基础上进行创造，揭示规律，发展新知。科学创造往往不是从未知到新知，而是从旧知到新知的过程。

如：

（1）科学家在抗疟疾药物的研发上参考了古代2 000个方药，查阅了大量文献，东晋葛洪的《肘后备急方》也让屠呦呦团队得到启发。在此基础上，他们用科学方法来进行试验。在发现青蒿素之后，他们又在已有成果的基础上，进一步发现了双氢青蒿素，不断推进新知。

（2）加来道雄阅读过许多有关高维世界的历险故事，包括阿西莫夫的科幻作品；并且对爱因斯坦未完成的理论充满了探究的好奇与兴趣。前代科学家的研究成果与经历成为他探究高维世界真相的基础动力。

（3）梁思成充分了解了3 500年来中国建筑体系的分布范围、艺术和技术成就，也对比了中国的建筑体系和世界其他民族的建筑之间的共性与差异，深入研究了中国古代建筑的优秀学术成果——《营造法式》，并在1932—1937年走访中国各地，进行实地考察测绘。

明确二：要有科学实证精神，以科学的方法进行验证、审核，将猜测、想象、经验变为真实可信的科学成果，去除成见，修正认识。

如：

（1）屠呦呦团队在确认了低温提取青蒿素的有效性后，先进行动物试验，再进行临床试验，屠呦呦甘愿充当临床志愿者，以确认药效与安全性。在这之后在海南疫区进一步扩大试用范围，直至取得明确疗效。

（2）加来道雄并未止步于儿童时代的想象，他在高中阶段看完了许多地方图书馆中有关爱因斯坦理论的书籍，并组建了自己的原子对撞机进行科学试验。

（3）梁思成对中国古代建筑设计的丰富经验进行提炼概括，在大量实地考察的基础上总结出中国古代建筑的惯例法式，出版了《清式营造则例》《中国建筑史》，并在中华人民共和国的建筑设计中进行印证与实践。

小结：展示当代学者对科学精神内涵的概括。

理性精神——坚持用物质世界自身来解释物质世界，不诉诸超自然力。

实证精神——所有理论都必须经得起可重复的实验观测检验。

平等和宽容精神——这是进行有效的学术争论时所必需的。所有那些不准别人发表和保留不同意见的做法，都直接违背科学精神。

（江晓原《科学哲学：有一种追问没有尽头》）

明确三：屠呦呦、加来道雄等人在各自领域的研究经历验证了科学精神对于科学进步的巨大意义。对于未必能成为科学家的普通人而言，科学精神是否也有重要意义呢？

4. 理解科学精神与科学品质的现实意义。

（1）提供两则材料，展示前人对于科学之于人生的有限性与科学之于人生的意义的思考。

材料一：

科学为客观的，人生观为主观的。科学之最大标准，即在其客观的效力。

科学为论理的方法所支配，而人生观则起于直觉。

科学可以以分析方法下手，而人生观则为综合的。

科学为因果律所支配，而人生观则为自由意志的。

科学起于对象之相同现象，而人生观起于人格之单一性。

则人生观之特点所在，曰主观的，曰直觉的，曰综合的，曰自由意志的，曰单一性的。惟其有此五点，故科学无论如何发达，而人生观问题之解决，决非科学所能为力，惟赖诸人类之自身而已。

（张君劢《人生观》，载于《北京清华周刊》，1923 年）

材料二：

科学的目的是要屏除个人主观的成见，——人生观最大的障碍——求人人所能共认的真理。科学的方法，是辨别事实的真伪，把真事实取出来详细地分类，然后求它们的秩序关系，想一种最单简明了的话来概括它。所以科学的万能，科学的普遍，科学的贯通，不在它的材料，在它的方法。……

科学不但无所谓向外，而且是教育同修养最好的工具，因为天天求真理，时时想破除成见，不但使学科学的人有求真理的能力，而且有爱真理的诚心。无论遇见什么事，都能平心静气去分析研究，从复杂中求简单，从紊乱中求秩序；拿论理来训练他的意想，而意想力愈增；用经验来指示他的直觉，而直觉力愈活。了然于宇宙生物心理种种的关系，才能够真知道生活的乐趣。这种"活泼泼地"心境，只有拿望远镜仰察过天空的虚漠，用显微镜俯视过生物的幽微的人，方能参领得透彻，又岂是枯坐谈禅，妄言玄理的人所能梦见。

（丁文江《玄学与科学——评张君劢〈人生观〉》，

载于《努力周报》，1923 年）

（2）请班级同学根据这两段展开自由辩论，谈谈自己支持哪一方的观点，给出依据。

明确：

科学并不是万能的，也不是唯一正确的知识。尊重科学并不是要把科学放在神坛上无限崇拜，陷入唯科学主义。科学的视角与科学的方法也不是理解、解释世界的唯一方式。

科学的精神对人生并非毫无意义。科学虽然未必能真的解决人生问题，但拥有理性、宽容平等、实证的科学精神，有益于人生问题的解决，能避免人生走向狭窄、无知与自大，有助于培育"诚心"。加来道雄儿童时代有关鲤鱼池的奇妙想象，本身并不是科学，却充满了科学的精神，这使他的人生拥有了探索求真的驱动力，这就是他的"诚心"，也是他"'活泼泼地'心境"，对他意义重大。

5. 小结。

通过对单元中三篇课文的梳理探究，我们总结出了科学探索中常应具备的科学精神与科学品质，并理解了这些科学精神与科学品质对人生的意义。对于这些在各自领域取得卓越成就的科学家们，我们不但要了解他们的探索经历，而且要学习他们的理性精神和创新激情。

6. 作业布置。

回顾《喜看稻菽千重浪——记首届国家最高科技奖获得者袁隆平》《"探界者"钟扬》两篇课文，思考其中是否也能体现本课中提到的科学精神与科学品质。你还能做出哪些补充？

【课时二】赤子之心，探求之源
再读《青蒿素：人类征服疾病的一小步》《一名物理学家的教育历程》
《中国建筑的特征》

一、教学目标

1. 探究科学家们克服困难、保持热情进行科学研究的具体原因。

2. 理解赤子之心是科学家进行科学发现的原动力，也是创新的基础。

二、教学重点与难点

教学重点：结合文章具体内容，探究科学家们克服困难、保持热情进行科学研究的原因，寻找其中的共性。

教学难点：理解赤子之心的丰富内涵和现实意义。

三、教学准备

1. 复习回顾必修上册第二单元中的《喜看稻菽千重浪——记首届国家最高科技奖获得者袁隆平》《"探界者"钟扬》两篇课文。

2. 课前阅读爱因斯坦的《我的世界观》。

四、教学过程

1. 导入。

上节课我们从单元课文中探寻了科学家共有的科学精神与科学品质，将质疑的精神、实证的精神、宽容的精神、创新的精神等都视为科学精神，也明白了这些精神对科学的发现、对生命的塑造都具有重要意义。那么这些精神的源头又在何处？是什么构成了科学探索的原动力呢？请大家将必修上册第二单元中的《喜看稻菽千重浪——记首届国家最高科技奖获得者袁隆平》《"探界者"钟扬》两篇课文与本单元的《青蒿素：人类征服疾病的一小步》《一名物理学家的教育历程》《中国建筑的特征》三篇课文放在一起思考问题。

2. 结合文章具体内容，探究科学家们克服困难、保持热情进行科学研究的原因。

问题一：屠呦呦的梦想是什么？这个梦想对她发现青蒿素起到了什么样的作用？

明确：文章最后一段明确提到，屠呦呦的梦想是让中医药学在维护人类健康与福祉的过程中进一步发挥威力。第 1 段中，屠呦呦表达了她对中医药学的自豪与认可，她将中医药学视为人类智慧的结晶、神奇的宝贝。她热切地相信中医药学的价值，并愿意为继续发掘其中的价值贡献自己的力量。

在最困难、最关键的时刻，是传统中医文献给了她灵感和启示。这并不是运气或巧合，而是源自她对中医药的信仰与忠诚。她从未怀疑过传统中医文献中青蒿能治疗疟疾的记载本身会有问题，这引导她在提取方式上进行改善，而非放弃对青蒿本身的研究。

问题二：袁隆平的梦想是什么？这个梦想对他成功研究出杂交水稻起到了什么样的作用？

明确：袁隆平在青年时代就下定决心，要用尽毕生精力用农业科技战胜饥饿。他对中国亿万农民怀有深厚的感情，这种感情支撑着他，让他能顶住压力，面对世界级的难题。他面对权威学者早有的论断，却坚持杂交水稻的研究不放弃。他曾经梦见水稻长得像高粱那么高，稻穗像扫帚那么大，这个梦想成为他不断攻克技术难题的原动力。

问题三：加来道雄的兴趣是什么？这对他日后成为理论物理学家又起到了什么样的作用？

明确：他对高维空间一直充满想象并有探索的兴趣。幼年时代对鲤鱼池的想象，对相关历险故事的好奇，对爱因斯坦未能完成的理论研究的好奇，都支持着他不断刨根问底，探究学习。他为此成了理论物理学家。所以加来道雄是因为对世界的好奇才成了科学家，而不是为了成为科学家才保持好奇。

问题四：从《中国建筑的特征》一文中，能看出梁思成对中国建筑怀有怎样的感情？

明确：文章开头直接肯定中国建筑在技术和艺术上都达到了高度水平，取得了辉煌的成就。作者在介绍中国建筑的基本特征时，也充分肯定了其中的先进性、超越性和智慧性，字里行间充满了骄傲感。他以"词汇"和"文法"打比方，认为"它们是智慧的结晶，是劳动和创造成果的总结"，"是整个民族和地方的物质和精神条件下的产物"。梁思成对中国建筑的感情其实亦是对中国文明的感情，他要通过对建筑的探究来阐发中华文明的深邃与美好。这是他放弃建筑设计师的优渥条件，在艰苦的战争岁月中进行测绘考察，致力于总结、介绍中国建筑史的原动力。

问题五：在《"探界者"钟扬》一文中，钟扬为何要在西藏收集那么多的种子？

明确：钟扬认为"一个基因能够拯救一个国家，一粒种子能够造福万千苍生"，青藏高原拥有丰富的植物资源，应该努力开发利用。他希望能为人类建一个来自世界屋脊的种子的"宝库"。这是他在艰苦的条件下收集到 4 000 万颗种子的原动力。

3. 理解赤子之心是科学家进行科学发现的原动力。

明确一：几位科学家的研究领域虽然大为不同，但是促使他们进行科学探究的根本原因又具有高度的相似性。真挚、纯粹的热爱与信仰，对真、善、美的追求，促使他们不断奋进，孜孜不倦地追求科学事业。这是科学家的赤子之心。

阅读并体会爱因斯坦在《我的世界观》中体现的赤子之心。

人是为别人而生存的——首先是为那样一些人，他们的喜悦和健康关系着我们自己的全部幸福；然后是为许多我们所不认识的人，他们的命运通过同情的纽带同我们密切结合在一起。我每天上百次地提醒自己：我的精神生活和物质生活都依靠着别人（包括生者和死者）的劳动，我必须尽力以同样的分量来报偿我所领受了的和至今还在领受着的东西。

……

我从来不把安逸和享乐看作是生活目的本身——这种伦理基础，我叫它猪栏的理想。照亮我的道路，并且不断地给我新的勇气去愉快地正视生活的理想，是善、美和真。要是没有志同道合者之间的亲切感情，要不是全神贯注于客观世界——那个在艺术和科学工作领域里永远达不到的对象，那么在我看来，生活就会是空虚的。

……

我们所能有的最美好的经验是奥秘的经验。它是坚守在真正艺术和真正科学发源地上的基本感情。谁要是体验不到它，谁要是不再有惊奇也不再有惊讶的感觉，他就无异于行尸走肉，他的眼睛是迷糊不清的。就是这样奥秘的经验——虽然掺杂着恐怖——产生了宗教。我们认识到有某种为我们所不能洞察的东西存在，感觉到那种只能以其最原始的形式为我们感受到的最深奥的理性和最灿烂的美——正是这种认识和这种情感构成了真正的宗教感情；

在这个意义上，而且也只是在这个意义上，我才是一个具有深挚的宗教感情的人。……我自己只求满足于生命永恒的奥秘，满足于觉察现存世界的神奇的结构，窥见它的一鳞半爪，并且以诚挚的努力去领悟在自然界中显示出来的那个理性的一部分，即使只是其极小的一部分，我也就心满意足了。

（爱因斯坦《爱因斯坦文集》第3卷，许良英、李宝恒、
赵中立、范岱年编译，商务印书馆，2017年版）

明确二：赤子之心体现为充沛而丰富的情感，这种情感是爱因斯坦所说的"宗教感情"，是"同情的纽带"。爱因斯坦对自己领受的一切怀着报偿的心情。科学的理性与科学家对人类、对祖国、对世界的浓烈的爱不但并存，而且互相支撑。

赤子之心体现为对真、善、美的单纯追求。科学研究固然有具体的目标和明确的领域，但究其根本是在追求"永远达不到的对象"，这样的目的才给了科学研究者正视生活的勇气。

赤子之心还体现为对世界本质的好奇心与感受力，对那种"我们所不能洞察的东西"怀着不断探求的兴趣和自知不能完全认识的谦卑。

4. 理解赤子之心包含着对传统文化价值的珍视。只有对优秀文明智慧进行激活与再发现，才能孕育出继承、创新的科学精神。

问题：屠呦呦、梁思成如何对待中国文明的既有成果？这和他们的科学发现有什么关系？

明确：屠呦呦回到传统中医文献中去寻找灵感和方法，她从东晋葛洪的《肘后备急方》里得到了提取青蒿素的启示。梁思成同样有梳理、传承、创造的研究过程，他从中国传统建筑世代积累的经验中去寻找素材，这同样是对文明成果的再发现，是激活文化生命、实现创新的重要方式。

小结：我们的文化典籍中，还有许多珍宝等待着大家去发现和激活。如果我们不去发现，它们就会死去。如果我们能像这些科学家和学者一样以赤子之心来看待文化中的优秀成果，通过科学的方法、科学的理念去激活它们，就能使它们获得新生，实现文明的创新，造福更多的人。

5. 作业布置。

完成本单元的学习任务单。

【课时三】科学的直感
——从课文《说"木叶"》到福井谦一的《对科学的直感》

一、教学目标

1. 理解本单元在说明事理上的特点。

2. 理解历史文化语境为诗歌鉴赏提供了感受、联想的基础。

3. 体会科学的直感的含义与重要意义。

二、教学重点与难点

教学重点：通过比较，理解本单元课文在说明事理上的特点与背后的原因。

教学难点：体会科学中的直感的含义与重要意义。

三、课前预习

梳理文章思路，思考本单元学习任务三。

阅读福井谦一的《对科学的直感》。

四、教学过程

1. 落实预习作业，理解文章中对文化现象的分析过程。

2. 探讨并总结本单元文章在说明事理上的特点。

3. 理解诗歌鉴赏与研究的基础在于对历史文化的深入学习与理解。

4. 思考单元课文中体现出的科学的直感，理解这种直感对科学创造具有重要的推动作用。

5. 作业布置。

（1）练习册中"草"的意象有何暗示性？

（2）结合本单元课文，以"走进科学"为话题，写一篇单元贯通作文，要求不少于 2 000 字。

五、教学实录

授课时间：2020 年 3 月 19 日。

授课班级：复旦附中 2022 届家祯学院（3）班。

授课教师：龚兰兰。

师：同学们，今天我们学习第三单元最后一篇课文《说"木叶"》。这篇文章关注的领域和前几篇有很大的不同，前面是自然科学、建筑学领域，这一篇文章呢？（学生齐答：人文科学领域。）对，是人文科学领域。作者林庚先生对诗歌语言中一个小小的现象展开了深入的探讨。

课前我们布置了预习作业，让大家用导图的形式理一理文章的思路。现在先请两名同学结合自己的作业谈一谈。

生：我认为这篇文章可以分成三个部分：第1—3段是第一部分，第1段指出从《九歌》开始，"木叶"就成为诗人钟爱的形象，第2段说明"木叶"就是"树叶"，解释"树叶"用法之少，第3段指出"木叶"与"树叶"的差别在于一个"木"字。第4—6段是第二部分，第4段说明"木"的第一个艺术特征是含有"落叶"的因素，第5段说明具有这个特征的原因在于诗歌语言的暗示性，第6段说明"木"的第二个特征在于让人感受到"落叶"的微黄与干燥。第7段是文章的第三部分，总结全文，指出"木叶"和"树叶"在概念上虽然相似，但在艺术形象上一字千里。

师：你把文章每段的主要内容进行了概括，并且划分了层次，梳理了文章的结构脉络，看得出是认真读了课文的。我们再听听下一名同学的意见。

生：我认为这篇文章主要在关注三个字："树""木""叶"。我是围绕着这三个字来画导图的。作者分析"木"的时候，强调它指的是树干，有空阔、旷远、疏朗之感，多现于秋风叶落之时，表现出袅袅柔情，有枯黄干燥之感，颜色也是褐绿色的；分析"树"的时候，强调了它代表着叶繁成荫，很饱满；分析"叶"的时候，指出它带给人密密层层的浓荫的联想，绵密深情。同时"树"和"叶"意象相近，无须多一字。

师：你能关注核心概念，并且围绕着概念来梳理，显得重点非常突出，这是很大的优点。（面向大家）我们这两名同学都给出了自己的梳理结果，两个人都有突出的优点，同时也有一些不足。文章的思路不仅涉及核心概念、层次结构，也应该包括内在的逻辑思路。那我们一起来梳理一遍，大家对照着看看自己的梳理能否展现文章的推进思路。

文章关注到这样一个语言文化现象：从屈原之后，"木叶"成为诗人笔下钟爱的形象，但字面意思差不多的"树叶"在诗歌中却很少见。作者对这个现象产生了好奇，不断追问背后的原因。在追寻原因的过程中，通过查阅大量的诗歌资料，作者有了新发现。一方面，诗歌里单用"树"字是常见的，单用"叶"字也是常见的，就是"树叶"不多见；另一方面，诗人钟爱的"木叶"一词，不断经过脱胎幻化，又发展出了"落木"，比如杜甫、黄庭坚都有千古流传的名句。这些都是在现象的基础上做出的进一步探究。

最终作者把问题聚集到什么地方了呢？作者提出了一个关键问题，是什么？在哪里提出来的？（生齐答：在第3段提出了"木"这个字与"树叶""落叶"的不同。）

很好，大家又快又准，在第3段。"木叶"与"树叶"之间，"落木"与"落叶"之间，它们的关键差别在"木"字。那么"木"字有什么特别之处？这是全文要解决的核心问题。这个问题解决了，这个文化现象背后的原理就找到了。那么作者的答案是什么？大家一起回答。

（生齐答：第一个艺术特征是"木"字本身含有"落叶"的因素。）

"木"这个字让人联想起"木头""木料""木板"之类的，想起的是树干，而非叶子。第二个艺术特征是"木"有"落叶"的微黄与干燥之感，带来疏朗的秋天气息。

整篇文章从文化现象的结果性的表现开始，往上追溯原因，是由果溯因的思路，讲得清楚明白。

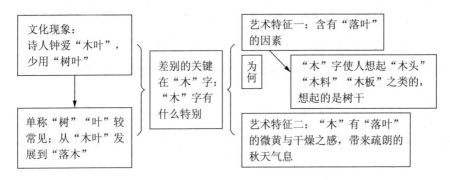

师：这篇文章在说明事理上有什么特点？请同学说说看。

生：文章中举了很多诗歌中的例子，引用大量资料来证明观点。

生：我觉得还有大量的比较，作者把"木叶"和"树叶"，把"落木"和"落叶"，把"木"和"树"在例子中进行比较，不断地去靠近问题的答案。

师：举例子、做比较确实是很鲜明的特点。还有什么呀？想想刚才我们分析的文章思路。

生：还有逻辑层次清晰的说理过程。

师：这篇文章的说明方法、思路，包括语言特点，和前面几篇有什么不同？我们在单元预习作业中布置过一个学习任务单，希望大家通过表格中的提示来总结一下单元中几篇文章在说明上的不同。请四个小组分别推选一名同学谈一谈小组的发现，可以结合文章内容具体来谈。

生：这几篇文章的说明对象基本在题目里都说清楚了，比较好区别。主要说明方法的话，《青蒿素：人类征服疾病的一小步》中列数字、举例子的方法比较明显，《一名物理学家的教育历程》有打比方、列数字，《中国建筑的特征》有打比方、做比较。

师：你们组找到了每篇文章中最明显、最鲜明的说明方法。其他组有补充吗？

生：《中国建筑的特征》中还有分类别，因为它是一条条说的。

生：这几篇文章中都有举例子。

生：感觉这个单元前两篇文章不太像论文，不像后两篇这样好比较。

师：确实，这个单元的文章，除了梁思成的这一篇是比较典型的科技论文之外，其他几篇都可以看作一般的散文。现在教材的这个单元主要将它们看作知识性的读物，所以我们还是从说明文的角度，来寻找它们作为说明文的特征。请后面的小组继续来讲行文思路和语言特点。

生：《青蒿素：人类征服疾病的一小步》是按照时间顺序来介绍的，文章里提到很多的时间节点。《一名物理学家的教育历程》是按照主要事件来介绍的，时间不太明显。《中国建筑的特征》是分条罗列的。《说"木叶"》是从现象到本质来进行说明的。

师：《一名物理学家的教育历程》写了哪几个主要事件，能不能再精要概括一下？《中国建筑的特征》除了分条罗列建筑特征外，后面还有别的内容，也要考虑进去。请小组其他同学再来补充。

生：（《一名物理学家的教育历程》）写了对鲤鱼池的想象，对爱因斯坦和他的学说的痴迷，还有组建原子对撞机的事。

师：确实是这三个事件，不过我们可以再简略一些。

生：《中国建筑的特征》后面用打比方的说明方式介绍了中国建筑的风格和手法。

师：这是说明方式。行文思路是指整篇文章是如何布局，如何谋篇的。梁思成先归纳总结了建筑的特征，然后对这些特征背后的规律做了说明，揭示了背后的原理。再请一个小组谈谈几篇文章的语言特点。可以考虑表达方式、语言风格上的不同。

生：前两篇文章因为都是回忆，所以有很多叙述、描写的部分，后两篇主要是说明、议论。

师：几篇文章后面的"学习提示"部分其实对语言风格有过一些介绍，大家可以充分参考一下。

通过刚才的总结比较，我们可以看到，四篇文章在说明特点上有很多共性，也有各自的不同。选择的说明方法、推理过程、表达方式都和说明的对象有关。四篇文章都围绕各自的核心概念，把原理讲清了，把特征讲明了，把阶段讲清楚了。比如要讲清楚青蒿素发现的经过，就必须按照科学研究的重要阶段来展开。要总结中国建筑的特征，就需要归纳出具体特点，再总体揭示其中蕴藏的艺术构想。因此知识性读物的说明特点的选择，是与知识本身匹配的。

篇　目	说明对象	主要说明方法	行文思路	语言特点
《青蒿素：人类征服疾病的一小步》	青蒿素的发现、提取过程	列数字、引资料、做比较、举例子	按研究发现的过程	叙述、说明的科学、严谨
《一名物理学家的教育历程》	一名科学家科学思维的形成历程	列数字、打比方、举例子	少儿奇思——少年兴趣——少年探索	叙述、说明的生动、平实
《中国建筑的特征》	中国古代建筑的特征	分类别、打比方、做比较	归纳（特点）——揭示（原理）	说明、议论的严密、准确
《说"木叶"》	古典诗歌中"木叶"的使用原理	举例子、做比较、引资料	由果溯因	说明、议论的生动、优美

师：以上的这些说明方法啊，逻辑层次啊，都是为了让文章更加清楚明白。除了这些，文章也要深入说明，才能更具说服力。那么林庚的《说"木叶"》中的最深、最本质的部分在哪里？我们再一起把第63页第5段的内容读一读。（生齐读）

师：这一部分简单概括出来是什么？

生：作者林庚发现了语言现象背后的潜在力量，就是诗歌语言在它的字面意义之下，还有着丰富的暗示，能让人产生潜在的联想，因此可以感染人、启发人。

师：在诗歌里，有着能给人带来联想、带有暗示性的形象，我们常常称它为什么？上个学期在第一和第三单元我们强调过的。（生齐答：意象。）对，意象。我们单元学习任务的第三题列举了不少。大家在预习作业里也能进行分析，说柳让人想起春天、想起青春，带有离愁别绪；让人想起游子，带有思乡之情。

师：那我还想问，这种暗示和联想是怎么来的？为什么就能想到呢？

生：读书多了就能有积累，之前看到过类似的意思就能想起来。

师：不错，这种联想来自这个词相关的历史记忆。诗歌语言的理解，不但涉及它在上下文中的含义，也就是语言的现实语境，而且也关系着这个词的全部历史。这里的全部历史指的是什么？指文化语境、文化传统，这个词带着全部的历史文化积淀。大家觉得这种暗示合理，那是因为大家也在这种文化语境中。我们能共享这种文化的语境，真是太美好了，所以我们也很容易彼此认同和理解。

一个语词的理解不仅要涉及上下文，还要涉及它出现时"有关的一切事情或与此词有关的全部历史"。

（葛兆光《汉字的魔方》）

正如上层建筑与基础的关系一样，一个民族心理和特征的形成，虽决定于它的生活，也渊源于它的文化传统。从《小雅·采薇》的"昔我往矣，杨柳依依"，到《古诗十九首》的"青青河畔草，郁郁园中柳"，"柳"的形象开始是偶然地而非很普遍地在诗中出现，然而"柳"已经与"春天"与"游子"结下了不解之缘，逐步地深入于生活。

（林庚《唐诗综论》）

师：那有同学会觉得这篇文章什么地方没有说服力吗？有不认同作者的地方吗？

生：能找到反例的，"木"字不一定就是用在秋天，含有"落叶"因素的。比如前段时间我们背过"阴阴夏木啭黄鹂"。

生：还有"禅房花木深"也不是用在秋天，"木"字也能代表枝繁叶茂。

师：大家反应都很快啊，能想起我们背过的诗歌，很好。其实这篇文章自从1958年发表之后，大家对它一直有商榷、有讨论。你们的例子也举得很好，确实，"木"不仅仅用在秋天，王维的"阴阴夏木啭黄鹂"，就是写夏季高大茂盛的树；常建的"禅房花木深"显然写的是春季。同样，"树"也可以用来表达枯萎、凋零的感觉。马戴的"落叶他乡树"，就把"树"用于"落叶飘零"的秋季。刘禹锡的名句"病树前头万木春"中，"木"指的就是春天生机勃勃的树，而"树"反而是不健康的、枯萎的。

这些例子说明作者的感受是有偏差的，他的结论不能代表"树""木"在诗歌语言运用上的普遍真相。也有人从文字学的角度提出林庚用错了方法，认为他对"木叶""树叶"的分析是不准确的。

"木"为象形字，为名词；"树"为形声兼会意字，最早多作动词用，意为种植。在先秦主要典籍中，如《诗经》中所有的"树"字都是动词，《孟子》中出现的所有"树"字也是动词。因此"木叶"可以表达为"树木的叶子"，而常作动词的"树"却不会这么组合为"树叶"。因此屈原《九歌》中出现"木叶"是语言表达的习惯问题。

作者（林庚）所运用的研究方法不适合解决自己所提出的问题，简言之，就是"选错了方法"。

（程滨《重说"木叶"——文字学是解读古典文学的基础》）

大家看，从以上这些角度来考察这篇文章，文中的结论似乎很容易推翻。既然能找到这么多反例，也有完全不同的研究角度，林庚这篇文章不就不科学、不靠谱了吗？大家看这个单元，医学、物理学、建筑学都很科学、很严谨。林庚这篇文章为什么能跻身这个单元？说说看。

生：虽然结论不太符合实际，但他的研究方法是科学的，他举了很多例子，也做了比较，这些都是科学的。

生：他是有逻辑的，就像刚才在表格里总结的，他是从现象出发来探究背后的本质，这种思路是对的。

师：所以大家还是普遍认可的，觉得这篇文章有价值、有道理。

我们还可以换一个角度来看，请大家读一读朱光潜先生在《谈美》中的一段话。（生齐读）

批评的态度是冷静的、不杂情感的，其实就是我们在开头时所说的"科学的态度"；欣赏的态度则注重我的情感和物的姿态的交流。批评的态度须用反省的理解，欣赏的态度则全凭直觉。批评的态度预存有一种美丑的标准，把我放在作品之外去评判它的美丑；欣赏的态度则忌杂有任何成见，把我放在作品里面去分享它的生命。遇到文艺作品如果始终持批评的态度，则我是我而作品是作品，我不能沉醉在作品里面，永远得不到真正的美感的经验。

（朱光潜《谈美》）

就像朱光潜先生所说的，林庚在作品之内，而非作品之外，他沉醉在诗歌内部，而非冷静地立于外部。他在探究的同时保持了直觉，而直觉无法保证必然的正确。科学的也不等于正确的。我们尊重、热爱科学，但反对唯科学主义。

生：课前我们读了福井谦一的《对科学的直感》，他也认为科学应该需要直觉。

师：你能迅速想到这篇文章真是太棒了，《对科学的直感》是如何解释这种直感的？你能找到相关的内容读一读吗？

生：（读文章）科学的直感是不依据逻辑思维的选择，直接地、如实地给予我们的真实感受，也就是不依据思维加工的直感，所谓科学的直感，正是科学地认识自然与如实地认识自然相结合的一种大脑机制。使自己沉浸在大自然中，切实地接触它，感觉它的本来面目，就可以丰富科学的直感。

师：简单来说，科学的探究不应该离开直觉、感受，如果只剩下逻辑、推理，科学的发现反而会变得更加困难。在这个单元的其他文章中，你能感受到科学的直感吗？请大家谈一谈。

生：我印象最深的是加来道雄对鲤鱼池的想象，他说那是最快乐的童年记忆，让他充满了无限的遐想。他也是通过感受来理解世界的，到长大后才进入到物理学知识中。

生：屠呦呦提取青蒿中的有效成分也能体现这种科学的直感，她对加热提取的方式的怀疑并没有依据，她只是猜想，其实也是一种感觉。

生：梁思成对中国古代建筑也是充满情感和保持欣赏态度的，不是仅仅在研究建筑。因为他带着情感，所以才研究得特别透彻。

师：大家都能很好地理解科学的直感对推动科学研究的价值。我想说科学的直感不仅能促进科学研究，而且能直接带来创造。冯友兰先生在谈到魏晋风流的时候，曾经以玄心、洞见、妙赏、深情来形容，这里我想借用过来谈直感在科学中的意义。所谓洞见，就是凭借直觉体会世界、体会知识。所谓妙赏，就是对美的深切感知。所谓深情，就是对诗歌、对文学，或是对中医药、对建筑发自内心的诚挚之爱。在这样的探索里，他们不但在欣赏、了解，同时也在创造。科学研究不再是冷冷地剖析，而是有温情、有生命力地进行创造。希望大家都能带着赤子之心，带着直感，以科学的精神去创造新世界。

【课时四】"走进科学"单元贯通作文讲评

一、教学目标

1. 能针对话题中的核心概念进行合理阐释。

2. 理解"走进科学"的必要性，反思难以走进的原因。

二、教学重点与难点

教学重点：对话题中的核心概念有阐释能力和辨析能力。

教学难点：理解"走进科学"的必要性，反思难以走进的原因。

三、教学准备

1. 请某个语文学习小组的同学分工批改班级同学的单元贯通作文，给出评语，并选出其中的优秀文章。

2. 教师参与该小组同学的讨论，明确本次单元贯通写作中的优点与问题，给出汇报建议。

3. 提前印发范文，准备汇报材料和拓展阅读材料（怀特海《现代科学的起源》）。

四、教学过程

1. 请负责此次单元贯通写作批改的学习小组成员汇报批改情况。

批改小组的同学认为此次单元贯通写作中的亮点有几个方面。

（1）优秀习作的作者往往都对话题本身有较好的思考与辨析力，对科学的内涵以及应该如何"走进科学"进行了有重点的思考，并且能结合单元内容来提炼概括。

如：

究竟什么是科学？在回答这个问题之前，我想我们可以先从几位科学家或是文化名人的身上窥见些科学的影子。

在屠呦呦的《青蒿素：人类征服疾病的一小步》中，作者科学而严谨地叙述了青蒿素的发现过程和研究成果。屠呦呦和她的团队从 2 000 个方药中不断挑选，结合中医药学的智慧和当代的先进技术，不断创新，最终有所成就。如果说这一过程是求异的过程，那梁思成的《中国建筑的特征》则是以设喻的说明方法来说明中国的建筑体系与世界其他民族的建筑之间的相通性。作者以严密的语言和逻辑顺序娓娓道来，将建筑学与中国古典文学进行类比，表达出对中华民族物质文化、精神文化的自豪与骄傲。

加来道雄的《一名物理学家的教育历程》一文则是选取了自己年少、年轻时的典型事件。从一开始的幻想到后来的好奇探索再到自我实践，一切都是由于一种发自内心的驱动力。如果说作者是以想象力和内心的好奇促使自己追寻结果的话，林庚的《说"木叶"》则体现了一个由果溯因的过程。作者从诗人钟爱"木叶"而少用"树叶"的文化现象展开说明，最后总结出诗歌语言的暗示性和"木"的两个艺术特征。全篇虽是说明，但不时以诗化的语言进行叙述，十分生动与优美。

但是，无论他们的特长是应用科学还是经验科学，抑或是自然科学、社会科学，不论是科学的研究方法还是思维模式，他们身上都体现出了两方面的特质：其一是热爱；其二是求知。

（摘自学生习作）

（2）对当今人们在科学上持有的错误态度有批判、反思意识。

如：

如今，我们很遗憾地看到有许多过分迷信科学的人，在他们看来，所有学问都可以被分门别类地放进两个篮子：精华和糟粕。我是这么理解他们的思维方式的：中医？伪科学，那就是糟粕。弗洛伊德？伪科学，也是糟粕。而他们的理由则看似难以辩驳：我相信科学。这是武断地把科学当作唯一真理，忽视已被实证过的优秀经验及其历史背景与历史意义的行为。这样的人还有一种特点：那就是盲目崇拜权威和文献、对个人的观点嗤之以鼻。例如对于文艺，他们过分地注重客观的理论，对主观感受不屑一顾。也许他们在理论上可以评论得头头是道，但是可能一辈子也不能像一个正常人一样体会到艺术的美妙、动人之处。这样的人，丝毫没有"相信你看到的、怀疑你看到的"科学精神，我们也永远不需要指望他们发展科学，毕竟他们的态度，才更像伪科学。

（摘自学生习作）

（3）能充分利用自己的知识视野，对科学的内涵提出自己的见解，进入深层次的思考。

如：

我要拿科学和数学做对比，我认为数学的严谨性要远胜科学。数学的一切都是基于人类自己提出的公理，一切都是在这几条公理的基础下演绎出来的，它是纯逻辑和理性的推演。但是科学本身是一种归纳、一种解释，它缺乏在数学中作为前提的公理。摆在科学研究者面前的是已经存在的这样一个世界，而他们要去寻找甚至不知道是否存在的这个世界的运行规律。科学是目前主流的一种假设，可也仅仅是一个假设。简单来说，我相信每一个学化学的人都在心中有过这样的疑惑："你怎么知道没有反例呢？"世界本身的无穷性使得人类无法穷举出其中的每一个元素，从而在那些无尽的未知中就永远可能存在打破现有的所有认知的一个。人们似乎是在努力走近一个不知道是否存在的目标，而又时时刻刻面临着在迈出下一步时发现自己一直以来都走错了路的风险。在这样巨大的不确定下，人类并没有停步，走近科学的过程其实是一场场豪赌，而支撑着人类接近真理的这种精神是可贵的也是特别的。它有可能也是这个自然规律下的某种产物，或者只是混沌之中产出的一个错误，但无论如何，我们要感谢它的存在，它促使人类去做出一些尝试和探索，去接近那个所谓真理，又或是接近那个根本不存在的真理。

（摘自学生习作）

批改小组的同学认为此次单元贯通写作中出现的主要问题在于：

① 审题不清，将"走进"写成了"走近"。

② 写成了"漫谈科学"，文章中对科学的看法和认识缺少系统性的整合，内容零碎。

③ 将课文中的科学家作为例子进行了详细分析，但围绕话题进行阐述的部分比较少，变成了对科学家生平事迹的介绍，未能对话题中的"走进"进行明确的阐释。

2. 教师对班级单元贯通作文及汇报小组的表现进行评价。

明确一：同学们对单元贯通写作的要求有了更为明确的认识，大多数同学都培养出了梳理、整合课文主要观点和内容的意识，但对话题的深层思考比较少，仍然停留在比较浅层的概括上，阐释能力有待提升。

明确二：批改小组分工明确，汇报时重点突出，选取的范文和示例都有典型性。但问题在于对大家作文的评价只停留在表达和结构等方面，未深入分析作文的立意问题。

3. 教师进一步指出在作文中值得关注与思考的问题，并请同学展开讨论。

（1）"走进科学"是必要的吗？如果是必要的，原因是什么？如果不必要，原因又是什么？

（2）我们日常学习各学科的知识，算是"走进科学"吗？原因是什么？

（3）本单元的几位科学家，大家认为谁最"科学"？理由是什么？

明确：科学不只是表层的工具和方法，科学代表着更深层的精神和品质，如实证精神、批判精神、好奇心与求知欲等。无论人们在哪个领域工作，都需要培育这样的精神和品质。科学的世界需要赤子之心和对真、善、美的纯粹追求才能靠近，"走进科学"需要信仰，而非仅仅将科学作为达成目标的手段。科学本身就是追求的目的。学习了科学的知识，并不代表就拥有了科学的精神。因此科学有"门槛"，想要走进它并不容易。

4. 优秀习作展示与点评。

示例一：

走进科学

雷天辰

当今我们正处于一个科学的时代，做任何事情都要讲科学，都要理性地思考，这样当十年之后科学发展的重任降落在我们身上时，我们便能自信冷静地拿起接力棒，向全人类的未来冲刺。

我们应当培养科学思维和创新思维，加强分析事物的能力，了解科学的基本含义。科学可以分为应用科学和经验科学。我国科学家屠呦呦，受中医研究院的任命，与她的团队一起进行抗疟药物的研究工作。经过数十年大量的实验和不断学习，最终从青蒿中提取出了青蒿素，为全世界的抗疟事业做出了伟大的贡献。屠呦呦的研究便属于应用科学，她从事科学研究主要是为了一些公用性的目的。加来道雄从小观察池塘中的鲤鱼而产生了好奇心，通过不断实践和探索，踏上成为理论物理学家的历程。他的经历则属于经验科学。他所做的一切并不是为了达成什么目的，而是出于对科学发自内心的爱好。

虽然他们的研究属于应用科学和经验科学的不同形式，但在各自的科学研究中，他们却有许多相同点，一是坚持不懈的科学精神。屠呦呦在提取青蒿素之前，实验了2 000个方药，翻阅了大量的文献，进行了大量的临床试验。加来道雄为了搞清楚爱因斯坦论文的内涵，天天泡在斯坦福大学的物理学图书馆中。这是成为一个成功人士必须具备的素质。二是类比思维。今天的我们看到一些发明时，总会情不自禁地说道："这不就是那个吗？为什么我没有想到呢？"殊不知这种对于事物的迁移能力正是一项非常重要的能力。孔子曾说过，举一隅不以三隅反，则不复也。可以看出，类比迁移的思维能力从古至今都为人所重视。屠呦呦和加来道雄都是查阅了大量书籍，获得了大量的知识和灵感才取得最终的成功的。但类比思维并不是生搬硬套，而是通过学习和思考，对某一体系进行迁移的过程，是充满智慧的。第三点也是最重要的一点，是一种对结果的大胆猜想，或者换句话说是一种对科学真理的坚定信念。有人认为这并不符合逻辑合理性，但是要知道有些东西是理性所不能解决的。怀特海在《现代科学的起源》中说过，科学从来不为自己的信念找根据，或解释自身的意义。所以这种略显不真实的信念更像是一种侥幸心理。他为科学的发展做出了不可估量的贡献。哥伦布发现新大陆、富兰克林发明避雷针等都是典型的例子。甚至在人的信仰方面，侥幸心理也起到了关键的作用。欧洲自"二战"以来已不是世界的中心，逐渐被美国和中国等国赶超，自身老龄化程度又很高，渐渐走向了衰落，其中我认为最主要的原因正是一种信仰的缺失。过去的欧洲信奉基督教，认为自己的未来已被各种神灵所创造，是光明大路，于是便有了动力。而现在越来越多的年轻人也不相信这种东西了，这是一种内在源泉的断流，发展衰败也成了必然。其中的信仰便是一种侥幸心理，是理性无法解释的一部分。

　　但就是在这个急需科学人才的时代，我国在对科研成果的宣传的方面还存在很多问题。在当今中国的教育体系中，学生大部分是被当作一颗盆栽来培养，未来的道路在我们出生之前就已经被铺好了，有时候甚至我们都没有多余的时间来思考问题，这对我们的发展是不利的，尤其是当我们踏入社会，遇见问题时便会手足无措。人的本质是有欲望的，我们不是要去限制它而是要正确对待它，找到它应该处在什么位置，也就是每个人都应该明白自己想要的是什么，这才是学习的内在动力，这种认知便需要从小开始培养。上补习班是无用的，多留给孩子一些时间自行安排，带着他们去郊游是最好的，这是贴近自然的最好机会，和大自然接触可以培养孩子对科学的直感，为将来的创新打下基础，毕竟小孩子是最好的哲学家。现在在网上，我们看到的更多是关于各种明星的讯息，对科学家的宣传力度远远不够，甚至我国航天领域的尖端人才竟然会因待遇不够好、薪水不够高而跳槽或辞职。这些问题急需改进。

　　甚至我们全人类都应该做一次彻彻底底的反思。人类自诞生以来，就被赋予了探索这个世界本质的历史使命。但我们似乎把问题想得太简单了，自爱因斯坦的相对论以来，科学已进入微观世界。但这个世界确实让人琢磨不透。宏观世界的理论在这里已不适用。科学家在不断地探究构成世界的最小微粒，试图发现这个世界的本质。但这就出现了一个或许是根本性的错误：就算你能把世界拆成最小的单位，你也没有能力把它装起来。世界并不是只有几个微粒和几个力，它或许十分复杂。但这就是人类，我们总是喜欢将和谐的大自然一一拆分开来，并一一做上批注，我们企图对所有事物加以解释，我们为自己创造的各种定理而沾沾自喜。我们相信原子下又是一个奇妙的世界。如果真是这样的话，为什么会有两套不同的理论呢？或许是人类还没有发现能统一两者的体系，但我相信，这个世界本身便无法解释，世界本身便是自然的、混沌的。这也正是我国老庄的哲学。有人会觉得这样的理解，是一种对科学研究的全盘否定。其实研究的结果或许并不重要，更重要的是研究过程中的一种获得和领悟。毕竟对所有科学家来说，探索的过程本身就是乐趣，就是目的。

在不远的将来，我们将向世界证明：世界是无法解释的。

点评：雷天辰同学根据研究目的和方法的不同对科学进行了分类，并很好地联系了课文中的例子来解释说明，写得清楚明白。之后他又从不同的领域中总结出共同的科学精神与科学素养，很好地理解了科学中"同"与"异"的关系。看起来科学研究各自的领域是不同的、分门别类的，但研究过程中对人的要求又是极为相似的。他也反思了社会在对科学的重视程度和在科学人才的培育方式上存在的问题，认为留有思考探索的空间、保留与自然亲密接触的机会对学生尤为重要。最后他指出了当下科学研究的有限性，看到了自然世界难以完全被人类解释与掌握的本质。觉悟到这一点却仍然能够坚持进行科学研究的人，应该是真正走进了科学的人。

示例二：

什么是科学

曹言秋

日常的生活中，我们往往会听到一些人因为失落或是沮丧从而愤怒且绝望地呐喊："这不科学！"当然，这只是人们对于自己内心情感的抒发，与真正的科学其实并无太多干系。但正是这样的一句话引发了我们的思考：

什么是科学？

我想，也许很多人并没有认真地思考过这样一个问题。大部分人都是被填鸭式地灌满无数的数学公式、物理定律或是化学方程式，到头来却始终没有走进科学的大门。他们只是走近了科学，却因没有那把"科学"的钥匙，从而无法走进科学——因为，他们并不清楚真正的科学是什么。

也许他们只是把科学曲解了——他们认为，科学仅仅止步于自然科学，比如物理学、数学等。殊不知，窥一叶而知全貌，注定是一种偏颇，也无法领会科学的内涵与精神所在。

那么，究竟什么是科学？在回答这个问题之前，我想我们可以先从几位科学家或是文化名人的身上窥见些科学的影子。

在屠呦呦的《青蒿素：人类征服疾病的一小步》中，作者科学而严谨地叙述了青蒿素的发现过程和研究成果。屠呦呦和她的团队从 2 000 个方药中不断挑选，结合中医药学的智慧和当代的先进技术，不断创新，最终有所成就。如果说这一过程是求异的过程，那梁思成的《中国建筑的特征》则是以设喻的说明方法来说明中国的建筑体系与世界其他民族的建筑之间的相通性。作者以严密的语言和逻辑顺序娓娓道来，将建筑学与中国古典文学进行类比，表达出对中华民族物质文化、精神文化的自豪与骄傲。

加来道雄的《一名物理学家的教育历程》一文则是选取了自己年少、年轻时的典型事件。从一开始的幻想到后来的好奇探索再到自我实践，一切都是由于一种发自内心的驱动力。如果说作者是以想象力和内心的好奇促使自己追寻结果的话，林庚的《说"木叶"》则体现了一个由果溯因的过程。作者从诗人钟爱"木叶"而少用"树叶"的文化现象展开说明，最后总结出诗歌语言的暗示性和"木"的两个艺术特征。全篇虽是说明，但不时以诗化的语言进行叙述，十分生动与优美。

但是，无论他们的特长是应用科学还是经验科学，抑或是自然科学、社会科学，不论是科学的研究方法还是思维模式，他们身上都体现出了两方面的特质：

其一是热爱。若是没有了热爱，屠呦呦和她的团队又怎么能有如此强的钻研精神，忍受一条路上所有的艰辛与落寞？加来道雄又怎么会对宇宙万物抱有好奇心、对爱因斯坦未完成的理论如此好奇？梁思成又怎么会对中国建筑的基本特征如此了解，做出简明而专业的解释？林庚又怎么会关注到诗人钟爱"木叶"而少用"树叶"的文化现象并对此展开独到而深刻的分析……

亚里士多德曾说哲学始于惊异，而科学又何尝不是？（更何况在亚里士多德的时代，科学和哲学还是一体的。）研究科学（哲学），我们最需要的是一种发自内心的好奇心，对自然界万物保持一种最为基本的渴望与求知的心态——正如福井谦一在《对科学的直感》中所说的那样，有一种"不依据思维加工的直感"。而不靠这种认识方法，就不可能创造推进科学前进的理论和发现新的科学法则。只有在此基础之上，我们才会有随后的锲而不舍和在艰辛的道路上的寂寞前行。

其二是求知。上述的数篇文章中，都有对既有文明成果的吸纳与欣赏，并在此基础之上有所建树和创造。从某种意义上来说，这便是一种求知——在旧知上完善、弥补甚至是推翻旧知，从而形成新知。中国传统哲学、爱因斯坦未完成的理论……种种先进的理论与技术，都由这种最基本的"文法"与"词汇"所构成或衍化而来，正如一幢摩天大楼不可能凭空出现一样。（若有，那也一定是一幢随即会轰然倒塌的摩天大楼）

由上所述，我们可以看到多变的科学思维模式、不变的探索精神与求知的科学态度。我想有些人认为科学是我们认识世界和改造世界的工具和手段，其成果表现为具有一定普遍必然性的知识。但是，科学的意义真的就止步于此了吗？

我想未必。与其如此，我更愿意把科学看作是探索宇宙的一种方式——以人类微弱而渺小的力量去解开宇宙奥秘、自然秩序的一种实践方式。正因如此，科学是、也应该是包罗万象的。自然哲学自不必说，人文与社会科学也是如此：从希腊早期的自然哲学到现代欧洲的文艺复兴，从毕达哥拉斯的万物皆数、德谟克利特的原子论到哥白尼的日心说、牛顿各方面的巨著，无一例外，都是在探索大自然的规律、宇宙的奥秘（无论是从自然本身出发还是理论推理）。甚至，在中世纪的禁欲主义和宗教神学如此繁盛的情况下，我们都能从某些对立或是不尽相同的角度中看见科学的影子。可见，文学、建筑学、生物学、医药学……所有的一切学科，也许在短期来看都是为了获得一定的研究成果与知识，但是从长远而言，殊途同归，都是为了勘破宇宙奥秘——哪怕只是冰山一角——而努力奋斗。

很多人会认为科学是一种纯理论、理性的存在，所有的定理定律普遍适用、绝对正确。但是这是一种伪科学，是唯科学主义，更是极其荒谬的说法。

首先，科学不止于知识，更不止于定律。科学也有信念，虽然称不上信仰，但是这诚然是理性与逻辑思维以外的实质理性。《说"木叶"》作为一篇社科文，本就有着待商榷和质疑之处，但它又何尝不是科学的一部分？怀特海在《现代科学的起源》中也提到，我们如果没有一种本能的信念，相信事物之中存在着一定的秩序，尤其是相信自然界中存在着秩序，那么，现代科学就不可能存在。我们如何论证为什么我们确信在每个细节中都能发现自然秩序？又如何论证因果之间的联系？仅从这一点的不可论而言，科学也不应该是刻板理性的存在。如果真的如前所述，像休谟一样认为因与果之间没有必然联系或认为是机械决定论使然，那么科学就根本不可能存在。

其次，即使是定理、定律也并非如此。早期的毕达哥拉斯学派认为只存在有理数；古人认为天圆地方，地球是宇宙的中心；牛顿创立了经典物理学……当时被看作普遍性知识的存在，如今都一一被完善或是推翻。没有任何一件事物绝对正确；没有任何一条道理是绝对的真理。我们所要持守的便是一种批评与欣赏的态度。

这才是真正广义上的科学所在，也是我们应该认知到的科学。当然，在一篇文章中我无法就一个如此庞大的科学体系进行详备的讨论，故从自然科学、哲学和宗教三方面进行探讨。

自然科学是我们认识世界和改造世界的工具和手段，作为人类认知能力的产物，它以理性为基础，其成果表现为具有一定普遍必然性的知识和实用性的技术。宗教所依靠的不是理性而是信仰，它们产生于人类精神的终极关怀，即对宇宙的真实存在和终极奥义以及包括人自己在内的所有存在物的来源、归宿的牵挂，因而宗教的对象是具有永恒无限之特征的超验的和理想性的存在，这样的对象不可能通过认识来把握，所以只能信仰。

在某种意义上说，哲学居于自然科学与宗教之间：一方面它像自然科学一样属于理论思维，因而从根子上总是诉诸理性；另一方面它又像宗教一样起源于人类精神的终极关怀，追求热爱的是永恒无限的智慧境界。表面看来，与自然科学和宗教相比，哲学自有哲学的优越之处，因为自然科学知识解决不了人类精神终极关怀的问题，而宗教则由于诉诸信仰，所以缺少理论上的合理性。

有一句话说："虽然一切科学都比哲学更有用，但是唯有哲学是真正自由的学问。"我想其自由性便体现在此。我想在我们研究过多数的有用、实用的科学之后，唯有哲学能够带领我们走向科学的终极奥义，也许这是唯一的渡口所在。

但是，哲学的优越之处却恰恰是其局限所在：哲学的终极目标是把握宇宙的真实存在，揭开自然运行的规律，而这恰恰是我们所说的智慧。从某种意义上来说，只有神拥有至高无上的智慧。人类是大自然的产物，只能认识到具有有限性的知识。这也就是为什么哲学的本意为"爱智慧"，因智慧是宇宙自然最深邃、最根本的奥秘，标志的是一个至高无上、永恒无限的理想境界，而人类只能"爱智慧"，却无法达到智慧的境地。

既然人类是某种认知能力有限的生物，注定只能是现实而非超验、理想的存在，注定只能把握知识而永远无法体会到智慧的乐趣，也注定无法完全勘破宇宙奥秘、自然秩序，那么即使我们清楚了科学是什么，科学研究的意义和价值又何在？难道，这注定只是一次积极而悲观的努力吗？有限与无限、相对与绝对、现实与理想、知识与智慧之间的那一道鸿沟，又注定无法逾越吗？在海德格尔的诗思中，在维特根斯坦的沉默中，我又一次陷入了深深的困境和思考。

点评：曹言秋同学在文章中展现了他广博的视野和深入的思考能力，他从课文出发一直追问到科学的本质，比较了科学与哲学、宗教之间的异同，并窥探到了科学与哲学之间的密切关联。这或许与他课外喜欢阅读哲学类书籍有关，体现出阅读兴趣带来的影响。有趣的是，他在文章最后和雷天辰同学殊途同归，都思考了人在认知能力有限的情况下坚持投身科学研究的意义。这样的思考本身就是科学精神的体现。

5. 作业布置。

阅读江晓原主编的"江晓原科学读本"系列（上海教育出版社，2019年版）。

五、诸子"星光"——选择性必修上册第二单元教学设计

石 莉

第十课时，第 4 届上海基础教育青年教师教学竞赛特等奖

单元教学定位

一、学习任务群定位

高中《语文》选择性必修上册第二单元以"先秦诸子散文阅读"为教学内容，由《〈论语〉十二章》《大学之道》《人皆有不忍人之心》《〈老子〉四章》《五石之瓠》《兼爱》构成，从不同侧面呈现了"百家争鸣"时代儒、道、墨三家的原典思想。孔子的"仁""义""礼"等核心概念、《大学》的"三纲八目"、孟子的"性善"、老子的"无为"、庄子的"无用""无己"、墨子的"兼爱"等，都是中国传统文化基石的重要组成部分，影响着中国人的行为习惯、伦理观念、思维方式。

本单元归属《普通高中语文课程标准》(2017 年版，2020 年修订)"中华传统文化经典研习"学习任务群。研习有研究学习之意，相较高一阶段"文学阅读与写作""思辨性阅读与表达"等学习任务群，研习提出了更高的要求：在"研"的基础上"习"，借助"习"进一步"研"。

在该学习任务群的学习目标中，有在研习过程中体会中国传统经典文本的"精神内涵、审美追求和文化价值"的要求；有梳理各类文言现象及文化常识的要求。在该学习任务群的价值定位中，有"提升对中华民族文化的认同感、自豪感，增强文化自信，更好地继承和弘扬中华优秀传统文化"的要求。在教材单元导语中，有"加深对传统文化之根的理解""思考其思想学说对立德树人、修身养性的现实意义"的基本要求。以上要求紧扣语文学科核心素养的四个培育目标，是教师教学过程中要落实的教学任务。

二、学段定位

复旦附中高二年级希德学院的学生对文学阅读有一定的热情，也有较为坚实的文学基础，他们从小接触了不少先秦诸子传统经典文本。然而，在文本理解层面，学生对先秦诸子思想的认知常常流于"标签式"的理解，很难真正进入文本深处。在工具理性背景下成长起来的学生，与他人、与外部世界的关系往往处于一种紧张而焦灼的状态。本单元儒家的"仁"、道家的"无为""无己"、墨家的"兼爱"，恰好可以作为一个个切入点，与当下学生所面临的问题对接起来。因此，本单元的主要教学任务是：在引导学生理解"仁""无为""兼爱"等思想内涵及其成因的基础上，辨析儒、道、墨相关思想及其言说方式，并思考其当代意义。

三、贯通点与课时安排

根据本单元教学的思想内容及艺术形式，确立"仁爱""无为""兼爱""取譬"等贯通点。本单元共安排十个课时，课时之间，采取"两两贯通""前后勾连""由点到面""逐层进阶"的方式。课时构成如下：

第一、二课时以"仁爱"为贯通点，让学生理解儒家"仁"思想的内涵，认识儒家的理想人格及其历史价值。

第三、四课时以"无为"为贯通点，让学生理解老庄"无为"思想的内涵，并与第一、二课时贯通，让学生在与儒家"仁爱"之"有为"思想的对照中，认识道家"无为"思想蕴含的智慧，整体理解儒、道核心思想之历史价值和现实意义。

第五、六课时以"兼爱"为贯通点，让学生理解"兼爱"思想的内涵及其成因，并与前四个课时贯通，让学生在与儒家"仁爱"、道家"无为"之"爱"的对照辨析中，认识三家之"爱"的当代意义。

第七、八课时以取譬这一论说方式为贯通点，让学生认识儒、道、墨三家取譬过程中譬喻（含寓言）、举例、类比等说理方式，并与前六个课时融会贯通，让学生借助对儒、道、墨核心思想的理解，认识儒、道、墨三家取譬说理蕴含的个性。

第九、十课时为单元学习总贯通，在前八个课时的基础上，以儒、道、墨三家核心思想为参照，引导学生在读写表达中，反思与当下学生息息相关的问题——"爱的教育"与"人之价值"重构，实现经典与"我"的贯通。

"先秦诸子散文阅读"单元贯通教学的贯通点与课时安排示意图如下：

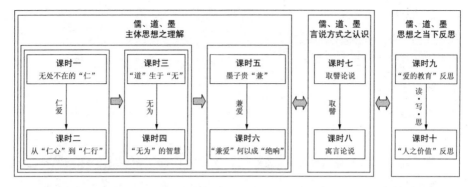

应当指出的是，单元课时安排主要根据学情而定。学生在初中阶段，学习了儒、道两家作品，具有一定的学习基础，对于墨家的作品及其主要思想则相对陌生。因此，尽管本单元就墨家仅收录《兼爱》一篇作品，且为自读课文，但基于学生的认知基础，单元课时安排采取三家作品均衡分配的做法。

四、单元贯通预习任务

1. 文言知识梳理。

（1）借助课本注释、《古代汉语词典》等自行梳理本单元文言字词，列出疑问。

（2）小组合作，以学习卡片的形式，整理、归纳本单元"之""乎""者""也""而""以""其""于"等常见虚词的用法。（对应单元研习任务）

2. 文化背景积累。

（1）本单元课文中有不少经典语句，哪些给你留下了深刻的印象？请从中摘录几句制成书签推荐给同学，简要说明推荐的理由。

（2）阅读冯友兰《中国哲学简史》相关篇目，完成札记。

3. 疑问点梳理。

在预习本单元课文的过程中，你产生了哪些疑问？请逐一列举。

课时教学设计

【课时一】无处不在的"仁"
——读《〈论语〉十二章》

一、教学目标

1. 整合课文信息，理解《〈论语〉十二章》章句的主要思想。

2. 梳理《〈论语〉十二章》章句的逻辑关系，认识"礼""乐""义""恕"等思想与"仁"的内在关系。

3. 赏析《论语》语录体表达核心思想的方式，认识其艺术价值。

二、教学重点与难点

教学重点：以"仁"为贯通点梳理十二章的内在联系，思考"仁"与"君子""学"等概念的关系。

教学难点：品析语录体的表达效果，体会《论语》言说之个性与艺术。

三、教学过程

1. 导入：大情境——回望中华文明的星空，发现诸子之"星光"。

两千七百多年前的中华大地上，诸子百家悉数登场，他们有着鲜明的立场，形成激烈的学术论争，点亮了中华文明的星空。接下来，让我们走进选择性必修上册第二单元，回望中华文明的星空，从阅读《论语》开始，认识先秦诸子思想的璀璨"星光"。

2. 交流：《〈论语〉十二章》中每一章的核心思想是什么？

活动一：交流预习任务——阅读《〈论语〉十二章》，定位关键词句，概括十二章的主要思想。

教师点拨：

章　名	主要思想
第一章	"好学"的要素
第二章	"仁"为"礼""乐"之本
第三章	闻（求）"道"的价值
第四章	"义"别君子与小人
第五章	"见贤思齐"
第六章	文质兼备，养成君子
第七章	"仁以为己任""死而后已"
第八章	持之以恒，贵在行动
第九章	仁者（君子）不忧不惧
第十章	"克己复礼为仁"
第十一章	"恕"的意义
第十二章	"学《诗》"的意义

3. 梳理：《〈论语〉十二章》之间有何内在关联？

活动二：小组讨论，梳理课文所选《论语》十二章的内在关联，尝试用思维导图的方式呈现。

教师点拨：

明确一：结合第二、七、九、十章，思考"仁"的意义和价值。

（1）"克己复礼为仁"（第十章）。

"为仁由己"，就是克制、约束自我的种种本能、欲望，依"礼"而行，言行有度，这样，天下人就称你为"仁人"了。

什么是"复礼"？"礼"是以血亲关系为基础向外辐射的等级制度，恢复周礼是孔子追求的社会理想。

事实上，"克己复礼"是指在个体道德完善的前提下，重建社会秩序，以此实现"仁"。

引入演示文稿补充材料：

所谓"周礼"，其特征确是将以祭神（祖先）为核心的原始礼仪，加以改造制作，予以系统化、扩展化，成为一整套习惯统治法规（"仪制"）。以血缘父家长制为基础（亲亲）的等级制度是这套法规的骨脊……

（李泽厚《中国古代思想史论》）

（2）"仁以为己任"（第七章）关联"克己复礼为仁"（第十章）。

要终身行"仁"，死而后已。用什么方式终身行"仁"呢？——"弘毅"。课本将其解释为"志向远大，意志坚强"。子曰："刚、毅、木、讷，近仁。"（《论语·子路》）毅，即刚毅（刚强坚毅），指意志坚定，不为外在欲望、威胁所动，实际上也是"克己"。

（3）"仁"为"礼""乐"之本（第二章）关联"克己复礼为仁"（第十章）。

"仁"和"礼""乐"的关系："礼""乐"是外在的制度、规约、秩序，"礼"指示人的言行，使人实现"仁"；"仁"是行"礼""乐"的内驱力，没有"仁"的"礼""乐"是无本之木。孔子以"仁"将外在的伦理、规约内化为个体追求的道德自觉。

（4）"仁者不忧"（第九章）关联第七章、第十章。

仁者何尝不是智者、勇者。我们要"仁以为己任""克己复礼"，成为一个仁者，知性通达，意志坚定，所行问心无愧，抵达不忧不惧的境界。

明确二：结合第一、四、六章，思考君子应具备的品格。

（1）"君子喻于义"（第四章）关联"克己复礼为仁"（第十章）。

什么是"义"？其本义为威仪、正义，后引申为合宜的道德、行为。劳思光先生将"义"概括为求"正当"、立"公心"。君子以"义"（"公心"）来克制自私自利，同样是"克己"，也是"仁"的显现。

引入演示文稿补充材料：

盖"义"指"正当性"，而人之所以能求"正当"，则在于人能立"公心"。……此所以"仁"是"义"之基础，"义"是"仁"之显现。

（劳思光《新编中国哲学史》）

（2）"文质彬彬"（第六章）关联"克己复礼为仁"（第十章）。

怎么做到"文质彬彬"？"克己"——克制、约束自我，调和"文""质"，内外兼修。"文质彬彬"同样是"克己"的结果。

（3）"好学"（第一章）关联"见贤思齐"（第五章）、"仁"（第十章）。

孔子所言"好学""见贤思齐"是在物质、言行、学问上不断克制自我、匡正自我的过程，其实就是"克己复礼"，目的是实现"仁"。

明确三：结合第一、三、五、十二章思考孔子的"好学"，学的是什么？

（1）"学《诗》"（第十二章）关联"克己复礼为仁"（第十章）。

"学《诗》"的意义是什么？兴（激发情感）、观（观察政治、风俗）、群（处理人际）、怨（讽刺时政）、事父事君、增广学识。"学《诗》"是最好的修身方式。孔子说"兴于《诗》，立于礼，成于乐"（《论语·泰伯》）。人的言行要有礼有度，从而实现"仁"。

（2）"闻道"（第三章）关联"仁以为己任"（第七章）。

孔子说，在早上领悟了"道"，晚上死了都值。与"仁以为己任……死而后已"联系起来看，就是生命不息，求"道"不止。所闻之"道"，概括起来就是成君子、成"仁人"之"道"。

明确四：思考"恕"（第十一章）、"为山"（第八章）该如何与其他几章联系起来看。

（1）"恕"（第十一章）关联"克己复礼为仁"（第十章）。

什么是"恕"？能够克制自己的私利、私欲，做到设身处地，推己及人。"恕"也是"克己"的表现，可以归于"仁"。

（2）"为山"（第八章）关联"仁以为己任"（第七章）、"闻道"（第三章）。

生命不息，求"道"不止，是求"仁"、求"学"的态度和精神，也是君子的品格。

明确五：绘出《〈论语〉十二章》内部关系图，发现十二章之间的内在联系。

（1）君子"好学""为学"以实现"仁"，成为"仁人"。这些章句直接或间接地与"仁"相关，探讨实现"仁"的方式或价值。

（2）"仁"与"礼""乐"的关系是一个缩影，"仁"是"礼""乐"之本，使之内化为生命自觉，"仁"也是《论语》中"义""恕""学"等思想之本（根本），这些思想均为"仁"的表现。

《〈论语〉十二章》内部关系图如下：

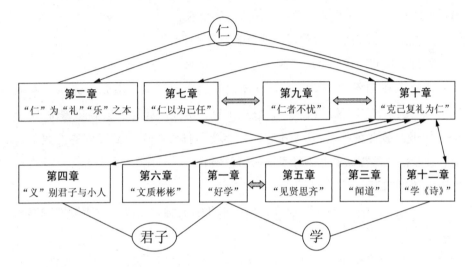

4. 探讨：《论语》是用什么方式呈现"仁"的？

提问：结合课文以及《论语》原著，说说《论语》以怎样的形式呈现"仁"。

明确：语录体。其一，简约朴实。《论语》记录孔子及其弟子的言行，只言片语，短小简约，不重文采。其二，散点。《论语》以散点的方式谈"仁"，没有篇章结构，上下文之间也没有严谨的逻辑，许多章句虽然没有直接谈"仁"，但大多是"仁"的表现，"仁"无处不在。

活动三：小组讨论，草拟提纲，尝试回答班级《知乎日报》中的提问，填写学习任务单。

> 《知乎日报》解答提纲
>
> 观点：
>
> 理由：

有的学生在单元贯通预习任务中提出疑问："《论语》是语录体，读起来感觉没有体系，有没有必要按照内容编排分类，梳理出《论语》的体系呢？"

明确：（1）有必要。对《论语》进行系统的整理编排是帮助我们更好地阅读、理解《论语》的方式。（2）没有必要。其一，《论语》看似没有体系，但有核心思想"仁"作为主线，渗透在《论语》构建的时空之中，无所不在，无时不有。其二，《论语》是经典，但它不像学术著作，更多时候，它更像一部人生指南，教人如何成为君子。《论语》原本就是孔子及其弟子的言行或者教学活动的记录，是具体情境中自然生成的反应。

5. 结语：大情境——发现、领受诸子之"星光"。

提问：这节课我们发现了儒家怎样的"星光"？能描述一下吗？

明确：我们探寻到《论语》章句之间的逻辑关联，看到了无所不在的"仁"之光芒；它就像日月之光，昼夜不息，明亮而柔和。梁启超曾说"《论语》如饭，最宜滋养"。几千年来，它就是这样滋养了我们民族的性灵与智慧，让我们以最虔诚的心来领受这一份恩赐吧。

6. 作业布置。

（1）设计一张"星光"卡片，结合本课时的学习，描述你所发现的儒家"星光"。

（2）整合课堂中关于《论语》体例的讨论，以小组为单位，编写一期《知乎日报》。

（3）请从《论语》的"孝""知""恭""敬""忠""恕"等概念中挑选一项，摘录相关章句，简要论述它如何体现并落实"仁"。

7. 板书设计。

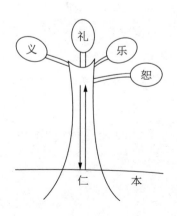

【课时二】从"仁心"到"仁行"
——梳理《〈论语〉十二章》《大学之道》《人皆有不忍人之心》

一、教学目标

1. 结合"忠""恕"等概念，理解"仁"思想的内涵。

2. 梳理"仁"在《〈论语〉十二章》《大学之道》《人皆有不忍人之心》中的体现，认识"仁"思想的价值。

3. 认识儒家的理想人格，思考其历史价值、现实意义。

二、教学重点与难点

1. 结合"忠""恕"，理解"修己""安人""安百姓"与"仁"的关系。

2. 以"仁"为贯通点，梳理《〈论语〉十二章》《大学之道》《人皆有不忍人之心》的内在关联。

3. 联系经验，认识儒家理想人格的历史价值、现实意义。

三、教学过程

1. 导入。

上节课，我们在《〈论语〉十二章》章句之间发现了无处不在的"仁"的"星光"；然而，孔子对于"仁"的内涵未做明确界定。课文第十一章记载，子贡问孔子："有一言而可以终身行之者乎？"孔子回答："恕。"《论语·里仁》记载，曾子用一个词概括孔子一以贯之的道——"忠恕"。"忠恕"成为后人理解"仁"的重要凭借。"忠恕"是如何体现"仁"的呢？

引入演示文稿补充材料：

孔子的仁即忠恕。

（高亨《孔子思想三论》）

子曰："参乎！吾道一以贯之。"曾子曰："唯。"子出，门人问曰："何谓也？"曾子曰："夫子之道，忠恕而已矣。"

（《论语·里仁》）

2. 梳理："忠恕"如何体现并落实"仁"？

活动一：小组讨论，说说"忠恕"体现了怎样的"仁"。

明确：

（1）"爱人"而行"仁"。

"如心为恕"，即以己之心推断他人之心，也就是设身处地，推己及人。

"仁"是会意字："仁，亲也。从人从二。"（《说文解字》）"二人"本质上就是指处理好人己关系。"恕"即"爱人"而行"仁"。

引入演示文稿补充材料：

如心为恕。

（孔颖达疏）

仁，亲也。从人从二。

（许慎《说文解字》）

（2）从"尽己"而"推人"。

"忠"拆字为解："中心为忠"，即把心放正，不偏私。心中有他人，才可以做到"克己"而行"恕"。有学者以内外分"忠恕"，"忠"偏于对己，"尽己"，"己立己达"，尽力做好自己，忠于己；"恕"则偏于对他人，忠于人。"忠恕"是由"忠"而"恕"，从"尽己"到"推人"，从"忠于己"到"忠于人"的过程。

引入演示文稿补充材料：

中心为忠。

（《周礼·大司徒》疏、《故训汇纂》）

尽己之谓忠，推己之谓恕。

（朱熹《四书章句集注》）

己立己达，忠也；立人达人，恕也。

（刘宝楠《论语正义》）

（3）修"仁心"而行"仁行"。

"仁"的另一个义项是"从千心作"，可联系"忠""恕"的字形。"千心""中心""如心"皆从心。"忠""恕""仁"皆从心性基本修养而来。孔子认为君子有三境界，亦可视为"仁"的三境界。"修己以敬——修己以安人——修己以安百姓"，即以敬肃的态度修"仁心"做好自己，推己及人以至天下人。修"仁心"是行"仁行"于天下的先决条件，知行合一，才是真正的"仁"。

引入演示文稿补充材料：

忎，古文仁。从千心作。

（许慎《说文解字》）

子路问君子。子曰："修己以敬。"曰："如斯而已乎？"曰："修己以安人。"曰："如斯而已乎？"曰："修己以安百姓。修己以安百姓，尧舜其犹病诸!"

（《论语·宪问》）

3. 梳理：《〈论语〉十二章》《大学之道》《人皆有不忍人之心》如何体现修"仁心"行"仁行"于天下的过程?

活动二：小组讨论，说说《〈论语〉十二章》《大学之道》《人皆有不忍人之心》如何体现修"仁心"行"仁行"于天下的过程，并填写学习任务单。

预设：

（1）《论语》中的句子均对应"修己"、推己及人，都体现了孔子对修"仁心"行"仁行"的自觉践行。如："好学"、"闻道"、"文质彬彬"、"见贤思齐"、"学《诗》"（兴）、"克己"（自我约束）都是"修己"——修"仁心"的过程；而"复礼"是在完善自我道德修养的基础上，使人们各归其位，各守理分，是推己及人；"学《诗》"的观、群、怨，是靠自我对《诗》的认知感发，从而处理与他人之间的关系，并进一步观风俗、刺时弊，是"修己""安人""安百姓"的过程。

（2）《大学之道》通过"三纲八目"加以落实。修身是本，"格物""致知""诚意""正心"，是修身过程，是道德主体的内在建构（修"仁心"）过程。齐家、治国、平天下是"亲民"的各种方式，是道德主体向外拓展、"明明德于天下"的过程，与孔子所说的"修己""安人""安百姓"是高度一致的。

引入演示文稿补充材料（学生预习作业绘制的思维导图）：

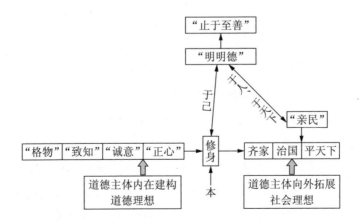

（3）孟子的"四端"即"善"之本心，其修身概括为"存心养性"。《人皆有不忍人之心》中，孟子以"四端"为基础，将"善心"扩而充之，"以不

忍人之心行不忍人之政，治天下可运之掌上"，可以"事父母"，推而广之，足以"保四海"。这是由内而外、由己及人的"推恩"过程。

引入演示文稿补充材料：

以不忍人之心行不忍人之政，治天下可运之掌上。……苟能充之，足以保四海；苟不充之，不足以事父母。

（《人皆有不忍人之心》）

任务单参考：

课文名称	修"仁心"（"修己"）	行"仁行"（于人、于天下）（"安人""安百姓"）
《〈论语〉十二章》	"好学"、"闻道"、"文质彬彬"、"见贤思齐"、"学《诗》"（兴）、"克己"……	"复礼"、"学《诗》"（观、群、怨）
《大学之道》	"格物""致知""诚意""正心"	齐家、治国、平天下
《人皆有不忍人之心》	"不忍人之心""四端"	"行不忍人之政""事父母""保四海"

4. 交流：寻找儒家理想人。

活动三：依据"仁"思想的内涵，从历史或现实中，寻找一位儒家的理想人，推荐给同学，并列举推荐理由。

预设：

（1）孔子——从"修己"到"安人"。

引入演示文稿，展示第五组预习作业。

孔子生平履历

3 岁，丧父；17 岁，丧母；19 岁娶妻，20 岁生子。

"十有五而有志于学"。

青年时代的主要工作是看仓库，喂牲口。

27 岁，曾向郯国的国君请教；向师襄子学鼓瑟击磬。

34 岁，孔子出国，问礼于老子。

35 岁，前往齐国，齐景公不用，"闻《韶》，三月不知肉味"。

36—50 岁，返鲁，退修《诗》《书》《礼》《乐》，又教书育人做学问。

51—54 岁，仕鲁，先后出任中都宰、司空，继任大司寇。

公山弗扰攻鲁定公，被孔子打败，奔齐奔吴。

其后，孔子失意于鲁定公，决定出国。

55—68岁，周游列国。曾出仕于卫、陈。绝粮于陈、蔡。后返回鲁国。

70岁，丧子。

71岁，根据鲁国《史记》改编成《春秋》。

73岁，逝世。

明确：其一，万世师表，周游列国推行学说不成，教书育人，也是"修己""安人"；其二，孔子还有一项贡献是整理典籍，使经典流传、泽被后世，这是另一种形式的平天下。

（2）孟子——"道统"的担当者。

孟子以"道统"的继承者自居，先后到齐、宋、滕、魏、鲁等国，推行"仁政""王道"思想。据《史记》记载，他到魏国，梁惠王认为他的学说"迂远而阔于事情"（不现实），不予录用，孟子处处碰壁；然而，他终其一生，执意不悔。

引入演示文稿补充材料：

五百年必有王者兴，其间必有名世者。……夫天未欲平治天下也；如欲平治天下，当今之世，舍我其谁也？

（《孟子·公孙丑下》）

小结：孔子、孟子能够贯彻践行"仁"。那种经世致用的态度、舍我其谁的担当精神，锻造了儒家的理想人格，使他们成为后世文人士大夫的典范。

（3）继承孔孟的儒家理想人。

预设一：韩愈——以"道统"的继任者自居，继孟子的"道统"。

预设二："诗圣"杜甫——传统儒家士大夫，饱读诗书，兼怀天下。

（4）当下的儒家理想人。

预设：袁隆平——杂交水稻之父。

联系课文《喜看稻菽千重浪——记首届国家最高科技奖获得者袁隆平》。袁隆平几十年如一日在田野间耕耘实践，忠于己，忠于所热爱的事业。他发现、培育杂交水稻，有效地解决了中国、世界范围内的饥饿问题。这就是从"尽己"到"推己"，进而平天下的过程。

5. 结语：大情境——发现、领受诸子之"星光"。

提问：通过今天的学习，我们发现了怎样的"星光"呢？同学们能描述一下吗？

明确："仁"散发出璀璨的光芒。要有一颗"仁心"，从"仁心"出发行"仁行"以安天下。课后，我们可以思考一个问题：儒家的理想人格、文化"星光"怎样在我们身上得以彰显？

6. 作业布置。

（1）设计一张"星光"卡片，结合本课时的学习，描述你所发现的儒家"星光"。

（2）以小组为单位，为所推荐的儒家理想人做介绍，不少于400字，以演示文稿形式呈现。

（3）假设我们在生活中遇到了与"乍见孺子将入于井"类似的情况，你在那一瞬间的反应是怎样的呢？①请简要描述那一瞬间你的心理。②参照自己的心理反应，简要分析孟子有关"恻隐之心"的论断是否合理。

7. 板书设计。

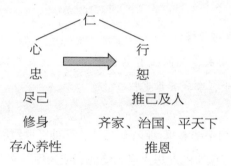

【课时三】"道"生于"无"
——读《〈老子〉四章》

一、教学目标

1. 理解《〈老子〉四章》的核心思想，认识老子"无""无为"思想的内涵。

2. 了解"无""无为"思想提出的背景，认识其历史价值。

3. 赏析《〈老子〉四章》格言体的表达效果。

二、教学重点与难点

1. 结合"自然"概念，认识老子"无""无为"思想的内涵。

2. 赏析《〈老子〉四章》格言体凝练精要、富于思辨性的表达效果。

三、教学过程

1. 导入：大情境——回望中华文明的星空，发现诸子之"星光"。

前两节课，我们一起认识并领受了儒家"仁"之"星光"；然而，在道家眼中，"仁"却并没有那么崇高。老子说："大道废，有仁义。"如果我们依然以"星"为喻，那么，道家之"道"散发着怎样的光芒呢？这节课，让我们借助课文《〈老子〉四章》来一探究竟。

2. 交流：《〈老子〉四章》分别表达了什么观点？

活动一：阅读《〈老子〉四章》，交流预习任务单，提炼关键词、论点句，概括每一章的主要观点。

任务单参考：

章 句	关键词	主要观点（论点）
第十一章	"有""无"	"有之以为利，无之以为用"
第二十四章	"企""跨""自见""自是""自伐""自矜""道"	"自见""自是""自伐""自矜"，"有道者不处"
第三十三章	"自知""自胜""知足""强行""不失其所""死而不亡"	"自知""自胜""知足""强行"，方能"不失其所，死而不亡"
第六十四章	"无为""无执""慎终如始""自然""不敢为"	"圣人无为"

3. 梳理：《〈老子〉四章》之间有何内在联系？

活动二：小组讨论，进一步提炼《〈老子〉四章》蕴含的核心思想，梳理四章之间的内在联系。

明确：

（1）第十一章——"无"之用（侧重从物的功能角度探讨"无"之大用）。

"无"指事物的"虚空处"，"有"指事物实体之存在。"有"提供便利、供人使用，"无"才成就了事物的"功用"，因此，起决定作用的不是"有"而是"无"。

"无"是老子之"道"的基石，是老子哲学中宇宙的起源，老子认为："道生万物。""天下万物生于有，有生于无。"要从宇宙本体之角度界定"无"的意义。

引入演示文稿补充材料：

道生一，一生二，二生三，三生万物。

（《老子·第四十二章》）

天下万物生于有，有生于无。

（《老子·第四十章》）

（2）第六十四章——"圣人无为"（小组讨论预习作业质疑）。

引入演示文稿展示预习作业质疑：

第六十四章两个"是以"为论断，是"无为"，但之前的内容比如"为之于未有""慎终如始"好像都是"有为"？论述与结论是否矛盾？

"无为"不是不作为，是"以辅万物之自然而不敢为"。"辅"，辅助；"自然"即"自己这样"。"无为"是顺应事物自然的状态而为。因此，"为之于未有""慎终如始"都可以看作顺应事物发生、发展、终结的规律，自然而为。

引入演示文稿补充材料：

讲无为就涵着讲自然。道家所说的"自然"，不是我们现在所谓自然世界的自然……道家讲的自然就是自由自在、自己如此……

（牟宗三《中国哲学十九讲》）

（3）第二十四章——"为无为"。

"自见""自是""自伐"……都是刻意表现，在崇尚"道"者看来，犹如"残余之食""尤赘之形"，当坚决摒弃。本章反映的老子核心思想仍然是"为无为"。

（4）第三十三章——"为无为"（小组讨论预习作业质疑）。

引入演示文稿展示预习作业质疑：

第三十三章特别像儒家章句，很"有为"，很励志，不像老子所言。这一章用老子的基本思想能讲通吗？

重"自知""自胜"，立足点是"自己"，而不是外在，符合"自然"的含义"自在自由、自己如此"。"强行"（勤勉而行）、"不失其所"均是顺应自然（自在）的"无为"之"道"。

小结：课文所选四章中，老子"无""无为"的核心思想贯穿始终。

4. 研讨：为什么老子会提出"无""无为"？

活动三：相比老子"无为"，儒家之"仁""义"可以说是"有为"，老子为何会否定"有为"而提出"无""无为"？小组合作，结合历史背景思考这一问题。

明确：

（1）"周文疲弊"之历史背景：春秋时期，诸侯相兼，战争频仍。牟宗三先生认为，诸子的思想本于共同的命题，都是针对"周文疲弊"的历史现状提出的救世方案。

引入演示文稿补充材料：

这套西周三百年的典章制度，这套礼乐，到春秋的时候就出问题了，所以我叫它作"周文疲弊"。诸子思想的出现就是为了对付这个问题。

（牟宗三《中国哲学十九讲》）

（2）讨论：孔子与老子面对"周文疲弊"，各自采取了怎样的策略？小组合作，填写对比图。

对比图参考：

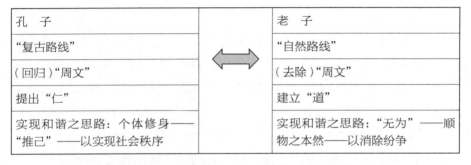

孔 子	老 子
"复古路线"	"自然路线"
（回归）"周文"	（去除）"周文"
提出"仁"	建立"道"
实现和谐之思路：个体修身——"推己"——以实现社会秩序	实现和谐之思路："无为"——顺物之本然——以消除纷争

5. 鉴赏：老子以怎样的方式论述"无""无为"？

活动四：德国哲学家黑格尔认为老子的论说方式更像一位哲学家，相比之下孔子就如同"一位实际的世间智者"（《哲学史讲演录》）。你赞同黑格尔的观点吗？小组讨论，思考《〈论语〉十二章》《〈老子〉四章》表达思想的方式，与黑格尔进行"对话"，说说你们的看法，并填写任务单。

"对话"黑格尔
我想对黑格尔说：我_____您的观点。
理由如下：

预设一：赞同。

明确：（1）老子探讨了哲学之根本命题。《论语》告诉人们立身处世的态度，具有伦理色彩；老子拓展到宇宙起源，探讨万物本体之存在，这是最根本的哲学命题。（2）老子的论说具有思辨性：提出许多对立概念，如知人—自知、胜人—自胜。《论语》中也有对立，如君子—小人，在对比中彰显"仁""义"。《老子》不只是对立，还有共存共生，如：第十一章"无"的价值通过"有"得以彰显。

引入演示文稿补充材料：

故有无相生，难易相成。

（《老子·第二章》）

（3）老子运用了"形而上"的"道"的言说方式。《论语》记录孔子及其弟子的言行，不少章句有具体情境；《老子》则纯粹记录老子的思想，是更典型的格言体，凝练精要，富于思辨性。

预设二：不赞同。

明确：（1）老子学说具有哲学性，探讨宇宙起源等哲学命题；孔子用"仁"建立起社会伦理体系，其哲学是道德哲学。（2）老子与孔子都关注人存在的方式、意义与价值，为人立身处世提供了无限的智慧。两人殊途同归，均是上古圣哲、智者。

小结：在与黑格尔的隔空"对话"中，我们以《论语》为参照，从老子之命题、格言体、思辨性等方面体会到老子论说的"哲学性"特质。

6. 结语：大情境——发现、领受诸子之"星光"。

明确：《史记》记载，孔子问礼于老子，回去后，对弟子评说老子像"乘风云而上天"的"游龙"。老子之"星光"在孔子看来，气象万千、神秘莫测，其中隐含着对宇宙起源、自然万物的观照，闪烁着哲理之光。

引入演示文稿补充材料：

孔子去，谓弟子曰："鸟，吾知其能飞；鱼，吾知其能游……至于龙，吾不能知，其乘风云而上天？吾今日见老子，其犹龙邪！"

（司马迁《史记·老子韩非列传》）

7. 作业布置。

（1）设计一张"星光"卡片，结合本课时的学习，描述你所发现的道家"星光"。

（2）从以下两项作业中选一项，制成一张读书卡片。

① 从《老子》中摘录一或两则章句，简要评析其"正言若反"的思辨性。

② 从《老子》中摘录一或两则章句，简要评析"无为"思想的内涵及其

价值。

（3）2021 年 6 月 5 日为"世界环境日"，中国将"世界环境日"主题定为"人与自然和谐共生"。请结合老子"无为"思想的内涵，小组合作，为"世界环境日"（中国主题）写一段主题讲解词，400 字左右。

8. 板书设计。

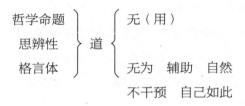

【课时四】"无为"的智慧
——与儒家"有为"思想对照

一、教学目标

1. 理解、认识庄子"无用""无己""无为"等思想。

2. 认识道家"无为"思想蕴含的政治智慧与处世哲学。

3. 关联"无为"与"有为"，认识"儒道融合"的理想人格及其历史价值。

二、教学重点与难点

1. 分析庄子"无用""无己""无为"思想与老子思想的关联。

2. 认识"无为"思想蕴含的"清静无为""为而不争""保身全生"等智慧。

三、教学过程

1. 导入：大情境——回望中华文明的星空，发现诸子之"星光"。

上节课，我们探究了老子"无为"思想的"星光"，这节课我们将借助《五石之瓠》探寻庄子之"道"，进一步领略老庄哲学蕴含的智慧光芒。

2. 研讨：庄子《五石之瓠》蕴含着怎样的思想？

活动一：阅读《五石之瓠》，概括其故事情节，思考故事蕴含的道理。

（1）简单概括《五石之瓠》讲述的故事。

明确：惠子种成了一个大葫芦，因其"无用"想要毁弃它，庄子告诉他

"何不用绳结缀系在腰间浮于江湖"。

落实文言字词：掊，虑。

（2）《五石之瓠》告诉我们一个什么道理？

明确：转换看待事物的角度，才能充分发挥事物的价值；"无用之用"——"无用之用"有其大用。

（3）庄子为什么会发现大葫芦的"无用之用"？（小组讨论）

提示：为什么庄子会说惠子"拙于用大""犹有蓬之心"？

明确：其一，庄子明白大瓠超越日常经验的世俗之用；其二，庄子超越自我价值衡量万物；其三，庄子"以物观之""因物而用"，基于大葫芦的特性来看待大葫芦的用处。

落实语言点："拙""蓬之心"。

补充：要充分理解"五石之瓠"的意义，应当把故事还原到《庄子·逍遥游》中。

引入演示文稿，补充陈引驰的《庄子精读》对《庄子·逍遥游》篇章结构的理解。

"至人无己，神人无功，圣人无名。"（《庄子·逍遥游》）

"许由不受天下"——→"无功"

"姑射神人"——→"无名"

"五石之瓠"——→"无己"

"无己"是庄子的重要思想。"无己"是指取消"我"与外物的分界，把自己融于万物，而"顺其性之自然"，抵达逍遥的精神境界。

引入演示文稿补充材料：

自我的封界取消了（无己），则我与物冥，自然取消了以我为主的衡量标准，而觉得我以外之物的活动，都是顺其性之自然……这便能乘天地之正了。

（徐复观《中国人性论史·先秦篇》）

3. 梳理：庄子"无己"与老子"无为"有怎样的关系？

活动二：小组讨论，说说庄子"无己"与老子"无为"的关系，尝试画出概念图。

明确：（1）"无己"是对"无为"的延续："无为"是顺应自然，不妄为；"无己"是将自己融于自然，故能顺应自然。庄子对大葫芦"因物而用"本质上也是"无为"。（2）"无己"是对"无为"的发展：老子"无为"，并不否定世俗的"为"。庄子超越"世俗功利",又用"无己"取消了"物"和"我"的界限,更彻底地否定"人为"。

在这个故事后,惠子又提到一棵大而"不中绳墨"的"无用"之木,庄子"彷徨乎无为其侧,逍遥乎寝卧其下",实质就是摆脱物累,"无功于世",获得绝对的精神自由。这是一种超世的人生态度。

引入演示文稿补充材料:

惠子谓庄子曰:"吾有大树,人谓之樗。其大本拥肿而不中绳墨……"庄子曰:"……今子有大树,患其无用,何不树之于无何有之乡,广莫之野,彷徨乎无为其侧,逍遥乎寝卧其下。……"

（《庄子·逍遥游》）

4. 研讨:道家的"无为"有怎样的智慧?

活动三:相对儒家修身、齐家、治国、平天下这种积极"有为"的态度,老庄哲学的"无为"蕴含着怎样的智慧?小组讨论,结合历史、现实举例论说。

明确一:蕴含着精深的政治智慧。

春秋战国礼坏乐崩,所有的争斗均是以"有为"为目的"作为",要消解争斗,就要用"无"消解"有",这种"以退为进"的思想隐含着精深的政治智慧。历史上,西汉与唐初推行"清静无为",成就了"文景之治"和"贞观之治"。

引入演示文稿补充材料:

他的处世哲学以退为进,以后为先,应用到政治上,就是"清静无为"。

（童书业《先秦七子思想研究》）

明确二:蕴含"为而不争"的处世哲学。

"无为"不是消极的不作为,而是"为而不争"。真正的智者不争一日之短长,而是能够放平心态,涵容万物,从长远看,将获大用。

引入演示文稿补充材料:

上善若水。水善利万物而不争……

（《老子·第八章》）

明确三:蕴含"物我为一"的处世哲学。

从古至今,人多以自我为中心,将"自然"视作与自己对立的"异己",不断索取。而老子要求我们"辅万物之自然",庄子将"我"融于万物,他们为我们提供了与自然万物和谐共生的路径，直到今天仍发人深省。

明确四：蕴含"保身全生"的处世哲学。

庄子生活的战国时期，相比老子的时代，社会更加动荡。因此，老子"无为"的政治智慧，在庄子那里表现为"保身全生"的处世智慧。庄子告诉我们如何自救与解脱，如何在一片混乱中安顿自己的灵魂。

引入演示文稿补充材料：

道家最关心的问题是：人生在世，怎样才能全生？怎样才能避祸？

（冯友兰《中国哲学简史》）

5. 交流：推荐"儒道融合"的理想人。

活动四：儒家"有为"与道家"无为"是绝对对立的吗？两者有没有可能调和起来？小组讨论，根据阅读经验，推荐一位"儒道融合"的理想人，填写推荐表。

预设一：李白——早年心怀儒家治国、平天下之志。"奋其智能，愿为辅弼，使寰区大定，海县清一……"（《代寿山答孟少府移文书》）天宝元年，玄宗赐金銮殿，命待诏翰林，后遭谗见疏，赐金放还，遂生归隐之志，自放山水之间。

预设二：苏轼——自幼受传统儒家经典教育，志在建功立业，为官期间颇多建树。后因乌台诗案，被贬黄州。他寄情山水，以道家"顺其自然"的"无为"态度超越了求"有为"而不得的悲哀，然而，无论在何种境遇下，他都是一个随时准备兼济天下的儒士。几年后，他再次被朝廷启用，政绩卓著。儒道之"有为"与"无为"在苏轼身上得到高度融合。

6. 结语：大情境——发现、领受诸子之"星光"。

明确：庄子融于自然万物的"无己"之"星光"与老子"无为"之"星光"相互传递、交融，闪烁着智慧的光芒。林语堂说："道家及儒家是中国人灵魂的两面。"儒家与道家的"星光"又相互照应、补充、调和，照亮了中国历史、中国文化和中国文人的生命。

7. 作业布置。

（1）设计一张"星光"卡片，结合本课时的学习，描述你所发现的道家"星光"。

（2）《庄子·至乐》记载了"鲁侯养鸟"的故事："昔者海鸟止于鲁郊，鲁侯御而觞之于庙。奏九韶以为乐，具太牢以为膳。鸟乃眩视忧悲，不敢食一脔，不敢饮一杯，三日而死。此以己养养鸟也，非以鸟养养鸟也。"简要分析这则材料所体现的道家思想。

（3）小组合作，从以下两项作业中任选一项完成。

① 推荐一位道家的理想人，并为之作一幅速写，以演示文稿的形式呈现，不少于400字。

② 推荐一位"儒道融合"的理想人，并为之作一幅速写，以演示文稿的形式呈现，不少于400字。

8. 板书设计。

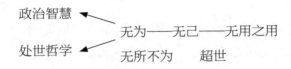

【课时五】墨子贵"兼"
——读《兼爱》

一、教学目标

1. 借助墨子"体爱""并爱""周爱"的概念，认识"兼爱"思想的内涵及其成因。

2. 梳理墨子"兼爱"思想的论证逻辑，品析墨子运用相近句式反复论说的语言风格。

3. 联系阅读经验、生活经验，探究"兼爱"思想实现的基础。

二、教学重点与难点

1. 理解墨子"兼爱"蕴含的爱人如己、爱无等差、普遍互爱等思想的内涵，分析"兼爱"思想的成因。

2. 从人性、社会制度等角度，探究"兼爱"思想实现的基础。

三、教学过程

1. 导入：大情境——回望中华文明的星空，发现诸子之"星光"。

《吕氏春秋·不二》曰："老聃贵柔，孔子贵仁，墨翟贵廉。"前几节课，我们认识了孔子之"仁"，又借助"无为"思想体悟了老子"为而不争"以守柔的智慧。今天，我们一起学习第六篇课文，认识墨子所推崇的"兼爱"思想所蕴含的光芒。

引入演示文稿补充材料：

老聃贵柔，孔子贵仁，墨翟贵廉。

（《吕氏春秋·不二》）

2. 讨论：什么是墨子所贵之"兼爱"？

学习活动：结合课文《兼爱》，概括墨子"兼爱"思想的内涵。

明确：

（1）爱人如己（"体爱"）。

课文第 3 段："若使天下兼相爱，爱人若爱其身……"即像爱自己身体的一部分那样去爱别人。

《墨子》中提到的"体爱"概念，可以帮助我们理解"兼爱"的含义，"体爱"就是体验自己去爱别人。人珍爱自己的身体和爱马不同。爱马是因为马可以骑，爱自己的身体则不同，比如：爱我的手，不是因为它对我有用，而是因为它就是我自己的一部分。而我的身体如果哪里痛了痒了，我会有感觉、会在意，但别人的痛痒我不会知道。墨子要求我们把别人当作自己身体的一部分去对待，其实就是要我们感同身受地去爱人，借宋明理学家的话说就是同体痛痒、同情共感。

引入演示文稿补充材料：

仁，体爱也。

（《墨子·经上》）

仁，爱己者非为用己也，不若爱马者。

（《墨子·经说上》）

（2）爱无等差（"并爱"）。

我们可以从字形上理解"兼爱"。"兼爱"的"兼"字是一个会意字，《说文解字》曰："兼，并也。从又持秝。兼持二禾，秉持一禾。"一只手并持"二禾"（两株麦穗），所以，"兼"是并，引申为同时。爱人若己，就是把自己和他人并列、等同起来看待，一视同仁。所以，"兼爱"即"并爱"，是一种等同之爱，是无等差的爱，这样的爱具有很强的包容性，是一种包容爱。

引入演示文稿补充材料：

兼，并也。从又持秝。兼持二禾，秉持一禾。

（许慎《说文解字》）

（3）普遍互爱（"周爱"）。

《墨子》在"体爱""并爱"以外，还提到了"周爱"。"周爱"确定了爱的范围，也可与"兼爱"互训，帮助我们更好地理解"兼爱"。"周爱"的"周"有"遍""全"之意，"爱人"必须做到尽爱天下之人（除盗人、暴人外）才为爱人，而不能尽爱人（即只要不爱一个人）就不算爱人。"兼爱"概念里面的爱人，实际上与"周爱"界定的范围是一致的，即要爱尽天下人。因此"兼爱"是一种普遍互爱，即普世爱。

引入演示文稿补充材料：

爱人，待周爱人，而后为爱人。不爱人，不待周不爱人……

（《墨子·小取》）

所谓兼爱，即指普遍互爱。

（劳思光《新编中国哲学史》）

……兼爱天下之博大也，譬之日月兼照天下之无有私也。

（《墨子·兼爱下》）

3. 讨论：墨子为何贵"兼爱"？

学习活动：结合历史背景、《墨子》中的相关论述，分析墨子提倡"兼爱"思想的原因。

明确：

（1）治世之方。

墨子生活在战国初期，"诸侯相征伐、相杀戮"，礼坏乐崩，"周文疲弊"（牟宗三语）。课文第1段，作者做了比喻，察乱而治国就好像医生察病因而对症下药一样。"兼爱"思想事实上是墨子基于"周文疲弊"的历史现状而提出的治世之方。

（2）"兴天下之利"。

《墨子》中，和"兼相爱"紧密相连的观点是"交相利"。在墨子看来，"爱"和"利"是一体的，犹如硬币的两面，互为表里，因此，墨子的"兼爱"是以现实功利为根基的。

辨析：墨子的"利爱"是不是功利主义？墨子提出的"交相利"，不是指只顾纯粹的个体的私利，而是指兼顾"我"与他人共同的利益，借用墨子自己的话说："仁人之事者，必务求兴天下之利，除天下之害。""利"是天下之大"利"，因此墨子崇尚功利，但并非崇尚功利主义。

引入演示文稿补充材料：

爱利不相为内外。

（《墨子·经说下》）

仁人之事者，必务求兴天下之利，除天下之害。

（《墨子·兼爱下》）

4. 梳理：墨子如何论证"兼爱"？

（1）学习活动：再读课文《兼爱》，尝试梳理作者论证"兼爱"思想的逻辑。

明确：

第1段中，墨子提出要实现天下大"治"，必须要察"乱（之所自起）"，墨子"兼爱"的语境是"治乱"，这是论述"兼爱"思想的大前提。

第2段，墨子认为一切"乱"之根源在于人与人之间互相冲突侵害，而冲突侵害又是因为不能互爱，因此，不相爱为"乱"之根源。而若要追溯不相爱的原因，借《墨子》的表述是"兼"的反面——"别"。区分人与我，就会产生自利、自爱，从而侵害他人，相互憎恶（"别相恶"）。因此墨子主张"兼以易别"，在人与人之间，用"兼"来替代"别"。

引入演示文稿补充材料：

分名乎天下恶人而贼人者，兼与？别与？即必曰别也。然即（则）之交别者，果生天下之大害者与？是故别非也。

（《墨子·兼爱下》）

是故子墨子曰："兼以易别。"

（《墨子·兼爱下》）

第3段，从反面论述如何实现"治"，正式提出"兼相爱"之说。第2段表明：不相爱导致"乱"；第3段表明："兼相爱"实现"治"。后者是前者的逆否命题。墨子是诸子之中重视逻辑论辩的一家，其"论辩逻辑"被称为"墨辩"，从课文第2段、第3段可以看出墨子的论证思路。

第4段，对前3段的论述进行总结。"兼相爱则治，交相恶则乱"，自然推出"禁恶劝爱"的结论。

引入演示文稿展示论证思路：

（必）

大前提：“治”天下 ◄──── 察“乱”

正　　　不相爱 ──► “乱”

反　　 “兼相爱” ──► “治”

结论　　 “禁恶劝爱”（“兼以易别”）

（2）学习活动：课文运用了大量反复、相近句式，细读第 2 段，分析作者运用反复、相近句式的原因。

引入演示文稿展示课文第 2 段的反复、相近句式：

当察乱何自起？起不相爱。

臣子之不孝君父，所谓乱也。

子自爱，不爱父，故亏父而自利；

弟自爱，不爱兄，故亏兄而自利；

臣自爱，不爱君，故亏君而自利。此所谓乱也。

虽父之不慈子，兄之不慈弟，君之不慈臣，此亦天下之所谓乱也。

父自爱也，不爱子，故亏子而自利；

兄自爱也，不爱弟，故亏弟而自利；

君自爱也，不爱臣，故亏臣而自利。

是何也？皆起不相爱。

虽至天下之为盗贼者，亦然。

盗爱其室，不爱异室，故窃异室以利其室；

贼爱其身，不爱人，故贼人以利其身。

此何也？皆起不相爱。

虽至大夫之相乱家、诸侯之相攻国者，亦然。

大夫各爱其家，不爱异家，故乱异家以利其家；

诸侯各爱其国，不爱异国，故攻异国以利其国。

天下之乱物，具此而已矣。

（《墨子·兼爱上》）

明确：（1）第 2 段述“乱”，论述各种“亏人而自利”的乱象。父子、君臣不慈不孝不忠，大夫相乱家，诸侯相攻国。（2）此种“反复”不是啰唆、繁复。层层递推，由社会最基础最内核的人伦关系（父子、君臣）往外推，推到社会层面的普通人的关系，再推到国家层面、天下层面的“大夫诸侯之乱"。这是墨子所处的战国时期这一大乱之世的写照，是"兼爱"思想提出的背景。

（3）落实文言字词"虽"，回答学生预习作业中对"虽"字注释的疑问。"虽"还原到语境中，解释为"推"更好。

引入演示文稿补充材料：

虽，推也。

（《玉篇》）

5. 交流：你对墨子的"兼爱"有怎样的回应？

学习活动：小组讨论，结合历史背景、自身经验，向先哲墨子写一封"穿越时空的信"，与他探讨你对"兼爱"思想的看法。整合小组成员意见，草拟提纲，派代表交流。

教师启发：有同学在预习作业中质疑，认为墨子并没有告诉我们怎么才能够实现"兼相爱"。你对墨子所论的"兼爱"有什么看法？如果有机会与作者墨子交流，你会与他探讨什么问题？

预设一：赞同——对当代人际关系的启示。

"兼爱"思想很伟大，对现代社会我们处理人际关系具有启示作用。当下人与人之间普遍处于一种不相爱的状态，社会上的人与人之间，哪怕是父子、夫妇、兄弟、朋友之间也普遍处于一种不信任的状态，其根源就是把自己、把自己的利益看得太重，把自己与他人区分得太清楚。如果能有一点墨子的"兼爱"精神，倡导"爱人若爱己身"，具有一种高度的同理心，与他人同情共感，也许就能使人与人之间建立普遍互信、互爱、互利的关系。

预设二：质疑——"兼爱"很难做到。

"兼爱"是一种要求极高的爱，实际上很难做到。人很难把自己与他人等同起来。首先，"兼爱"要求我们与他人同体痛痒、同情共感，像爱自己那样去爱他人，这基本上是不可能实现的；其次，"兼爱"要求我们建立一种爱无等差、普遍互爱的关系，这也是非常理想主义的，比如：我们不可能像爱自己的父母那样去爱一个陌生人。

预设三：探讨——"兼爱"如何实现？

是否可以结合诸子的学说，对"兼爱"实现的可能性进行论证？比如："兼相爱"的实现可以参考儒家的修身。人不相爱、"别相恶"，相互争斗、倾轧、猜忌，源于人"趋利避祸"、自私自利的天性，因此，可以借鉴荀子的路径"化性起伪",通过后天教化、修习,来限制人的欲望,使人从自私自利走向互利互爱。再如:光有道德修养还不够,要使人人"兼相爱",还要有一定的制度保障,比如从法律角度惩罚那些"贼人以自利"的行为。还可以形成有效的舆论监督机制,对那些损人的行为予以批评。

明确:

(1)从继承和发扬的角度看,墨子的"兼爱"是一种普世爱、包容爱,是一种高境界的爱,为当代人处理自己与他人之间的关系提供了一种参考。

(2)从质疑的视角看,墨子的"兼爱"确有理想主义之嫌。孟子曾经对墨子的"兼爱"思想提出批评,认为他要求的爱无等差,不合人情。

(3)还可以结合诸子学说补充墨子的观点。比如:从荀子的"化性起伪"思想中找到"兼爱"思想实现的价值基础,从法家思想以及后世舆论监督机制中探寻"兼爱"思想实现的制度保障。

6. 结语:大情境——发现、领受诸子之"星光"。

提问:通过今天的学习,我们发现了墨子怎样的"星光"呢?

明确:墨子所贵之"兼爱",是针对当时"周室衰微,诸侯相兼"的现状而提出的救世方案,闪现出"兴天下之利"的大爱的光辉。

7. 作业布置。

(1)设计一张"星光"卡片,结合本课时的学习,描述你所发现的墨家"星光"。

(2)整合课堂讨论的内容,向先哲墨子写一封"穿越时空的信",与他探讨实现"兼爱"思想的基础,不少于400字。

(3)在现实生活中,你是否能够做到墨子说的"兼爱"?请举实例做简要阐释。

8. 板书设计。

兴天下之利 利爱——兼爱 (交相利)	爱人如己 体爱 同体痛痒
	普遍互爱 周爱 普世爱
	爱无等差 并爱 包容爱

【课时六】"兼爱"何以成"绝响"
——儒、道、墨三家的"爱"

一、教学目标

1. 辨析儒、道、墨三家"爱"的思想的异同，认识三家"爱"的思想的内涵。

2. 探究儒、道、墨三家"爱"的思想的价值，认识墨子"兼爱"思想的当代意义。

二、教学重点与难点

1. 以墨家"兼爱"思想为参照，认识儒家"仁爱"、道家"大爱不爱"思想的内涵，辨析三家"爱"的思想的异同。

2. 联系现实，探讨三家"爱"的思想的价值，进一步认识墨子"兼爱"思想蕴含的博爱等精神的当代意义。

三、教学过程

1. 导入。

介绍背景：墨学在战国时期曾经是一门显学，秦汉之后，墨家式微。提出主问题：墨学何以成为当时显学？又何以由显学成为绝学？

2. 温故：回顾"兼爱"思想的内涵及成因。

活动一：复习概括"兼爱"思想的内涵，分析"兼爱"思想的成因。

提问一：什么是"兼爱"？

明确：爱人如己（"爱人若爱其身"）；爱无等差；普遍互爱（"周爱"）。

提问二：为什么要推行"兼爱"？

明确：

战国时期，诸侯相征伐，礼坏乐崩，墨子《兼爱》所述，正是这一大乱之世的写照，这也是墨子提出"兼爱"思想的背景。

"兼相爱，交相利"，是作者提出的救世方案，目的是"兴天下之利，除天下之害"。

启发思考："兼爱"思想为何会随着墨家一起式微，成为"绝响"呢？

3. 梳理：比较儒、道、墨三家"爱"的思想的异同。

活动二：借助课文所涉及的儒、道、墨三家的作品，对比三家在"爱"的问题上的不同理解。小组合作，以"兼爱"的特征为参考完成课堂学习任务单。

明确：（1）儒家之爱是"仁爱"，是有等差的爱，是从自己推到他人的爱，"利"和"爱"（义）是冲突的。（2）道家主张"无为"，主张"不爱""大爱不爱"，主张"无我""无利"，主张对世间万物"无所偏爱"。

4. 交流：儒、道、墨三家"爱"的思想有何价值？

活动三：小组讨论——模拟场景。假设我们在举行一场有关"爱"的演讲比赛，我们都是评审，儒、道、墨三家代表刚刚陈述完他们的观点，只能有一位代表胜出。现在是投票环节，你们会把手中的那一票投给谁？要求：客观、公正、理性；列出你投票的原因。

选票

请在你推荐的代表前的框内打钩。

☐ 儒　　　☐ 道　　　☐ 墨

推荐理由如下：

（1）统计投票情况。

（2）请学生说说选择的理由。

明确一：儒家主张以"复礼"为目标，建立规矩、秩序，以推己及人的方式处理人己关系，这是合情合理的。

明确二：道家主张"无为无所不为"、齐万物，本质上是"适己"的，蕴含着高妙的处世哲学，符合人的内在需求。

明确三：墨家的"兼爱"思想蕴含平等、博爱的精神，但实现起来有一些难度。

5. 研讨：墨家"兼爱"思想的当下意义。

活动四：墨子的思想是不是中华文明星空中的"流星"？小组讨论，草拟提纲，回答班级《知乎日报》中的提问，思考今天我们学习"兼爱"思想是否还有意义。

《知乎日报》提问：有人认为，墨家"兼爱"思想不合人情，难以实现，近乎空想。今天我们学习、讨论"兼爱"思想还有什么意义呢？

明确一："兼相爱"可作为一种终极目标而存在。

明确二：墨子本质上是"舍己"的，他不仅是"爱的倡导者"，而且是

"爱的行动者"。

明确三：继往圣之绝学——补充：近代墨学思潮的兴起，孙中山与鲁迅对墨家思想的价值重估。

6. 结语（发现、领受"星光"）。

明确：墨子的"兼爱"不是"流星"般的存在，而是如同恒星，自带光和热。当遮蔽去除，其万丈光芒终将"譬之日月兼照天下"。

7. 作业布置。

（1）设计一张"星光"卡片，结合本课时的学习，描述你所发现的诸子"星光"。

（2）有同学质疑："'兼爱'思想实际上是作为一种空想而存在的。那么，今天我们学习讨论'兼爱'思想还有什么意义呢？"以小组为单位，根据这一疑问编写一期《知乎日报》。

（3）整合课堂的讨论，从儒、道、墨三家"爱"的思想中择其一，写一篇"评审推荐词"，陈述你推荐这一思想的原因，不少于 500 字。

8. 板书设计。

显学——绝学

儒	道	墨
仁爱	大爱不爱	兼爱
克己	适己	舍己

四、教学实录

授课时间：2020 年 10 月 29 日下午。

授课班级：复旦附中 2022 届希德学院（11）班。

授课教师：石莉。

师：今天我们继续课本第二单元的学习。本单元以"先秦诸子散文阅读"为主题，选取了儒、道、墨三家的作品。相比儒、道两家，我们对墨家相对陌生。

（板书：墨）

师：事实上，墨家曾经是"百家争鸣"的星空中璀璨的星辰，有两则材料可以证明墨家曾经的辉煌。

引入演示文稿补充材料：

杨朱墨翟之言盈天下，天下之言，不归杨则归墨。

《孟子》

世之显学，儒墨也。儒之所至，孔丘也。墨之所至，墨翟也。

《韩非子·显学篇》

师：这两则材料至少可以证明，在孟子所处的战国中期、韩非子所处的战国末期，墨学是毋庸置疑的显学。

（板书：显学）

师：然而，墨家在历史上又是谜一样的存在，它曾经璀璨煊赫，却又如"流星"般划过，最后隐去了踪迹，汉代以后再无墨家。那么墨学何以成为当时显学，又何以由显学成为绝学？

（板书：绝学）

师：这个问题此前已有不少学者做了讨论。今天，我们可以从课文《兼爱》入手，走近墨子所处的历史文化环境，来尝试思考这个问题，也许我们会有自己的发现。

师：上节课，我们在梳理儒、道、墨三家基本思想的时候，已经对"兼爱"思想的内涵做了初步探讨，下面我们来回顾一下，什么是"兼爱"？

生1："兼爱"是一种有普世价值的爱，要求"爱人若爱其身"，是无等差的。

师：非常好，这名同学总结了"兼爱"的内涵。"兼爱"是一种普世爱，要求爱人如己，把他人视为自己的一部分，无等差地爱他人。

师：还有没有补充呢？

生2：墨子提出过"周爱"的概念，和"兼爱"的范围基本一致，要求人们尽爱天下之人。

师："兼爱"是一种普遍互爱，具有普适性。

生3："兼相爱"和"交相利"是一体的，不可分割，因此"兼爱"是"利爱"。

师：很好，墨子说"爱利不相为内外"，"爱"与"利"犹如硬币的正反两面，互为表里，是一致的。

师：那么，墨子为什么要推行"兼爱"呢？

生4：墨子所处的是战国时期，当时诸侯互相征伐，礼坏乐崩。墨子在《兼爱》中从最基础的人际关系——父子、兄弟、君臣往外推，推到社会层面的人际关系，再推到国家层面、天下层面的"大夫诸侯之乱"，而这些正是战国这一大乱之世的写照，也是墨子提出"兼爱"思想的背景。

师：墨子的"兼相爱，交相利"，是作者面临大乱之世而提出的救世方案，目的是"兴天下之利，除天下之害"。照理说，"兼爱"是一种极为崇高的理想，那么，它为何会随着墨家一起湮灭，成为"绝响"呢？

引入演示文稿补充材料：

仁人之事者，必务求兴天下之利，除天下之害。

（《墨子·兼爱下》）

师：要回答这个问题，我们需要一定的抓手。历史上，相比墨家如"流星"般的存在，本单元所选的儒家和道家可以算是恒星了。我们不妨做一个比较，结合本单元课文，对比三家在"爱"的问题上的不同理解，小组合作，完成课堂学习任务单。

引入演示文稿补充材料：任务单表格。

儒	道	墨
		"兼爱"
		爱无等差
		爱人如己
		"利爱"一致

师：同学们，我们要注意，课文中没有儒、道两家对"爱"的思想的直接论述，但是我们可以根据儒、道的核心思想来推知。

（学生讨论，完成任务单）

师：大家基本都完成任务单了，下面请各组同学来分享你们的理解。你们组能分享一下收获吗？

生5：孟子说"仁者，爱人"，儒家的爱是"仁爱"。

（板书：儒　仁爱）

师：儒家的"仁爱"有怎样的特征？

生5：课文《〈论语〉十二章》的第十章提到"克己复礼为仁"，儒家崇尚"礼"，"礼"的本质是差序、等级，因此儒家的"爱"是有等差的。

师：非常好，能联系到"克己复礼为仁"。"礼"体现以血缘为核心向外辐射的等级秩序，能使天下人各归其位，各守礼分。"仁爱"是有等差的。

师：那么，儒家的人己关系是怎样的？

生6：根据课文《〈论语〉十二章》的第十一章，孔子推行"恕"，"己所不欲，勿施于人"，君子能够设身处地推己及人。

师：总结得很好，儒家的人己关系是推己及人。那么，儒家的"利"和"爱"是怎样的关系呢？

生7：课文《〈论语〉十二章》的第四章提到"君子喻于义，小人喻于利"，因此"利"与"义"（"爱"）本质上是冲突的。

师：从刚才同学们的交流中，我们可以看到，儒家的"仁爱"是有等差的，是推己及人的爱，"利""义"是冲突的。

引入演示文稿补充材料：

克己复礼为仁。一日克己复礼，天下归仁焉。

《论语·颜渊》

子贡问曰："有一言而可以终身行之者乎？"子曰："其'恕'乎！己所不欲，勿施于人。"

《论语·卫灵公》

君子喻于义，小人喻于利。

《论语·里仁》

引入演示文稿补充材料：任务单表格。

儒	道	墨
"仁爱"		"兼爱"
爱有等差		爱无等差
推己及人		爱人如己
"利""义"冲突		"利爱"一致

师：那么，道家对"爱"是一种怎样的理解？

生8：道家的"爱"与老子"辅万物之自然而不敢为"的"无为"思想相联系，应该是一种"无为"之"爱"，也就是不刻意的"爱"。

师：非常好，道家在"无为"的语境下谈"爱"。老子说："大道废，有仁义。"庄子说："道之所以亏，爱之所以成。"在道家看来，"爱"并没有那么崇高，它是大道亏缺的产物。根据庄子"大仁不仁……"的表达，我们可以把道家的"爱"表述为什么？

生（齐答）："大爱不爱"。

（板书：大爱不爱）

师：那么，在道家思想中，人己关系是怎样的呢？

生9：课文《五石之瓠》中，庄子把自己与万物融合起来，道家所说的人己关系应该是等同的。

师：很好，这名同学联想到了课文《五石之瓠》。庄子为什么能发现大瓠的"无用之用"？很重要的原因就在于，他能把"我"融于万物，"万物与我为一"，因而能做到什么？

生9："无己"。

师：既然"无己"，也就无人。那么，道家所言"爱"的对象有无差别呢？

生（齐答）：没有等差。

师：老子说："天地不仁，以万物为刍狗。"刍狗是草扎的狗，是祭品。这里不是说天地残忍，而是说对所有事物都像对刍狗一样，用过丢弃在一边，一视同仁，"无所偏爱"。既然"无己无人""无所偏爱"，也就无所谓"利"和"义"了。

引入演示文稿补充材料：

是以圣人无为，故无败；无执，故无失。

《老子·第六十四章》

大道废，有仁义。

《老子·第十八章》

道之所以亏，爱之所以成。

《庄子·齐物论》

至人无己，神人无功，圣人无名。

《庄子·逍遥游》

天地不仁，以万物为刍狗。

《老子·第五章》

引入演示文稿补充材料：任务单表格。

儒	道	墨
"仁爱"	"大爱不爱"	"兼爱"
爱有等差	"无所偏爱"	爱无等差
推己及人	"无己无人"	爱人如己
"利""义"冲突	无利无义	"利爱"一致

师：通过比较，儒、道、墨三家对"爱"的理解非常清晰地呈现在了我们面前。下面让我们模拟一个场景。假设我们在举行一场有关"爱"的演讲比赛，我们都是评审，三家代表刚刚陈述完他们的观点，只能有一位代表胜出。现在是投票环节，你们会把手中的那一票投给谁？列出你投票的原因。评审之间可以讨论，但一定要有自己的立场。

（学生讨论）

师：下面我们做一项小调查。首先请选儒家的同学举一下手，人数还真不少；请选道家的同学举一下手，有十几名；请选墨家的同学举一下手，就一名。接下来，我们请同学交流一下投票的原因。

师：先请选儒家的同学来说说投票的理由。

生9：儒家的"仁爱"体现推己及人的"恕"。

师：还有没有同学能做补充？

生10：儒家崇尚"克己复礼"，"复礼"是建立社会秩序，使天下人"合理分"，而实现"复礼"的前提是"克己"，也就是个体能够约束自我，能推己及人，"推己"是从自身出发推到自己最亲近的人，层层外推。

师：儒家推己及人，这近乎涟漪效应，这样的递推是合情合理的，因而儒家的"克己"具有可操作性。

（板书：克己）

师：选道家的同学能说说自己投票的理由吗？

生11：道家"无为"，不是不为，而是不刻意为之，道家的"爱"是顺其自然，不刻意爱。

师：有没有具体的例子可以说明这一点呢？

生11：比如母亲对我们的爱，如果太过刻意，那就不是顺其自然，过度的爱往往会造成伤害。

师：还有没有同学补充为什么会选择道家？

生12：道家可以帮助我们在困境中做自我调整，古代的文学家在失意的时候往往运用道家思想，比如用庄子思想来做自我调和。

师：看来这名同学很懂道家，是庄子的知音。这里我想问大家一个问题。道家主张"无己"，取消"我"，把自己融于万物之中。道家的"无己"，是不是真的不爱自己？

生12：道家应该还是爱自己的吧，爱万物，自己也是万物的一个组成部分。

师：说得好！在《庄子》中，反复出现了那棵因其不材而得以尽享天年的大树，《庄子·逍遥游》中有，《庄子·人间世》中有，《庄子·山木》中又出现了，只是情况有所不同，这次有只大雁，因为不材（不会叫）而被主人烹煮了，弟子问庄子："先生将何处？"庄子笑着回答："周将处乎材与不材之间。"司马迁评庄子说："洸洋自恣以适己。"

引入演示文稿补充材料：

其言洸洋自恣以适己……

（司马迁《史记·老子韩非列传》）

弟子问于庄子曰："昨日山中之木，以不材得终其天年，今主人之雁，以不材死；先生将何处？"庄子笑曰："周将处乎材与不材之间……"

（《庄子·山木》）

（板书：适己）

师："适己"是"自适"，其实道家很爱自己，庄子的寓言背后大多有一个"适己"的逻辑。当诸子都在讲如何"治乱"的时候，庄子告诉我们如何自救与解脱，如何在乱世中、在困境中保全自我，安顿自己的心灵。这是一种境界很高的生存哲学，道家符合人的基本需求。

师：下面我们请唯一一名选墨家的同学来交流一下自己投票的理由。

生13："兼爱"体现了一种平等、博爱的精神，这种精神很伟大。

师：的确，我们可以从"兼爱"中读到平等、博爱，这正是我们所推崇的。那么，老师想问你一个问题，你能做到爱人如己吗？（生答：能。）父母生日，你能做到买一个蛋糕送上祝福吗？老师过生日，你能做到买一个蛋糕送上祝福吗？（生答：能。）全班同学过生日，你能做到买一个蛋糕送上祝福吗？（生答：能。）全校同学过生日，你能做到买一个蛋糕送上祝福吗？后面坐着听课的素不相识的老师过生日，你能做到吗？（笑声）你迟疑了，这说明"兼爱"实践起来真的有一定的难度！

师：这里涉及一个伦理问题。作为人，我们爱的能力是有限的，就好比蜡烛，我们是在有限的范围内发光发热，因此，在处理人际关系时，远近亲疏的考量是自然而然的。墨子要求我们对所有人都一视同仁，像太阳一样普照大地，这显然不符合人情、人性、伦理，孟子就批判说："杨氏为我，是无君也；墨氏兼爱，是无父也。无父无君，是禽兽也。"因此，墨家"爱"的星空很大，但只是空想，所以"兼爱"注定成为"绝响"！

引入演示文稿补充材料：

杨氏为我，是无君也；墨氏兼爱，是无父也。无父无君，是禽兽也。

（《孟子·滕文公下》）

师：正因为如此，预习时有同学质疑："'兼爱'思想实际上是作为一种空想而存在的。那么，今天我们学习讨论"兼爱"思想还有什么意义呢？"大家有没有注意到老师之前把墨子喻为"百家争鸣"星空下的"流星"。这里，我也想问大家一个问题：你们认同老师的这个比喻吗？墨子是不是中华文明星空中的"流星"呢？课后，我们要根据这一疑问编写一期《知乎日报》。下面，我们小组合作，草拟提纲，回答这一提问，并且思考墨子是否是"流星"。

（学生讨论）

师：各个小组都草拟好提纲了，下面我们一起来听听同学们的发现。

生14：我们小组的同学认为把墨子比作"流星"是有问题的，因为墨子本质上有着一种平等、博爱的精神。墨子理想主义，不现实，并不代表他没有存在的意义，我们现在常常说的一个词——"人类命运共同体"，我感觉它有点像墨子提倡的"兼爱"精神。我们要有一种理想、一种目标，这就像是我们前行的动力。

师：非常好！我们想到了"人类命运共同体"。"兼爱"是一种近乎宗教意义的博爱，虽然难以实现，但是可作为一种终极目标而存在。人类在前进过程中需要某种信仰、某种愿景作为支撑，因此我们不能否定其价值，墨家不是"流星"。还有没有别的小组做补充呢？

生15：我记得之前读到过一个关于墨子的故事，好像是鲁班造了云梯想要攻打一个国家，墨子听说了，立刻出发，以自己的力量阻止了战争。

师：你回忆起这个故事，能从中发现什么呢？

生15：我们感觉墨子提倡"兼爱"，而且能践行"兼爱"，以实现"非攻"思想。

师：这组同学联想到了墨子的事迹。纠正一下，公输盘（鲁班）为楚造了云梯来攻打宋国。墨子听说了，从鲁国出发，十天十夜，日夜兼程，赶到楚国，游说楚王，最终阻止了战争。墨子有这种"兴天下大利"的精神。可以说，墨子不仅是"爱的倡导者"，而且是"爱的行动者"，他身上有一种难能可贵的实干精神，终其一生，倾其所能，践行"兼爱"思想。

历史上，诸子对墨子的思想存有非议，但对他的人格却高度一致地予以好评，庄子说他是"天下求之不得的真好人"。孟子说他："摩顶放踵，利天下为之。"什么是"摩顶放踵"？就是从头到脚都擦伤了，还在为"兴天下之利"而奔忙。墨子本质上是"舍己"的，是自觉利他的。而围绕着墨子，形成了一个纪律严明、注重实干的武装团体，能为救世而"赴火蹈刃，死不旋踵"，因此墨家思想不应该是"流星"。

引入演示文稿补充材料：

墨子兼爱，摩顶放踵，利天下为之。

《孟子·尽心上》

墨子真天下之好也，将求之不得也，虽枯槁不舍也。

《庄子·天下》

墨子弟子服役百八十人，皆可使赴火蹈刃，死不旋踵，化之所致也。

《淮南子·泰族训》

（板书：舍己）

师：正因为如此，在"几千年未有之大变局"的近代，墨家在中华文明星空下再度熠熠生辉。孙中山高度肯定了"兼爱"的价值，将其提升到宗教高度，主张儒、墨兼用。鲁迅创作《故事新编》，力图从传统文化中找到启蒙的可能性。在《非攻》中，鲁迅还原了墨子"摩顶放踵""舍己"的形象，可以说，墨子最符合他所要寻找的"中国的脊梁"。

引入演示文稿补充材料：

古时最讲"爱"字的莫过于墨子。墨子所讲的兼爱，与耶稣所讲的博爱是一样的……依据儒家的精神，吸收墨家的精华、实践科学的精神。

（《孙中山选集》）

我们从古以来，就有埋头苦干的人，有拼命硬干的人，有为民请命的人，有舍身求法的人……这就是中国的脊梁。

（鲁迅《且介亭杂文·中国人失掉自信力了吗》）

师：又到了我们发现、领受"星光"的时刻了。同学们，通过今天的学习，我们发现了怎样的"星光"呢？

生16：我感觉墨子"兼爱"思想如同恒星一样，其中蕴含的平等、博爱的精神，闪耀着恒久的光芒。

生 17：墨子难能可贵的是，他是"爱"的实践者、行动者，这恰恰是我们所缺乏的。

生 18：我不仅发现了"兼爱"的理想之光，而且认识了儒家"仁爱"的光芒和道家"大爱不爱"之光，三家"爱"的"星光"能够昭示我们用爱去面对生活。

师：同学们都说得很好。墨子的"兼爱"绝不是"流星"般的存在，而是如同恒星，自带光和热，当乌云散去，其万丈光芒终将"譬之日月兼照天下"。我们在发现、领受墨家"兼爱"之"星光"的同时，也沐浴在儒家"仁爱"、道家"无为之爱"的光芒之中，三家"爱"的"星光"温暖、明亮了我们的心灵，指引着我们以一种更平和的方式与外部世界共处。

师：今天的课就到这里。课后我们完成三项作业，其一，设计一张"星光"卡片，结合本课时的学习，描述你所发现的诸子"星光"；其二，针对同学的疑问，以小组为单位，编写一期《知乎日报》；其三，整合课堂的讨论，从儒、道、墨三家"爱"的思想中择其一，写一篇"评审推荐词"，陈述你推荐这一思想的原因，不少于 500 字。好，下课，同学们再见！

【课时七】诸子为何这样"言说"
——取譬论说

一、教学目标

1. 结合单元文本，理解"辟"（"譬"）的概念。

2. 认识儒、道、墨三家取譬论说方式的特点，体会其中蕴含的"比类思维"。

3. 梳理儒、道、墨三家取譬论说所呈现的"物""理"关系、"事""理"关系，认识其取譬论说方式的个性。

二、教学重点与难点

1. 结合课文，梳理儒、道、墨三家的取譬论说方式，认识其共性。

2. 辨析儒、道两家取譬论说隐含的"比德""体道"之差异，认识墨家"取类"（"同类相推"）的论说方式。

三、教学过程

1. 导入：大情境——回望中华文明的星空，发现诸子之"星光"。

史学家吕思勉先生在《经子解题·论读子之法》中说："诸子之文，各有其面貌性情，彼此不能相假……"诸子文章迥异的面貌背后是由什么支撑的呢？前几个课时，我们回望了诸子"争鸣"的星空，发现、领受了儒、道、墨三家思想之"星光"，今天让我们换一个角度，看看儒、道、墨三家是如何表达思想的，探究诸子说理方式所蕴含的光芒。

2. 赏析：总结墨子论说的特点，认识取譬。

活动一：再读《兼爱》，总结墨子说理的特点。

预设：反复、相近句式、大量举例、正反对比（对比中有反复举例）。

明确：反复论说、大量举例。

启发思考：为什么墨子要以反复论说、大量举例的方式来组织论证？

明确：（1）加强语势：运用相近句式举例，形成排比的修辞效果，构成"毋庸置疑"的气势。（2）强化观点：从正反两个角度大量、反复举例，是对作者"禁恶劝爱"观点的强化。（3）层层递推：本文所举的例子之间有逻辑关联，从人伦关系最内核层层外推，由小及大、由近及远地呈现各个层面的"治乱"。（4）具体直观：借具体已知的事物说明抽象未知的概念。

补充"辟"（"譬"）之概念。

墨家"辟"（"譬"）的概念可概括其反复论说、大量举例的言说方式："辟也者，举他物而以明之也。"这就是"以其所知谕其所不知"，即用已知的事物来说明未知的其他事物或概念。"辟"即"譬"，取譬是先秦诸子论说思想的最常见的方式，是一个广义概念，举例、比喻、类比皆属于"辟"（"譬"）。

引入演示文稿补充材料：

辟也者，举他物而以明之也。

（《墨子·小取》）

惠子曰："夫说者固以其所知谕其所不知，而使人知之。"

（刘向《说苑·善说》）

3. 梳理：诸子取譬论说的方式及其共性。

活动二：本单元所选儒、道、墨三家主要以什么方式取譬说理？阅读课文，找出相关句子，各小组分工，合作填写课堂学习任务单。

教师点拨：

	方式 （取譬）	课文范例	表达效果
墨子	举例 类比	列举父子、兄弟、君臣等论证 "治乱"问题。 以"医之攻人之疾"类比"治国"	直观形象、强化观点、 形象生动、浅显易懂
孔子	类比	"譬如为山"（积土成山）	形象生动、浅显易懂
孟子	举例 比喻	"今人乍见孺子将入于井" "人之有是四端也，犹其有四体也" "若火之始然，泉之始达"	直观形象、浅近生动
老子	类比（举例） 比喻	"合抱之木，生于毫末……" "三十辐共一毂""埏埴以为器" "凿户牖以为室" "企者不立……曰余食赘行"	直观形象、浅近生动
庄子	寓言 譬喻 类比	"五石之瓠"（"不龟手之药"）	委婉含蓄、生动形象

小结：孔孟、老庄、墨子采取举例、比喻、类比等方式取譬论说，使道理直观形象、浅近生动、明白易懂。比喻、举例、类比都是现代修辞概念，我们借用这些概念来认识诸子的取譬论说。诸子论说时并没有那样的概念，因此，他们的取譬较为宽泛。

讨论：诸子的取譬论说方式有何共性？

明确：第一，相关、相类。在举例论说过程中，其一，观点与例子之间具有相关性；其二，例子与例子之间具有对等关联。第二，相似。"譬"（"譬喻"）事实上是一种"思想对象"与不同"类"事物的"相似性"联想，形成一种"异质同构"的联系。

引入演示文稿补充材料：

思想的对象同另外的事物有了类似点，文章上就用那另外的事物来比拟这思想的对象的，名叫譬喻。

（陈望道《修辞学发凡》）

小结：无论是比喻、举例还是类比，无一例外地都体现了诸子结合实际，借已知"同类""相似"的事物来论说抽象的事理，其中蕴含着人类最基本的"比类思维"，这是人认知世界、表达思想的最基本形式。

4. 探究：儒、道、墨三家取譬论说方式有怎样的个性？

活动三：小组合作，讨论诸子取譬论说方式呈现的个性，以图表的形式呈现。

教师点拨。

明确：（1）儒家、道家取譬主要呈现"物""理"关系；墨家大量列举生活中的人、事现象，主要呈现"事""理"关系。（2）诸子取譬明"理"，"理"不同，隐含的"物""理"关系、"事""理"关系也不同。

启发思考一：

孔孟和老庄取譬论说中隐含的"物""理"关系有何不同？小组讨论，结合文本做比较。

明确：

（1）"比德"（儒家）。

孔子、孟子善于从"物"中提炼出人的精神品质，以此阐明"仁"的价值。比如：孟子把火燃烧、泉涌出的现象与人扩充"善心"联系起来。荀子将这一过程称为"君子比德"，"比德"是儒家取譬论说的常用方式，是指将自然物象与人的精神品质联系起来，以阐明儒家对"仁爱""至善"境界的追求。

引入演示文稿补充材料：

将自然现象与人的精神品质联系起来，从自然景物的特征上体验到属于人的道德含义……

（胡家祥《审美学》）

夫玉者，君子比德焉。

（《荀子·法行》）

（2）"体道"（道家）。

老、庄追求超越万物、超越道德的"道"（自然规律）。道家取譬之目的是体会万物自然之"道"，"要在精神上与'道'为一体"，是"体道"的过程。

引入演示文稿补充材料：

直接体会，履行宇宙万物根本之道。

（张岱年《中国哲学大纲》）

老庄所建立的最高概念是"道"；他们的目的，是要在精神上与"道"为一体，亦即所谓"体道"……

（徐复观《中国艺术精神》）

启发思考二：比较儒、道两家在以下物象论说方式上的差异。

（1）"木"之意象。

儒	道
《论语》："岁寒，然后知松柏之后凋也。" 《孟子》："牛山之木尝美……" 《论语》："朽木不可雕也……"	《老子》："合抱之木，生于毫末……" 《庄子》："今子有大树，患其无用，何不树之于无何有之乡……"

（2）"粪土"之意象。

儒	道
《论语》："粪土之墙不可圬也……"	《庄子》："（道）在屎溺……"

明确：（1）儒家是以"道德"为标准取譬，以"松柏""牛山"之木为贵，比附君子高尚的品德，以"朽木""粪土"为贱，喻人之怠惰。（2）"道"生万物，因此，老庄认为物无所谓高低贵贱，"合抱之木"有"道"、"无用之木"有"道"，"道"甚至在最卑下的"屎溺"之中，"道"无所不在，万物皆有"道"。

启发思考三：从《兼爱》看，墨子的取譬论说是怎样呈现"事""理"关系的？

明确：《兼爱》中，墨子选取大量"同类""相似"的例证层层递推，推出自己的观点。"辟"成立之依据是"以类取，以类予"。"取"是选择，"予"即"推"，此句意为"同类相推"，即选取"同类"事物推演、证明、辩驳，而"取类"是墨子常用的论证方式。

引入演示文稿补充材料：

以类取，以类予。

（《墨子·小取》）

予："象以手推物付之"。

（许慎《说文解字》，段玉裁注）

墨家注重实践，富有科学精神，对数学（如几何）、力学（如机械运动）、光学（如小孔成像）等有所研究。墨家重视论辩过程中的逻辑推论，《墨子》中《大取》《小取》等六篇合称为《墨辩》。墨子结合实际，"取类"论证，层层递推，这样的论说方式与其重实践、重科学、重逻辑的精神是高度一致的。

要指出的是，先秦诸子之论说博大精深，诸子取譬亦是纷然杂陈，我们只是借前人所述的"比德""体道""取类"等概念来理解儒、道、墨三家取譬的主要特征。许多时候，"比德""取类"并非儒、墨两家论说的专属方式，在其他诸子的论述中也能看到。

5. 结语：大情境——发现、领受诸子之"星光"。

提问：这节课，我们发现了怎样的"星光"？能描述一下吗？

明确：我们发现了诸子文章迥异的"面貌性情"背后共通的"比类思维"之光，又认识到了儒、道、墨三家取譬论说方式的基本特征。"比德"体现了儒家对"仁爱""至善"境界的追求，"体道"蕴含着道家对自然宇宙的观照，"取类"则呈现出墨家对现实问题的关切，它们皆是诸子求善明理过程中自觉的追求，散发着璀璨绚丽的思想之光、艺术之光。

6. 作业布置。

（1）设计一张"星光"卡片，结合本课时的学习，描述你所发现的诸子"星光"。

（2）结合儒家"比德"、道家"体道"、墨家"取类"三种取譬论说方式，从先秦诸子散文中摘录四到五句名句，制成书签，分享给同学。

（3）深秋时节，公园中满树金黄的银杏叶开始掉落，引发了你怎样的思考？请从"比德""体道""取类"三种取譬论说方式中选择一种，尝试写一段文字。

7. 板书设计。

取譬论说	儒	比德
	道	体道
	墨	取类

【课时八】藉外论之，婉曲达意
——寓言论说

一、教学目标

1. 细读《五石之瓠》，认识寓言的文体特征，赏析寓言说理的表达效果，了解其形成、发展的时代背景。

2. 辨析孟子、墨子、庄子三家寓言说理的共性及个性，认识其艺术价值。

二、教学重点与难点

1. 结合阅读经验，认识寓言故事性、象喻性的文体特征，品析寓言说理形象生动、婉曲达意的表达效果。

2. 研读学习材料，比较、辨析儒、道、墨三家寓言说理的共性及个性，体会诸子寓言说理蕴含的审美追求。

三、教学过程

1. 导入：大情境——回望中华文明的星空，发现诸子之"星光"。

上节课，我们探索了诸子取譬论说蕴含的思想之光、艺术之光，不少同学关注到庄子取譬之特殊性，即借寓言形成譬喻以论说道理。庄子好用寓言。司马迁评《庄子》曰："其著书十余万言，大抵率寓言也。"从广义上看，《庄子》可称得上一部寓言故事集。今天，让我们再读《五石之瓠》，从寓言这一形式着手，进一步领略诸子取譬论说蕴含的"星光"。

2. 赏析：庄子是怎样运用寓言来说理的?

（1）活动一：寓言是一种怎样的文体？联系阅读经验，结合庄子《五石之瓠》《庖丁解牛》，概括中国古代寓言的要素，填写以下要素图。

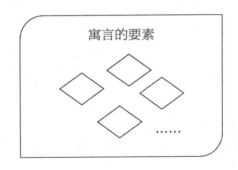

明确：

其一，故事性。

寓言记述一定情境中的故事，具有叙事性，有具体的人（或人格化的物），以及事件（情节），还有一定的情境（环境）。（如：《五石之瓠》中有宋人、吴王客等人物，有吴王客借"不龟手之药"而裂地封侯的情节，这一情节在春秋时期这一情境中发生。）

其二，象喻性。

"寓"即寄托，寓言把抽象的道理寄托在具体的故事之中，具有象喻意味，隐含"形象"思维过程。庄子最早提出寓言概念："寓言十九，藉外论之。"藉外论之就是不直说，寄之他物（具体的故事）来阐明道理。

叙事（故事）构成寓言的表层结构，称为喻体；象喻（所寄托的思想观念或所寓含的感情）构成寓言的深层结构，称为本体。

引入演示文稿补充材料：

寓言十九，藉外论之。

（《庄子·寓言》）

小结：寓言记述一定情境中的故事，借以寄托抽象的道理，具有故事性（完整的情节）和象喻性（寄托抽象的道理）。

寓言要素图参考：

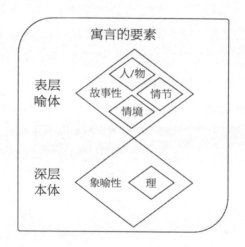

（2）赏析庄子怎样藉外论之。

小组合作，梳理《五石之瓠》这一寓言的喻体与本体，填写以下任务单。

任务单参考：

	《不龟手之药》（小故事）	类比	《五石之瓠》（大故事）
喻体	宋人：只能看到"药"的小用		惠子：只能看到"大瓠"的"无用"
	吴王客：能看到"药"背后的大用		庄子：能看到"大瓠"的"无用之用"
本体	转换看待事物的角度，才能发挥事物不同的价值（第一层）		
	摆脱物累，超越功利，抵达绝对自由（第二层）		

明确：

①《五石之瓠》是一个大故事套一个小故事，面对惠子的困惑，庄子讲了一个《不龟手之药》的小故事。

② 喻体：《不龟手之药》（小故事）——宋人只能看到"药"的小用，吴王客却看到"药"的大用。《五石之瓠》（大故事）——惠子认为五百多斤重的大葫芦"无用"，想要毁弃，庄子看到了大葫芦的"无用之用"，将之系于腰间浮于江湖。

③ 隐含类比：宋人类比惠子，吴王客类比庄子。这组类比仅体现在"转换角度认识事物"的层面上。然而，吴王客的以大用来换取功名利禄，本质上是世俗、功利的；庄子的"无用之用"是超越世俗功利的，本质是"无功于世"，摆脱物累，暗合绝对自由的逍遥境界，是一种超世的人生态度。

④ 庄子借助寓言故事设置了双层象喻，第一层，借"不龟手之药"喻"同一事物具不同作用"之理；第二层，通过庄子、惠子关于"五石之瓠"的论辩，寄托追求精神自由的超世态度。

3. 梳理：庄子为何借寓言说理？

活动二：模拟情境，假设惠子又向庄子发问：为何会选择"寓言十九，藉外论之"的方式来著述？如果你是庄子，你会怎么回答？小组讨论，尝试为庄子列出选择寓言说理的理由。

明确：

理由一：表达效果。

寓言体生动形象、委婉含蓄，具有婉曲达意的效果。战国时期世风沉浊，人怀偏见，因而庄子刻意不选择以庄严理性的论说正面阐释、直接表述思想的"庄语"，而是有意识地通过想象、虚拟的故事来委婉曲折地表达自己的哲思。

引入演示文稿补充材料：

以天下为沈浊，不可与庄语……以寓言为广。

（《庄子·天下》）

理由二：语体流变。

格言体是老子时代圣哲表达思想的主要语体。寓言说理是战国时期诸子普遍选择的说理方式。从格言到寓言，是散文语体发展流变的结果。

战国时期，诸子百家为探寻"治道"展开了更为激烈的学术"争鸣"，因此，不约而同地选择扩大论说容量，由简趋繁。与此同时，叙事文学也日渐发展。在那样的时代背景下，寓言形象生动、富于趣味，成为战国时期诸子论说的重要选择。除庄子之外，墨子、孟子等都是讲寓言的高手。

4. 研讨：庄子寓言在先秦诸子寓言中呈现出怎样的个性面貌？

活动三：阅读拓展材料，结合寓言的文体特征，辨析墨子、庄子、孟子寓言的共性以及个性表达。小组合作，完成课堂学习任务单，小组派代表进行交流。

本单元节选作品中涉及寓言的选段不多，但若把节选语段还原至篇章之中，我们就能看到不少寓言。我们在预习作业中已经阅读了这些寓言故事，为它们拟了标题。

引入演示文稿补充材料：

《揠苗助长》

（出自《孟子·公孙丑上》）

《晋文公好恶衣》《楚王好细腰》《越王好勇士》

（出自《墨子·兼爱中》）

《鲲鹏化鸟》《越俎代庖》《姑射神人》

（出自《庄子·逍遥游》）

诸子寓言比较表：

	异			同
	寓言之喻体	寓言之本体	寓言之情境	
庄子				
墨子				
孟子				

教师点拨：

（1）共性：其一，均符合寓言特征，具有故事性和象喻性，存在于特定的情境之中，是诸子思想的载体。其二，不少寓言出现在对话之中，运用对话体说理。

（2）差异：其一，寓言之喻体（故事）。选文中，墨子、孟子的寓言以历史、现实故事为主；庄子的故事更为多样，不仅基于历史、现实，还涉及神话传说。其二，寓言之本体（寓意所指）。思想的差异导致寓言本体指向之不同。孟子借以论说由"仁"行"义"、墨子借以探讨如何实现"兼爱"，两者指向伦理与"治道"；庄子借以表达绝对自由的逍遥境界，指向人生哲学。其三，寓言之情境（寓言镶嵌在一定情境之中）。

引入演示文稿补充材料：

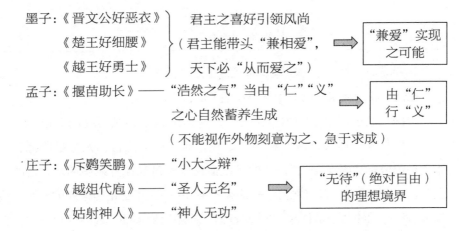

墨子、孟子的情境是实在的，历史、现实等特定情境构成了寓言的背景，读者能较为容易地把握墨子、孟子寓言的本体。庄子的情境是流转变化的，《庄子·逍遥游》中，庄子没有像墨子、孟子那样给出特定的情境，他的情境是在现实与虚幻中切换的，可谓"虚实相生"。

引入演示文稿补充材料：

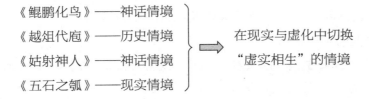

此外，《庄子·逍遥游》中寓言套着寓言，单个寓言有着各自的语义，然而寓言的排列、组合，又造成种种歧义，读者很难直接找到这个寓言群的本体。从这一点来看，庄子的寓言和其他诸子的寓言像是两种完全不同的言说方式。

诸子寓言比较表参考：

	异			同
	寓言之喻体	寓言之本体	寓言之情境	
庄子	历史、现实、神话传说之人物与动物	"自由"之境界，人生哲学	在现实与虚幻之间流转、变化	故事性 象喻性 情境性 对话体
墨子	历史、现实之人物	"兼爱"之实现，"治道"	现实	
孟子	历史、现实之人物	由"仁"行"义"，修身，"治道"	现实	

5. 结语：大情境——发现、领受诸子之"星光"。

提问：我们从儒、道、墨三家及诸子寓言中发现了怎样的"星光"呢？

明确：孟子、墨子的寓言，无论是喻体的设定还是语境选择都偏于实际，关切现实、社会，闪现着理性之光。而庄子的寓言，无论是喻体、本体还是语境均"虚实相生"，我们可以借庄子的自我评价来理解其寓言的特点——"谬悠之说，荒唐之言，无端崖之辞"——庄子正是用这样的言说方式来承载自己"独与天地往来""敖倪万物"的超世精神的。他借助寓言，自觉地将哲理形象化、艺术化，使内容与形式完美地融合在一起，闪耀着诗性的光芒。

墨子、孟子、庄子之后，《韩非子》《吕氏春秋》《战国策》等进一步完善寓言说理，使其"星光"更为璀璨，也照亮了后世的叙事文学。小说（比如我们上学期所学的蒲松龄的《促织》、曹雪芹的《红楼梦》、鲁迅的《祝福》……）从本质上说不就是"扩大化""复杂化"的寓言吗？如果同学们感兴趣，可以借助寓言之"星光"对相关叙事文学做进一步研习。

引入演示文稿补充材料：

谬悠之说，荒唐之言，无端崖之辞……独与天地精神往来，而不敖倪于万物。

（《庄子·天下》）

6. 作业布置。

（1）设计一张"星光"卡片，结合本课时的学习，描述你所发现的诸子"星光"。

（2）阅读先秦诸子寓言，仿写一则寓言故事，400 字左右。

（3）在以下两项作业中任选一项完成。

① 小组合作，结合寓言的文体特征，从《韩非子》《吕氏春秋》《战国策》

中选一部作品，简要评析其寓言的艺术价值，制成文学阅读卡片。

② 小组合作，选一部小说，分析其中所蕴含的寓言要素，制成文学阅读卡片。

7. 板书设计。

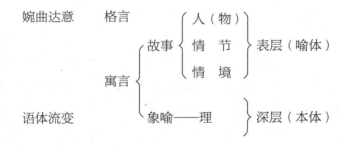

8. 先秦诸子寓言选读（预习作业）。

墨子寓言

然而今天下之士君子曰："然，乃若兼则善矣。虽然，天下之难物于故也。"

子墨子言曰："天下之士君子，特不识其利、辩其故也。今若夫攻城野战，杀身为名，此天下百姓之所皆难也。若君说之，则士众能为之。况于兼相爱、交相利，则与此异。夫爱人者，人必从而爱之；利人者，人必从而利之；恶人者，人必从而恶之；害人者，人必从而害之。此何难之有？特上弗以为政，士不以为行故也。"

昔者晋文公好士之恶衣，故文公之臣，皆牂羊之裘，韦以带剑，练帛之冠，入以见于君，出以践于朝。是其故何也？君说之，故臣为之也。昔者楚灵王好士细要，故灵王之臣皆以一饭为节，胁息然后带，扶墙然后起。比期年，朝有黧黑之色。是其故何也？君说之，故臣能之也。昔越王勾践好士之勇，教驯其臣，和合之，焚舟失火，试其士曰："越国之宝尽在此！"越王亲自鼓其士而进之。士闻鼓音，破碎乱行，蹈火而死者，左右百人有余。越王击金而退之。

是故子墨子言曰："乃若夫少食、恶衣，杀身而为名，此天下百姓之所皆难也。若苟君说之，则众能为之。况兼相爱、交相利，与此异矣。夫爱人者，人亦从而爱之；利人者，人亦从而利之；恶人者，人亦从而恶之；害人者，人亦从而害之。此何难之有焉？特上不以为政，而士不以为行故也。"

（选自《墨子·兼爱中》）

孟子寓言

（公孙丑问）："敢问夫子恶乎长？"

（孟子）曰："我知言，我善养吾浩然之气。"

"敢问何谓浩然之气？"

曰："难言也。其为气也，至大至刚，以直养而无害，则塞于天地之间。其为气也，配义与道；无是，馁也。是集义所生者，非义袭而取之也。行有不慊于心，则馁矣。我故曰，告子未尝知义，以其外之也。必有事焉，而勿正，心勿忘，勿助长也。无若宋人然：宋人有闵其苗之不长而揠之者，芒芒然归。谓其人曰：'今日病矣！予助苗长矣！'其子趋而往视之，苗则槁矣。天下之不助苗长者寡矣。以为无益而舍之者，不耘苗者也；助之长者，揠苗者也——非徒无益，而又害之。"

（选自《孟子·公孙丑上》）

庄子寓言

北冥有鱼，其名为鲲。鲲之大，不知其几千里也。化而为鸟，其名为鹏。鹏之背，不知其几千里也。怒而飞，其翼若垂天之云。是鸟也，海运则将徙于南冥。南冥者，天池也。

蜩与学鸠笑之曰："我决起而飞，抢榆枋而止，时则不至而控于地而已矣，奚以之九万里而南为？"适莽苍者，三飡而反，腹犹果然；适百里者，宿舂粮；适千里者，三月聚粮。之二虫又何知！

尧让天下于许由，曰："日月出矣，而爝火不息，其于光也，不亦难乎！时雨降矣，而犹浸灌，其于泽也，不亦劳乎！夫子立而天下治，而我犹尸之，吾自视缺然。请致天下。"

许由曰："子治天下，天下既已治也，而我犹代子，吾将为名乎？名者，实之宾也，吾将为宾乎？鹪鹩巢于深林，不过一枝；偃鼠饮河，不过满腹。归休乎君，予无所用天下为！庖人虽不治庖，尸祝不越樽俎而代之矣。"

肩吾问于连叔曰："吾闻言于接舆，大而无当，往而不返。吾惊怖其言犹河汉而无极也。大有径庭，不近人情焉。"

连叔曰："其言谓何哉？"

"曰：'藐姑射之山，有神人居焉。肌肤若冰雪，淖约若处子；不食五谷，吸风饮露；乘云气，御飞龙，而游乎四海之外。其神凝，使物不疵疠而年谷熟。'吾以是狂而不信也。"

连叔曰："然。瞽者无以与乎文章之观，聋者无以与乎钟鼓之声。岂惟形骸有聋盲哉？夫知亦有之！是其言也，犹时女也。之人也，之德也，将磅礴万物以为一，世蕲乎乱，孰弊弊焉以天下为事！之人也，物莫之伤，大浸稽天而不溺，大旱金石流、土山焦而不热。是其尘垢秕糠，将犹陶铸尧舜者也，孰肯以物为事！"

（选自《庄子·逍遥游》）

思考题：

（1）以上选段，写了哪些寓言故事？请根据故事情节添加标题。

（2）墨子借以上寓言说明了什么道理？

（3）《孟子》中《揠苗助长》这个寓言说明了什么道理？

（4）结合课文《五石之瓠》和以上寓言片段，简要分析孟子、墨子、庄子寓言说理的差异。

【课时九】《从儒、道、墨之"爱"说当下"爱的教育"》
单元贯通写作与讲评

一、教学目标

1. 分析学生单元贯通写作中的典型问题，让学生明确单元贯通写作的要求，认识单元贯通写作的意义。

2. 通过单元贯通写作指导，引导学生进一步明确审题、立意的要义。

3. 让学生理解儒、道、墨三家"爱"的核心思想，反思当下"爱的教育"存在的问题，形成对"爱"的自觉认知。

二、教学重点与难点

1. 分析学生单元贯通写作中的典型问题，让学生进一步明确审题、立意的要义，认识单元贯通写作的意义。

2. 评析儒、道、墨三家"爱"的观点所蕴含的道理，让学生理解儒、道、墨三家"爱"的核心思想。

3. 让学生以"儒、道、墨之'爱'"为参照，反思当下"爱的教育"存在的问题，实现"儒、道、墨之'爱'"的内化。

三、教学过程

1. 导入。

在本单元的学习过程中，我们曾一起发现并领受了儒、道、墨三家"爱"的"星光"，以《从儒、道、墨之"爱"说当下"爱的教育"》为题，写了单元贯通作文，今天我们对本次单元贯通作文进行点评与分享。

2. 讨论：本次单元贯通写作反映出的典型问题。

（1）活动一：预习作业交流——阅读示例文，找出文章值得改进之处，做简要批注，并提出修改建议。

明确：其一，审题不清。忽视题目中"当下'爱的教育'"，用大量篇幅写"儒、道、墨之'爱'"，只在开头或结尾处一笔带过"当下'爱的教育'"，做简单回应。

启发思考：如何对"从儒、道、墨之'爱'说当下'爱的教育'"进行审题？

引入演示文稿展示审题要义：

审题，就是要抓住关键，弄清题旨。要善于抓住题干或给定材料中的关键字句，筛选有价值的信息，推敲琢磨，提炼归纳，把握命题者的意图……

（选择性必修上册第 42 页《审题与立意》）

本题目涉及两个关键问题：一个是"儒、道、墨之'爱'"，一个是"当下'爱的教育'"。思考"儒、道、墨之'爱'"的目的是更好地认识"当下'爱的教育'"，本次单元贯通写作的关键是揭示两者的关系。

其二，结构不明（逻辑不清）。

简化处理单元贯通写作，只是把与单元贯通主题相关的课文思想内容罗列出来，分别评析儒家的"仁爱"、墨家的"兼爱"、道家的"大爱不爱"，而缺乏有效的逻辑链，无法将不同类型、不同特点的儒、道、墨之"爱"串联起来，使文章结构平面化。

其三，立意浮泛。

文章立意较浮泛空洞。许多同学的文章的立意是"儒、道、墨之'爱'具有价值，给我们人生以启迪，教会我们如何去爱"。"儒、道、墨之'爱'"和"爱的教育"原本就是一个泛化的问题，对于大问题，在立意上就不能"泛泛而论"，而是要有具体的"小切口"。对"儒、道、墨之'爱'"对"当下'爱的教育'"具有怎样的指示意义，要给出具体、明确的答案。

引入演示文稿展示立意要义：

立意应当具体、明确，不能大而化之，泛泛而论……选定一个角度或划定某个范围（如"实现中华民族伟大复兴，也要从当下具体的事情做起"），小切口，深挖掘，从特定的题材中体现主旨，才更容易谈得具体、深入。

（选择性必修上册第42页《审题与立意》）

小结：以上是本次单元贯通写作普遍呈现的问题，其中较为根本的是审题问题。审题不清，忽略了"当下'爱的教育'"，导致不少同学纯粹是梳理、罗列"儒、道、墨之'爱'"的观点，产生结构问题和立意问题。因此审题是写好作文的第一步。

（2）回顾：单元贯通写作要求。

明确：单元贯通写作的三个层次。

第一层：贯通文本之核心（言之有据、言之有理）。

择取贴合主题的课文内容作为论据，再分析所选论据的核心思想，建立文本核心思想间的联系。

第二层：贯通经典与"我"（言之有"我"）。

结合主题，联结经典与当下的"我"，运用文本核心思想反思当下的"我"所面临的问题，指示人生、提升生命境界。

第三层：贯通文章之表达（言之有序）。

基于对文本核心思想的贯通理解，确立"中心"（主旨），有逻辑、有层次地组织表达，贯通文气。

小结：单元贯通写作的三个层次，第一层是知识的归纳；第二层是知识的内化；第三层是写作，即知识的输出。对知识的归纳、内化，是实现有效输出的前提。因此，接下来，我们主要结合此次单元贯通写作主题，对贯通的前两个层次进行讨论，帮助我们更好地立意、谋篇，实现文气的贯通。

3. 讨论：如何从"据"（单元文本）中提炼"理"？

活动二：比较学生作文语段（示例片段一、示例片段二），小组讨论，说说哪个语段更符合单元贯通写作的要求。

演示文稿展示。

示例片段一：

儒家之爱即"仁爱"，弟子樊迟曾经向孔子请教"何为仁"，孔子的回答就两个字："爱人。"什么是"仁爱"呢？我们来看看孔子自己是怎么解释的。子贡问曰："有一言而可终身行之者乎？"子曰："其'恕'乎！己所不欲，勿施于人。"后来弟子子贡对孔子的话有所发挥，说："夫仁者，己欲立而立人，己欲达而达人。"能够做到"己所不欲，勿施于人""己欲立而立人，己欲达而达人"，也自然能做到"爱人"了。

示例片段二：

孔子曰："仁者，爱人。"儒家之爱一言以蔽之，曰"仁爱"。"仁爱"的核心又体现在孔子"一以贯之"的"忠恕"之道中。何为"恕"？孔子说："己所不欲，勿施于人。"要求我们推己及人，以己度人，设身处地地待人。何为"忠"？朱子的解释是："尽己之为忠。"也就是尽力做好自己，尽力成就他人。"己欲立而立人，己欲达而达人"，儒家之"仁爱"的本质是具有同理心和同情心。

明确：示例片段二较符合单元贯通写作要求。贯通的第一步就是结合主题在"据"（单元文本）中提炼"理"。示例片段一，主要引用《论语》中关于"仁"的论断来解释"仁爱"，然而并没有解释"仁爱"的内涵，分析儒家"仁爱"所蕴含之理。示例片段二，能够准确定位单元学习内容，结合"忠恕"的内涵，揭示儒家"仁"的意义——设身处地、推己及人、尽己为人。

启发思考：尝试提炼道家"大爱不爱"、墨家"兼爱"蕴含的道理。

明确：①道家之"大爱不爱"：与"无为"思想贯通，顺万物之自然，不刻意去爱。②墨家之"兼爱"：平等、无私之博爱精神。

启发思考：贯通儒、道、墨三家"爱"的核心思想，提炼其共性。

明确：儒、道、墨之"爱"的提出源于共同的社会背景：都是为了应对"周文疲弊"（牟宗三语）的问题。落实到现实中，首先就要处理好"我"（主体）与他者（客体）之间的关系，从而消除社会矛盾，实现和谐。无论何种爱的方式，都为人抵达幸福提供了切实的路径，是为大爱。

4. 讨论：如何联结经典与当下之"我"？（如何从"儒、道、墨之'爱'"来看"当下'爱的教育'"？）

（1）界定："当下'爱的教育'"。

明确：①什么是"当下'爱的教育'"？当今社会、学校对于人（成人、儿童）的"爱"（处理好"我"与他者的关系）的意识与能力的引导与培养。②"当下'爱的教育'"有哪些内容？

爱他者——普世之爱（具有人类意识的大爱与博爱）。

民族国家之爱（民族认同感）。

个体之爱（如：爱父母、子女、亲友、师长……）。

自然之爱（热爱自然、尊重自然、回归自然）。

爱自我——珍视自我价值（彰显个体的价值）。

（2）活动三：小组讨论，以"儒、道、墨之'爱'"为参照，联系现实，思考"当下'爱的教育'"存在哪些问题。填写课堂学习任务单。

当下"爱的教育"之反思

一、当下"爱的教育"存在以下问题：

二、可参照的儒、道、墨之"爱"的相关思想如下：

预设一：

当下"爱的教育"之反思

一、当下"爱的教育"存在以下问题：
学校缺乏爱的教育，更重视成绩，忽视情感的培育。

二、可参照的儒、道、墨之"爱"的相关思想如下：
儒家将学习视作修身，"格物致知"是为"诚意正心"打基础，是修身。

明确："爱的教育"的匮乏。

当下学校教育存在的问题：有德育，但本质上，重视智育而忽略德育，重视知识的习得而忽视情感的培育、熏陶。

参照"儒、道、墨之'爱'"：儒家将学习与修身同构，君子为学以成"仁"，修"仁心"以行"仁行"。

预设二：

当下"爱的教育"之反思

一、当下"爱的教育"存在以下问题：
忽视自然之爱，人自视为万物之灵长，不断索取，产生种种环境问题。

二、可参照的儒、道、墨之"爱"的相关思想如下：
老子"辅万物之自然而不敢为"；庄子"万物与我为一"。

明确：对自然之爱的忽略。

人将自然视作异己的存在，与自然处于一种对立关系，不断攫取，造成种种环境问题、自然灾害。比如：大量工业污染排放，形成雾霾，使新鲜空气成为城市人的奢侈品；捕杀野生动物，破坏生物链，影响自然生态的平衡。除了攫取自然，我们还攫取自我。当下一些父母对子女爱得太深，忧之太勤，管束太多，灌输太多，过度的爱往往会造成一定的伤害，因此，仍然需要"爱的教育"让我们学会怎样适度地爱。

参照"儒、道、墨之'爱'"：老子主张"无为"。"辅万物之自然而不敢为"，是顺其自然而为。道家的"爱"也符合"无为"思想，是顺其自然，不刻意爱。道家的"无为"、不爱背后是一种对自然万物的大爱。

预设三：

当下"爱的教育"之反思

一、当下"爱的教育"存在以下问题：

当代人以自我为中心，行利己主义，形成非理性的竞争。

二、可参照的儒、道、墨之"爱"的相关思想如下：

儒家"克己复礼""恕"；墨家"兼爱天下"（博爱）。

明确：自我之爱过度彰显。

当代人将自我的价值、自我的利益置于首位，将他人的价值、利益置于对立面，使人与人处于一种竞争关系中，而非理性的竞争将产生巨大的社会压力。

参照"儒、道、墨之'爱'"：儒家强调心中有他人，设身处地想他人所想，做到"克己"，进而成就他人，推而广之，齐家、治国、平天下。墨子"摩顶放踵，利天下而为之"，强调舍己为人，力求通过人人平等相爱的方式，实现"人类命运共同体"，是为大爱。

（3）总结：儒、道、墨之"爱"对"我"的"爱的教育"的启示。

明确：从忽略到重视，从自我到他者，从刻意到自然，从小爱到大爱。

引入演示文稿展示学生作文片段：

在认识、领受三家思想"星光"的过程中，我们发现其中最璀璨的光芒是"爱"。当我们借着两千多年前先秦诸子"爱"的"星光"，观照当代人所缺失的"爱"的教育，在省察与追问之中，我们实现了"爱"之意识的觉醒、

"爱"之认识的升华、"爱"之能力的完善。如此，诸子之"爱"不再仅仅是课本上那一句句格言、金句，而是真真切切地转化为我们生命的光亮与温度。

（摘自学生习作）

教师启发：大情境——发现、领受诸子之"星光"。

当我们把"儒、道、墨之'爱'"置于当下的情境中进行反思，我们对于"爱的教育"就有了具体、深刻的认知，儒、道、墨之"爱"的"星光"也内化为我们生命的一部分。

而我们刚才讨论的任何一个角度是不是都可以作为立意来组织文章？当我们落实单元贯通写作的前两个层次后，第三层次的文气贯通就水到渠成了。

5. 结语：反思单元贯通写作的意义和价值。

我们为什么要开展单元贯通写作？是不是为了提升写作能力？是，但又不完全是。我们借助写作，对单元学习内容做了归纳与整合，又让知识与当下的"我"融会贯通，亦使经典得到创造性的继承与转化。而在此过程中，我们的写作能力也在潜移默化中得到提升。

6. 作业布置。

（1）设计一张"星光"卡片，结合本课时的学习，描述你所发现的儒、道、墨之"爱"的"星光"。

（2）根据课堂的讨论，重新确定立意，梳理论证逻辑，选择适切的论据，对单元贯通作文进行修改。

7. 板书设计。

	文本思想	归纳
贯通	经典与我	内化
	文章表达	输出

缺失

攫取	无为	自然而为
为我	兼爱	让利于人
无人	仁爱	有己有人

【课时十】从儒、道、墨"争鸣"看当下"人之价值"重构

一、教学目标

1. 梳理、比较先秦儒、道、墨三家的核心思想，认识三家诸子对"人之价值"的理解。

2. 反思儒、道、墨三家对"人之价值"的发现，认识个体价值与群体价值的关系。

3. 通过对儒、道、墨三家"人之价值"观念的思辨，形成以创造性转化的态度传承中华传统文化的自觉。

二、教学重点与难点

1. 结合单元课文，梳理儒、道、墨三家对"人之价值"的发现。

2. 参照西方"人本"思想、"五四"个性解放精神，结合当今时代，反思儒、道、墨三家"人之价值"的观念，在对群己关系的深入认识中，重构"人之价值"。

三、教学过程

1. 导入：大情境——回望中华文明的星空，发现诸子之"星光"。

借助本单元的学习，我们回望了"百家争鸣"的星空，领受了儒、道、墨三家核心思想、表达艺术的"星光"。这节课，让我们尝试以一种更为思辨的方式，再一次分析、审视儒、道、墨三家核心思想的光芒。

2. 梳理：先秦儒、道、墨三家思想的"争鸣"。

活动一：预习任务展示交流——以小组为单位，结合本单元所选儒、道、墨三家核心思想，查阅相关资料，摘录、概括相关诸子论辩的重要观点，对儒、道、墨三家思想的"争鸣"做梳理。

预习任务展示：儒、道、墨三家诸子核心思想相互"争鸣"的观点。

明确：（1）诸子思想建构的基础：在质疑、交锋之中，儒、道、墨三家思想得以彰显、建构。（2）生成自由思想的土壤：从广义上说，因"争鸣"形成的自由论争的学术空气，是诸子思想生成的土壤，铸就了中国思想的黄金时代。

3. 辨析：儒、道、墨三家在"争鸣"中对"人之价值"的发现有何不同？

儒、道、墨三家在"周文疲弊"的背景下，通过"争鸣"探索重建社会秩序的良方，同时也为人如何安置自我、实现自我价值提供了各种可能性。

活动二：儒、道、墨三家在"争鸣"中，对"人之价值"的发现有何不同？结合课文，参考儒、道、墨三家"争鸣"的主要观点，以小组为单位，

填写学习任务单。

	儒	道	墨
非儒		非"仁义礼乐"("有为") "大道废，有仁义"。(《老子·第十八章》) "夫礼者，忠信之薄，而乱之首。"(《老子·第三十八章》)	非"亲亲尊尊"(等差) 《墨子》十论与儒家主张针锋相对
非道	非"无为" 重视天道，忽视人为 "庄子蔽于天而不知人。"(《荀子·解蔽》)		重"实利"、积极"有为"，与道家"无为"相对立
非墨	非"去等差""乱人伦" "墨氏兼爱，是无父也。无父无君，是禽兽也。"(《孟子·滕文公下》) "墨子蔽于用而不知文……内以自乱，外以惑人……"(《荀子·解蔽》)	非其"不合人情" "其生也勤，其死也薄……其行难为也。……反天下之心，天下不堪。墨子虽独能任，奈天下何!"(《庄子·天下》)	

任务表格参考：人怎样实现价值？

	儒	道	墨
主要思想	"克己复礼为仁"	"道法自然"	"兼相爱"
人生态度	"有为" (修身、齐家、治国、平天下)	"无为" ("辅万物之自然而不敢为")("无己")	"有为" ("兴天下之利")
价值属性	人的社会性	人的自然性	人的社会性

　　明确：（1）儒家："克己复礼为仁"，推崇建功立业、积极"有为"，人的价值在社会价值中得以彰显。（2）道家："道法自然"，主张"无为"，肯定人的自然性，人的价值在顺应自然（顺天致性）中得以彰显。（3）墨家：主张"兼相爱"以"兴天下之利"，同样强调作为，强调人的社会性。

　　4. 讨论：儒、道、墨三家"人之价值"的当代"争鸣"。

　　教师启发：进入 21 世纪，中国人的思想观念、人际关系……都发生了更为深刻的变化，有不少学者认为，当代中国进入了一个"价值重构"的时代。

　　活动三：模拟情境。假设我们正在召开一场"现代语境下先秦儒、道、墨思想研讨会"，小组合作，选择其中一家，草拟一份提案，对其发现的"人之价值"提出疑问。

预设一：

非儒提案

一、本提案对儒家所发现的"人之价值"存有疑问，理由如下：

1. 儒家强调"复礼"，"礼"是差序等级。人与人不平等。

2. 强调人的社会价值，对个体价值关注不够。

二、针对以上疑问，我方提出如下观点及方案：

建立更平等的人际关系。

明确：（1）儒家崇尚"礼"，人与人之间被置于差序的结构之中，人被置于一种强有力的控制之中。（2）特别强调人的社会属性、人对社会的作用，对个体的关注不够，有压抑个体之嫌。

预设二：

非道提案

一、本提案对道家所发现的"人之价值"存有疑问，理由如下：

1. 道家法"自然"，却否定了人的社会价值。

2. "无己""无为"演变成虚无主义。

二、针对以上疑问，我方提出如下观点及方案：

不能脱离社会、脱离群体。

明确：（1）道家强化了人的自然性，强化了人的个体性，却取消了人的社会性、人之于万物的独特性。（2）老庄"无为""无己""绝圣弃智"等思想如果极端化，将沦为虚无主义，让人产生遁世绝俗的思想。

预设三：

非墨提案

一、本提案对墨家所发现的"人之价值"存有疑问，理由如下：

1. 太理想主义，人与人之间不可能存在绝对平等的爱。

2. "兼爱"将人与己等同，本质上是"舍己"。

二、针对以上疑问，我方提出如下观点及方案：

1. 正视爱的相对性。

2. 重视自我需求。

明确：（1）墨子"兼爱"体现的是理想的社会模型。（2）"兼爱"排除人己之差异，其实要以舍弃个体的诉求为代价。

教师点拨：

启发思考一：在非儒、非道、非墨的观点中，隐含着一个什么命题？

明确：个体价值的实现与社会的关系。儒、墨两家强调个体的价值必须依托群体得以彰显，道家切断了个体价值与群体的关联。儒家思想构成中国文化的主流。

引入演示文稿补充材料：

西方社会的个人价值，对于传统的中国人来说很难理解。中国人的"修养"，就包括了清楚地理解自己在网络中的位置，不至于逾越。一个人要在广大的群众之间知道分寸，而且要懂得在差序格局的约束下，如何忍受严格的规矩。

（许倬云《中国文化的精神》）

启发思考二：西方文化对个体价值的理解与中国传统观念有怎样的不同？

明确：西方相对而言，更注重个体价值、个性自由。

引入演示文稿补充材料：

古希腊哲学	"人是万物的尺度"——［古希腊］普罗泰戈拉
文艺复兴	"人的发现"（强调人的自然性、个性、自由、发展）
启蒙运动	"天赋人权"——［法］孟德斯鸠
	"人人平等"——［法］伏尔泰
	"个人利益是社会利益的基础"——［英］洛克
德国古典主义	"自己实现自己，自己创造自己"——［德］黑格尔
	"真理是人""人创造神"——［德］费尔巴哈

现代人本主义思潮

生命哲学	"生命之流"——［法］柏格森
科学人本主义	"需求层次理论"——［美］马斯洛
存在主义	"人有选择的自由"——［法］萨特

……

补充："五四"新文化运动之非儒。

"五四"新文化运动的主将们对传统中国的群己观念持否定态度，针对先秦诸子（尤其是儒家）展开了激烈的讨论。

引入演示文稿补充材料：

孔教本失灵之偶像，过去之化石。

（陈独秀《宪法与孔教》）

反对"三纲主义"（忠君、孝父、从夫），反对拿两千年前孔子的礼教来支配现代人的思想行为。

（陈独秀《孔子与中国》）

不要你做我的孝顺儿子。

（胡适《我的儿子》）

启发思考三：个体价值的实现是否（如新文化运动主将们所言）与群体价值有不可调和的冲突？小组讨论，思考这一问题。

明确：（1）要充分尊重个体，尊重人的个性、自然性，尊重个体需求、个体利益，确保个体的幸福、完满。（2）若要使人的价值、禀赋得到最大限度的彰显，就不能独善其身、行个人主义，应当让个体价值融进群体之中，与社会、与人类的幸福建立共振关系。

引入演示文稿补充材料：钱理群先生提出了一种理想的群己关系。

这样的"我"，不但对自我的生命有一种承担，而且对整个国家、民族、社会、人类（"我们"）的生命也都有自觉的承担，正是在这样的对"我"和"我们"的双重承担中，获得个体生命的意义和价值。

（钱理群《二十六篇：和青年朋友谈心》）

启发思考四：从当下理想的群己关系看，先秦儒、道、墨所发现的"人之价值"是不是如陈独秀所言乃"过去之化石"？

明确：应本着拿来主义的精神，吸收西方"人本"之精华，吸收"五四"个体解放之精神，对先秦儒、道、墨三家思想，有肯定、有质疑，或保留、或舍弃。我们应在扬弃过程中，结合时代特点，对诸子思想进行创造性转化，发现并重构人的价值，使古老的中华文明的"星光"穿越时空，照亮当下我们的生命。

5. 结语：大情境——发现、领受诸子之"星光"。

提问：通过本单元的学习，我们发现并领受了儒、道、墨三家的"星光"，如果以星为喻，你会将儒、道、墨三家思想比作什么星？

明确：事实上，三家之"道"在中华文明的星空下，都如恒星一般，自带光热，永放光芒。

引入演示文稿补充材料：

道固有行于远而止于近，有忽于往而贵于今者……孔、孟惶惶于一时，而师法于千万世……盖其久而愈明，不可磨灭，虽蔽于暂而终耀于无穷者，其道当然也。

（欧阳修《记旧本韩文后》）

6. 单元结语。

通过本单元的学习，我们绘制了儒、道、墨三家的"星光"图谱。在未来的学习中，我们将继续探索，在人类文明的群星中发现、领受更多的"星光"，以此为基础，彰显我们生命的光华。

7. 作业布置。

（1）设计一张"星光"卡片，结合本课时的学习，描述你所发现的诸子"星光"。

（2）梳理本单元每课时的"星光"卡片，设计海报，绘制一份诸子星空图谱，用文字描述你的星空图谱。

（3）完成教材单元研习任务第四项（单元贯通作文）：从任务提供的先秦诸子论断中或本单元课文中选择一句，结合当今时代，进行辩证思考，自选角度，自定立意，写一篇不少于800字的文章，阐述你的认识与思考，题目自拟。

8. 板书设计。

				群　己
人之价值	儒	积极作为	个体压抑	>
	道	顺天致性	虚无遁世	≠
	墨	平等互利	舍弃自我	>

六、走入经典小说的方式——选择性必修上册第三单元教学设计

丁 鸣

2021 年上海市空中课堂讲授

单元教学定位

一、学习任务群定位

　　选择性必修上册第三单元属于"外国作家作品研习"学习任务群。《普通高中语文课程标准》（2017 年版，2020 年修订）提出：本学习任务群旨在引导学生研习外国文学名著名篇，了解若干国家和民族不同时期的社会文化面貌，感受人类精神世界的丰富，培养阅读外国经典作品的兴趣和开放的文化心态。根据学习任务群的要求，教材围绕"多样的文化"这一人文主题选编了四篇课文。从体裁来说，这四篇课文均为外国文学史上的经典小说；从编排来说，均为篇幅较长的节选且独立成课。

　　《大卫·科波菲尔》和《复活》是 19 世纪现实主义长篇小说，前者重在叙述主人公的成长经历，后者重在刻画主人公的精神觉醒，两者都揭露了社会的黑暗不公，蕴含着深刻的社会批判，寄寓着作者的人文理想。《老人与海》和《百年孤独》是 20 世纪现代派小说，前者重在塑造老渔夫的硬汉形象，彰显人类灵魂的尊严，后者重在呈现马孔多小镇及其创建者布恩迪亚家族的兴衰生灭，借此表现和披露"拉丁美洲的孤独"。四篇课文不但在主题内容、写作意图上各有不同，创作风格迥然相异，而且在情节推进的张弛、人物语言的繁简、情感表现的浓淡、时空氛围的虚实、主题呈现的明暗等诸多方面都各有侧重。我们在阅读中既需要了解作品所展现的不同国家和民族在不同历史阶段的社会文化面貌，也需要领略作品所呈现的人类精神世界的共同容颜，还需要体会作家不同凡响的艺术个性和一脉相承的艺术使命。

　　本单元还可以与"文学阅读与写作""跨文化专题研讨""整本书阅读与研

讨"等学习任务群相结合。学生或可适当联系已学过的小说，确立角度，加以比较；或可寻找课文与整部小说的连接点，以单篇带整本。可以从横向和纵向两个维度，拓展阅读的广度和深度。

二、学段定位

高二年级的学生已具备小说阅读的基础。除了初中所学的《孔乙己》《变色龙》等短篇小说之外，高一必修上册第一单元中有《哦，香雪》《百合花》，必修下册第六单元中有五篇中外古今小说。这些小说虽隶属于不同的学习任务群，但小说阅读的一般路径，比如抓住人物、情节、环境三要素，关注矛盾、反差和细节，把握作品的主旨和社会意义等，是有迹可循的。本单元的四篇课文，以此入手也未尝不可。

但另一方面，这四篇课文都是中长篇小说的节选，如何使学生准确把握节选内容，达到窥一斑而知全豹之效？如何使学生既能领略这四部小说从内容到形式不可替代的独特性，又能在每一篇的个性之下捕捉共性？如何让学生贴近文本，走进这些人物的心里，与之共情，并作用于自己的人生，丰富人生体验，增长人生智慧？要达成这些目标，除了要掌握阅读小说的一般路径之外，更需要在篇章之间寻找关联，在篇目之间打通关卡，在小说情境和生活实景中寻找联系。选择性必修教材强调以研习为主导展开教学活动，单元贯通的教学策略即建立在"专题研习"的基础之上，突出的是统整性、自主性、探究性。

三、贯通点与课时安排

基于本单元小说的经典价值，结合学习任务群的要求，从人物形象的典型性、环境内涵的丰富性、主题内容的深刻性、叙事风格的多样性等层面设立四个贯通点，并安排以下九个课时加以落实。

第一、二课时，理清人物关系，关注人物精神成长与变化的轨迹，把握独特鲜明的人物形象及其典型意义。

第三、四课时，把握环境特征，理解具有主题意蕴的场景内涵，领略小说借此呈现的人类精神世界和社会生活风貌。

第五、六课时，探究小说主题，体会人性的复杂和精神的丰富性，并结合时代背景和创作意图，领会小说的社会批判性，评析小说的现实意义。

第七、八课时，赏析艺术特色，从自传色彩、叙述视角、表现形式、语言风格等方面对小说加以比较，认识经典小说的独特价值。

第九课时，单元贯通写作——"人生困境的书写与反抗"主题作文讲评。

四、单元贯通预习任务

1. 阅读本单元小说，并为节选部分各写一段故事梗概。

2. 阅读课文后的"学习提示"，了解作品的基本面貌和学习重点，并圈画要点。

3. 列出预习过程中产生的疑问。

课时教学设计

【课时一、二】走进人物的心灵世界
——读《大卫·科波菲尔》《复活》《老人与海》《百年孤独》

一、教学目标

理清人物关系，关注人物精神成长与变化的轨迹，把握独特鲜明的人物形象及其典型意义。

二、教学重点与难点

教学重点：感知人物形象特点，理解人物的精神世界。

教学难点：把握人物的典型意义，并能加以对照比较。

三、教学过程

1. 课前阅读本单元四篇小说，整体把握课文内容，感知人物形象。可借助下表，梳理自己的初步理解与感受。

小说篇目	概括课文的主要内容	概括主要人物形象的特点
《大卫·科波菲尔》		
《复活》		
《老人与海》		
《百年孤独》		

参考如下：

小说篇目	概括课文的主要内容	概括主要人物形象的特点
《大卫·科波菲尔》	孤儿大卫被继父送进行当货童工，独自谋生，承受生理和心理的双重痛苦。在打工期间与房东米考伯夫妇共同生活，在他们负债入狱期间和他们甘苦与共。	大卫自尊、敏感、善良。
		米考伯夫妇天性乐观，耽于享受，向往体面。
《复活》	贵族聂赫留朵夫在出席法庭陪审时，发现被诬告杀人的玛丝洛娃正是他年轻时引诱、抛弃的姑娘，遂鼓起勇气去探监，忏悔并请求宽恕。已经堕落的玛丝洛娃认出聂赫留朵夫之后想起惨痛往事，此刻只想利用对方。	选段中的聂赫留朵夫处在激烈的情感矛盾中，在鼓起勇气忏悔与羞耻之间、在断绝关系和弥补过错之间反复纠结。
		玛丝洛娃因为受到伤害，接受环境的恶，甘心堕落。但在重新见到聂赫留朵夫之后，曾经的天真纯洁又隐隐回到了她的心中。
《老人与海》	老渔民圣地亚哥在制服大马林鱼凯旋途中，一次又一次地碰上鲨鱼群，为了保住胜利果实，老人与鲨鱼群拼斗了一天一夜，最后鲨鱼群被赶跑了，鱼只剩下骨架，他精疲力竭地回到家倒头睡着了。	老人刚强有力，坚不可摧，无论面对怎样悬殊的力量差距都能选择与之抗衡，是个硬汉子。
《百年孤独》	马孔多开通了一条永久商道，变得繁华，大家夜以继日地工作。丽贝卡带着父母骨殖来到马孔多，乌尔苏拉将她收为养女，使她改变食土恶习，但丽贝卡的失眠症却传染给了整个马孔多的人。	乌尔苏拉勤劳热情，行事积极坚定。
		青春期的奥雷里亚诺体型瘦小，沉默寡言，压抑孤独，对于自己的金银艺实验无比执着，并拥有预言能力。
		初来乍到的丽贝卡体弱而孤僻，生活习性较为原始，在改变了她的食土恶习之后融入家庭生活中。

2. 交流填表情况，梳理在概括人物形象特点过程中出现的高频词，并进行思考：

用"痛苦""天真""自尊""孤独"等词语来概括四篇小说中的不同人物，似乎也能成立。这些特征的确是人物的共性所在，但为什么我们会觉得这些形容流于空泛？什么能让我们对他们有鲜活而具体的认识？

我们可以通过梳理和分析小说中主要人物的身份地位、生平遭遇、思想性格等内容，把握人物的个性特征。

3. 根据自己对小说人物的感受和兴趣点分组，合作完成下表。

人物	身份	遭遇	思想性格	文本细节
大卫				
米考伯先生				
聂赫留朵夫				
玛丝洛娃				
圣地亚哥				
奥雷里亚诺				
乌尔苏拉				
丽贝卡				

表格填写参考：

人物	身份	遭遇	思想性格	文本细节
大卫	由贵族少年沦为孤儿、童工	曾经备受宠爱的大卫在母亲去世后，被继父送到货行当童工，开始独自谋生。	由沦落带来的无望与痛苦，由善良产生的依恋和互助。	米考伯先生的困难更增加了我精神上的痛苦。我的处境这样孤苦伶仃，也就对这家人产生了深厚的感情。每当我四处溜达时，老是想起米考伯太太那些筹款的方法，心里总压着米考伯先生的债务负担。
米考伯先生	负债者、房东	租房给大卫，并和大卫建立了友谊。日常被债主催债，痛苦一时又继续享乐，后来被关入监狱。	债多不愁，毫无远虑，老想走运的乐天主义。	米考伯先生真是又伤心，又羞愧，甚至悲惨得不能自制，用一把剃刀做出抹脖子的动作来（这是有一次他太太大声尖叫起来我才知道的）。可是在这过后还不到半个小时，他就特别用心地擦亮自己的皮鞋，然后哼着一支曲子，摆出比平时更加高贵的架势，走出门去了。 我曾见过他回家吃晚饭时，泪如泉涌，口口声声说，现在除了进监狱，再也没有别的路了；可是到了上床睡觉时，他又计算起来，有朝一日，时来运转（这是他的一句口头禅）……

人物	身份	遭遇	思想性格	文本细节
聂赫留朵夫	贵族，陪审员	聂赫留朵夫在法庭上认出被控杀人的是当年他曾诱奸的玛丝洛娃，良心发现，希望为她上诉。他来到监狱向她忏悔，祈求她的原谅。	面对熟悉而又陌生的玛丝洛娃，无从启齿。为自己犯下的罪忏悔不已，一时难以自持。	"我想见见……"聂赫留朵夫不知道该用"您"还是"你"，但随即决定用"您"。 他一想到这里，眼泪就夺眶而出，喉咙也哽住了。他用手指抓住铁栅栏，说不下去，竭力控制住感情，免得哭出声来。
玛丝洛娃	妓女，被诬告为杀人犯	玛丝洛娃被诬告杀人收押入监，受到一位有钱人的探望，后来才认出这位陪审员是当年曾诱奸她的青年贵族，内心在过去带来的痛苦与想要为利益而讨好他之间反复摇摆。	曾经天真纯洁，后来丧失尊严，选择堕落。她因无法直面聂赫留朵夫激荡的祈求宽恕的情感而痛苦不堪	最初一刹那，她模模糊糊地想起那个充满感情和理想的新奇天地，这是那个热爱她并为她所热爱的迷人青年给她打开的。然后她想到了他那难以理解的残酷，想到了接二连三的屈辱和苦难，这都是紧接着那些醉人的幸福降临和由此而产生的。她感到痛苦，但她无法理解这事。她就照例把这些往事从头脑里驱除，竭力用堕落生活的特种迷雾把它遮住。此刻她就是这样做的。最初一刹那，她把坐在她面前的这个人同她一度爱过的那个青年联系起来，但接着觉得太痛苦了，就不再这样做。
圣地亚哥	渔民	在84天出海没有钓到鱼之后，老人花三天两夜制服的大马林鱼被不断遇到的鲨鱼群蚕食，老人不断搏斗，回到陆地时几乎一无所有。	面对任何困难和厄运都勇于抗争，将任何事都看成是人生的战斗，掌握自由选择权。	船还是好好的，他想。除了船舵，它还算是完好无损。船舵是很容易更换的。 "没有什么把我打垮，"他大声说，"都是因为我出海太远了。"
奥雷里亚诺	何塞·阿尔卡蒂奥·布恩迪亚次子	父母忙于公事，奥雷里亚诺开始执着于金银艺实验。染上失眠症后他手艺愈发高超，并使用文字标签帮助人们抵御失忆。	沉默寡言，潜心研究科学实验。与家人不交流，习惯孤独。	青春期的他失去了甜美的童音，变得沉默寡言孤独入骨，但恢复了呱呱坠地时流露出的执着眼神。他全神贯注于金银艺实验，甚至到了废寝忘食的地步。 奥雷里亚诺却用钱买来盐酸配制王水，还把钥匙镀了层金。

人物	身份	遭遇	思想性格	文本细节
乌尔苏拉	何塞·阿尔卡蒂奥·布恩迪亚妻子	乌尔苏拉和丈夫一同来到马孔多建立家园，用小生意积累财富。在没有真正依据的情况下依然收丽贝卡为养女，改变她食土的恶习。	勤劳，热情，善良，行事积极坚定，承担家族责任，试图改变恶习。	母亲一心扩展家业，每天两次用树枝穿着糖制的小鸡小鱼出门销售…… "你有什么可抱怨的，"乌尔苏拉对丈夫说，"有发疯的父母就有发疯的儿女。"
丽贝卡	何塞·阿尔卡蒂奥·布恩迪亚养女	生长环境较为原始，使用印第安语，11岁时父母双亡，携骨殖与信件来到何塞·阿尔卡蒂奥·布恩迪亚家中，在改掉食土恶习之后彻底融入家族，后传染失眠症给马孔多的人们。	性格孤僻，行为原始，遭遇饥饿和失亲的不幸，身心遭受重创，孤独自闭。	她穿着已显破旧的黑色斜纹布衣裳，脚上是漆皮脱落的短靴。头发拢到耳后，用黑带子束住两个发髻。披肩上的图案沁染汗渍已无法辨认，一颗食肉动物的犬牙配上铜托系在右手腕上当作抵抗"邪眼"的护身符。青绿色的皮肤，圆滚紧绷如一面鼓的肚子，都显示出她体弱多病、忍饥挨饿的历史甚至要比自身的年龄更久远……

4. 聚焦人物的心理状态，选择人物心理描写手法的不同点加以比较，从而感知作家不同的创作风格对体现人物典型性的凸显作用。

小组合作完成下表，并做交流发言。

小说篇目	文本内容举要	心理描写的特点	创作风格的呈现
《大卫·科波菲尔》	可居然没有人出来为他说一句话，我觉得这实在是咄咄怪事。没有一个人出来为我说一句话…… 凡此种种，在我的心里，已不是多年前的事，而是此时此刻眼前的情景了。 凡此种种，全都深深地印在我的记忆之中，绝非笔墨所能诉说。 这一点，就像我渴望上天堂一样，脑子里记得一清二楚！		

小说篇目	文本内容举要	心理描写的特点	创作风格的呈现
《复活》	"这个女人已经丧失生命了。"他心里想，同时望着这张原来亲切可爱、如今饱经风霜的浮肿的脸，以及那双妖媚的乌黑发亮的斜睨眼睛——这双眼睛紧盯着副典狱长和聂赫留朵夫那只紧捏着钞票的手。他的内心刹那间产生了动摇。 昨晚迷惑过聂赫留朵夫的魔鬼，此刻又在他心里说话，又竭力阻止他思考该怎样行动，却让他去考虑他的行动会有什么后果，怎样才能对他有利。 "这个女人已经无可救药了。"魔鬼说，"你只会把石头吊在自己脖子上，活活缢死，再也不能做什么对别人有益的事了。给她一些钱，把你身边所有的钱全给她，同她分手，从此一刀两断，岂不更好？"他心里这样想。 不过，他同时又感到，他的心灵里此刻正要完成一种极其重大的变化，他的精神世界这会儿仿佛搁在不稳定的天平上，只要稍稍加一点儿力气，就会向这边或者那边倾斜。他决定此刻把所有的话全向她说出来。		
《老人与海》	真是好景不长啊，他想。……这简直像是做梦一样，他想，见鬼去吧。（看到第一条鲨鱼时） 好景不长啊，他想。我现在真希望这是一场梦，希望根本没有钓上这条鱼，而是独个儿躺在床上铺的旧报纸上。（赶走第一条鲨鱼后） "我真希望这是一场梦，希望我压根儿没有钓上它来。……"（赶走第二、第三条鲨鱼后） 我什么也不能想，就等着别的鲨鱼来吧。真希望这是一场梦，他想。（第四、第五条鲨鱼到来之前）		
《百年孤独》	在这种清醒的梦幻中，他们不仅能看到自己梦中的形象，还能看到别人梦见的景象，一时间家里仿佛满是访客。丽贝卡坐在厨房角落里的摇椅上，梦见一个和自己相貌极其相似的男人，他身着白色亚麻衣裳，衬衫领口别着一粒金扣，给她带来一束玫瑰。陪伴他的还有一位女士，用纤细的手指拣出一枝玫瑰簪在她发间。乌尔苏拉知道那男人和女人是丽贝卡的父母，但一番努力辨认之后，还是确信从未与他们谋面。		

表格填写参考：

小说篇目	文本内容举要	心理描写的特点	创作风格的呈现
《大卫·科波菲尔》	可居然没有人出来为他说一句话，我觉得这实在是咄咄怪事。没有一个人出来为我说一句话…… 凡此种种，在我的心里，已不是多年前的事，而是此时此刻眼前的情景了。 凡此种种，全都深深地印在我的记忆之中，绝非笔墨所能诉说。 这一点，就像我渴望上天堂一样，脑子里记得一清二楚！	作者反复强调自己记忆清晰，事实上，细节本身已经是记忆清晰的体现。而当描述起货行的污垢和腐臭、内心的痛苦绝望以及无人给予劝告和慰藉的孤独时，作者三次跳出来强调记忆清晰，情感强度层层加重。	在本篇的心理描写中，第一人称带来的叙事特征格外凸显，"我"既是叙述者也是经历者，既是观察者也是审视者。作者时常通过反复议论增加感情的强度，前半句是一种普遍意义上的评论，而通过将"他"置换成"我"，就将他人视角的感叹与自我感受的悲伤叠加在一起了。 在"我"的身份及视角的切换下，现实与回忆交织在一起，体验与反思融合为一体。"我"的视角的变化不仅与心理成长相辅相成，而且成为整部作品得以自然进展的重要基础。
《复活》	"这个女人已经丧失生命了。"他心里想，同时望着这张原来亲切可爱、如今饱经风霜的浮肿的脸，以及那双妖媚的乌黑发亮的斜睨眼睛——这双眼睛紧盯着副典狱长和聂赫留朵夫那只紧捏着钞票的手。他的内心刹那间产生了动摇。 昨晚迷惑过聂赫留朵夫的魔鬼，此刻又在他心里说话，又竭力阻止他思考该怎样行动，却让他去考虑他的行动会有什么后果，怎样才能对他有利。	选段中对聂赫留朵夫最为精彩的心理描写集中于发现玛丝洛娃的堕落之后。	这种从不同侧面描绘心理活动的手法，车尔尼雪夫斯基将其高度概括为"心灵辩证法"。

小说篇目	文本内容举要	心理描写的特点	创作风格的呈现
《复活》	"这个女人已经无可救药了。"魔鬼说,"你只会把石头吊在自己脖子上,活活缢死,再也不能做什么对别人有益的事了。给她一些钱,把你身边所有的钱全给她,同她分手,从此一刀两断,岂不更好?"他心里这样想。 不过,他同时又感到,他的心灵里此刻正要完成一种极其重大的变化,他的精神世界这会儿仿佛搁在不稳定的天平上,只要稍稍加一点儿力气,就会向这边或者那边倾斜。他决定此刻把所有的话全向她说出来。	首先出现的是一种客观的评判:他鼓足了勇气要来忏悔和救赎,却见她自甘堕落;他可以如她所愿补偿钱财,心中的负累也就能轻松化解,然而他犹豫了。作者在人物心中设立了一个魔鬼。每当聂赫留朵夫因为眼前的情势产生倒退的念头,作者就会通过魔鬼的口吻来论证这种念头的原因、合理性与可以获得的好处,并在之后立刻转折,但不是立刻从相反方向进行论证或驳斥,而是描述一种模糊迷茫的状态。作者还用了一个独立的比喻——不稳定的天平——细致地描绘了这种犹豫。 作者用魔鬼和天平的设置,生动细腻地刻画出一个处于心灵转变关键时刻的人内心的激烈震荡。	列夫·托尔斯泰深入人物的心理层面,去抓住人物思想感情的每一个细微的变化,通过细节的逐层分解来诠释人物思想感情发生剧变的全过程,使心理变化与外在表现环环相扣,构建了一个个立体的人物形象。
《老人与海》	真是好景不长啊,他想。……这简直像是做梦一样,他想,见鬼去吧。(看到第一条鲨鱼时) 好景不长啊,他想。我现在真希望这是一场梦,希望根本没有钓上这条鱼,而是独个儿躺在床上铺的旧报纸上。(赶走第一条鲨鱼后) "我真希望这是一场梦,希望我压根儿没有钓上它来。……"(赶走第二、第三条鲨鱼后)	从直接的心理描写中可以看到,老人一直在自我怀疑与自我鼓励之间反复切换,而反复的"好景不长"和"希望是一场梦"对应的情感却并不相同。老人从觉得即将到来的战斗艰难得不切实际,像梦一样不切实际,到不断失败之后产生一种痛苦,再到接受了他势必得而复失的现实。作者通过同样词句的重复进行层层推进,与此同时,老人的自我安慰和自我鼓励也越来越强烈,直到直面虚无的最强音。	相比于复杂地设置小人表达内心争斗,本篇的心理描写全部着眼于意识的直接呈现,少有描述性的话语,全部用"他想"来连接。叙述者完全隐藏在飘荡的意识流之后。作者客观地呈现了老人的丰富内心。

小说篇目	文本内容举要	心理描写的特点	创作风格的呈现
《老人与海》	我什么也不能想,就等着别的鲨鱼来吧。真希望这是一场梦,他想。(第四、第五条鲨鱼到来之前)		
《百年孤独》	在这种清醒的梦幻中,他们不仅能看到自己梦中的形象,还能看到别人梦见的景象,一时间家里仿佛满是访客。丽贝卡坐在厨房角落里的摇椅上,梦见一个和自己相貌极其相似的男人,他身着白色亚麻衣裳,衬衫领口别着一粒金扣,给她带来一束玫瑰。陪伴他的还有一位女士,用纤细的手指拣出一枝玫瑰簪在她发间。乌尔苏拉知道那男人和女人是丽贝卡的父母,但一番努力辨认之后,还是确信从未与他们谋面。	人物的心理活动通过清醒的能够互相传达的梦境来展现。从不言说自己想法的丽贝卡在梦境中见到了自己的父母,这可以理解为一种心理渴望的表达。虽然她已经戒掉食土的恶习逐步融入何塞·阿尔卡蒂奥·布恩迪亚一家,但梦中的父母依然影像清晰,这或许可以理解为一种无法言说、不愿言说的思念。这也是一种终极孤独的表现。	本篇通过梦境来展现心理,使读者穿梭于现实与梦境之间。通过失眠症,布恩迪亚家族的人们互相看见了对方的梦境,即互相看见了对方未曾说出口的内心活动,这是一种展现孤独的方式。这种写法也体现了魔幻现实主义文学的特点——打通生与死、梦境与现实。真实与幻想的界限消失了,情感与理智交融在一起,似梦非梦、以假乱真,呈现给读者的是一个离奇又真切、不可思议而又栩栩如生的世界,带给读者独特的审美体验。

5. 请学生选择给自己留下深刻印象的,或是对其加深了认识甚至重新理解的两个人物加以比较,展开讨论。

比如:对于孤独的体验和认识——以童年的大卫和丽贝卡为例。

对于身份的认同和反叛——以圣地亚哥和聂赫留朵夫为例。

要点参考：

比如：大卫的孤独，来自地位的落差、希望的落空，无辜的孩子饱尝沦落之伤，身心受到重创。他疗愈孤独的方式是和米考伯一家建立感情，守望互助，并独立自主，发挥自己爱观察、充满想象的天性，构建自己的精神世界。

丽贝卡的孤独，是与生俱来的、本能的孤独。她对于父母的印象只停留在想象（梦境）中。她流落他乡，一开始连与人交流的语言都不具备，只能靠食土来掩饰不安，弥补匮乏。她和大卫一样都有热情大方的一面，也能构建良好的人际关系，融入新的家庭。但她有爱而不得的创伤，只能沉浸在自己营造的孤独里。

比如：圣地亚哥认定并忠实于自己的渔夫身份，在与鲨鱼的搏斗中，无时无刻不在彰显渔夫的尊严和光荣。大海是老人渔夫的身份得以确立的首要场所。他与小鸟、大鱼、鲨鱼还有自己交流，从一个陆地上的"失语者"变成了一个大海上的倾诉者，一个"对话者"。"渔夫"二字就是老人的生命属性。

聂赫留朵夫试图脱离自己的贵族身份。在法庭上与玛丝洛娃的重逢，使聂赫留朵夫的心灵受到了强烈的震撼，沉睡在灵魂深处的"精神的人"开始苏醒。他看见社会上层阶级普遍的腐败、奢靡、麻木、自私、残酷，看到监狱里底层无辜者的惨状、狱卒的暴虐贪婪，试图为玛丝洛娃和其他受难的无辜者们找回清白和公道。他回到自己的庄园，将土地分给农民，散发家财。这一系列对自我身份的否定和反叛行动，是聂赫留朵夫从忏悔走向复活的过程，预示着"精神的人"将战胜"动物的人"。

6. 请学生思考，这些人物的经典性体现在哪几个层面？

提示：

作为文学形象，这些人物都是具体可感的，是独特的、活生生的"一"。

从典型人物的价值而言，这些"一"里又包含着"十"。他们虽有着不同的命运遭际、不同的个性特点，身处不同的阶层，浸染不同的文化，但他们的形象具有高度的代表性和广泛的普遍性。从他们的生存状态和精神面貌可以窥见人类生活的本质。因而，典型人物往往超越时代的局限而具有某种永恒的性质。

"一"和"十"，就是个性和共性。共性"十"渗透在个性"一"之中，并通过个性"一"得到体现。没有个性，没有"一"，就会导致文学形象的模式化、概念化，就没有活生生的人，就在事实上取消了文学。没有共性，没有"十"，人物形象必然是单薄的、乏味的，人物就失去了生活的土壤，无法反映生活的本质，从而大大削弱了文学的社会意义。

7. 作业布置。

在以下话题中选择一个，写一则人物短评。

选择善良——《大卫·科波菲尔》和《复活》中的人物谈。

使命与宿命——《老人与海》和《百年孤独》中的人物谈。

【课时三、四】走近小说的现实世界
——读《大卫·科波菲尔》《复活》《老人与海》《百年孤独》

一、教学目标

把握环境特征，理解具有主题意蕴的场景内涵，领略小说借此呈现的人类精神世界和社会生活风貌。

二、教学重点与难点

教学重点：把握环境特征，理解具有主题意蕴的场景内涵。

教学难点：领会典型环境所反映的社会现实或所隐含的人类境遇。

三、教学过程

1. 如果将四篇课文转换成舞台剧的形式，你的小组承担场景设计与布置的任务，那么哪些环境元素是必不可少的？请将构思体现在下表中。

小说篇目	人物活动的主要场景	场景布置的要素	场景呈现的特点
《大卫·科波菲尔》			
《复活》			
《老人与海》			
《百年孤独》			

2. 小组代表做交流发言，结合文中的环境描写，陈述设计构思的理由。

明确：这一学习活动重在关注文本的环境描写。

《大卫·科波菲尔》中，大卫工作的货行坐落在河边，老鼠横行，到处是污垢和腐臭。米考伯一家居住的房屋破破烂烂，毫无体面可言。债务人监狱，混乱不堪。当然也可以把大卫最爱溜达的伦敦桥设计在内。

《复活》节选的段落发生在监狱的探监时刻，铁栅栏和长凳是绝对不能忽视的构思元素。

《老人与海》的选段中，茫茫无际的大海和一叶飘零的小舟可形成强烈的对比，也可把老人回岸后桅杆的意象放置其中。

《百年孤独》选段的环境描写主要涉及马孔多开通商道之后人文环境的变化：小镇上出现了手工作坊和店铺，阿拉伯人来了，吉卜赛人再次出现。镇上家家户户都把报时鸟换成了音乐钟，街上用巴旦杏代替了金合欢。

3. 根据"学习提示"中的相关内容，进一步思考典型环境所反映的社会现实或所隐含的人类境遇。小组合作完成下表。

小说篇目	间接的环境描写举要	反映的社会现实
《大卫·科波菲尔》		
《复活》		
《老人与海》		
《百年孤独》		

表格填写参考：

小说篇目	间接的环境描写举要	反映的社会现实
《大卫·科波菲尔》	第1段：没有一个人出来为我说一句话，于是在我10岁那年，我就成了谋得斯通-格林比货行里的一名小童工了。 第4段：(童工)连我在内，我们一共三四个人。 第25段：不到半个小时，她就告诉我说，她是"一个孤儿"，来自附近的圣路加济贫院。 第52段：因而他们在监狱里的生活，反倒比长期以来住在监狱外面更舒服一些。	孩子沦为童工不足为奇，孤儿也不在少数，底层缺少基本的生存保障和接受教育的权利。正常的生活比不上受惩罚、受压制、受欺辱的监狱生活，维多利亚盛世之下伦敦底层生存环境之恶劣、之黑暗，可见一斑。

小说篇目	间接的环境描写举要	反映的社会现实
《复活》	（1）典狱长的权力。 把聂赫留朵夫领到女监来的副典狱长，显然对他产生了兴趣，这时走了过来。他看见聂赫留朵夫不在铁栅栏旁边，就问他为什么不同他要探望的女犯谈话。 …… 副典狱长沉思了一下。 "嗯，好吧，把她带到这儿来一下也行。" 聂赫留朵夫走到靠墙的长凳旁边。 玛丝洛娃困惑地瞧了瞧副典狱长，然后仿佛感到惊讶，耸耸肩膀，跟着聂赫留朵夫走到长凳那儿，理了理裙子，在他旁边坐下。 （2）监狱中的腐败与压迫。 她急促地瞅了一眼正在屋里踱步的副典狱长。 "当着他的面别给，等他走开了再给，要不然会被他拿走的。" 等副典狱长一转过身去，聂赫留朵夫就掏出皮夹子，但他还没来得及把十卢布钞票递给她，副典狱长又转过身来，脸对着他们。	反映了当时俄国监狱的情况。在副典狱长对聂赫留朵夫彬彬有礼、有求必应时，玛丝洛娃表现出困惑与惊讶。可见平时副典狱长在狱中作威作福、权力之大。这种权力包括没收钱物，中饱私囊。监狱的黑暗，与法庭审判的随意、虚伪共同构成了俄国司法系统的混乱，体现出沙皇专制制度下国家机器反人民的本质。
《老人与海》	课文第1、28、44、45、52、55段。文中第1、44、52段反复提到老人把双手浸泡在海水中，这是因为伤口的刺痛可以让他保持清醒。但这一动作，又会使气味、血迹扩散开来，将敌人引到老人的跟前，置老人于重重危险之中。	作为渔夫，老人依靠大海而有了生存的保障，也因为大海而有了生存的威胁。大海对老人有所剥夺也有所成全。老人既在它的掌控之中，又活在与它的抗争中。

小说篇目	间接的环境描写举要	反映的社会现实
《百年孤独》	每隔半小时镇上便响起同一乐曲的欢快和弦，一到正午更是蔚为壮观，所有时钟分秒不差地同时奏响整曲华尔兹。那些年间，也是何塞·阿尔卡蒂奥·布恩迪亚决定在街上种植巴旦杏代替金合欢，并且发现了能使树木经久不衰的方法，但一直秘不示人。多年以后，马孔多已经遍布锌顶木屋，那些最古老的街道上却依然可见巴旦杏树蒙尘的断枝残干，然而已无人知晓出自谁人手植。	何塞·阿尔卡蒂奥·布恩迪亚把音乐钟引进这个以鸟鸣报时的小村落。这个细节的象征意义在于：原初的自然时间被打破了，原本丰富多彩的、多样化的、与自然贴近的群鸟鸣叫报时法，被统一、规整、分秒不差的机械时钟所取代。现代化机械工具——时钟的到来，意味着原先的马孔多的时间观念发生了变化，原始的周而复始的自然时间被取代了。时钟的进入，象征着现代意义上的"时间开始了"，标志着马孔多从原始社会进入了现代社会。 同时，马孔多在空间上也发生了巨大的变化。原本空间的完整性必然会被打破，并且再也回不去了。

六、走入经典小说的方式——选择性必修上册第三单元教学设计

4.选择课文中某一处典型环境加以重点分析和比较，加深对典型环境意义的理解。

例如：《大卫·科波菲尔》和《复活》两篇课文都涉及监狱的场景。前者有对监狱直接的叙述，如"监狱里的生活，反倒比长期以来住在监狱外面更舒服一些"，有在监狱里米考伯对小大卫发出的人生忠告（"一个人要是每年收入二十镑，花掉十九镑十九先令六便士，那他会过得很快活，但要是他花掉二十镑一先令，那他就惨了"），也有大卫回忆当初自己陪伴被关押在监狱里的米考伯起草请愿书（"霍普金斯船长的朗读声"）等内容。

文中的调侃实为反讽之笔。作者借大卫之口说出"监狱里比监狱外更舒服"，也就是说正常的生活反而比不上受惩罚、受压制、受欺辱的监狱生活，这说明正常的生活就是更受惩罚、更受压制、更受欺辱的反常生活。这里在揭露社会混乱黑暗的同时，也饱含着辛酸与无奈。

《复活》中节选部分的情节是：男女主人公在监狱中相认。聂赫留朵夫和玛丝洛娃的对话就在监狱内的探监室里展开。一道铁栅栏是泾渭分明的鸿沟，隔开了自由人和囚犯。一个是高高在上的贵族老爷，一个是沦为阶下囚的卖笑女。两个人的身份、地位、境遇，何其悬殊！

铁栅栏这一意象值得细品：铁栅栏在监狱内是随处可见的，节选部分这一场景中反复出现的铁栅栏，具有象征意味。

从外在的形式看，铁栅栏是人为的空间限制和阻隔。而内在的原因是：监狱内的铁栅栏是国家机器的组成部分，其内外是囚徒和自由人身份的巨大差异。

更深层的意蕴是：对玛丝洛娃始乱终弃，带给她无尽苦难的聂赫留朵夫贵为公爵，在铁栅栏外；无辜遭罪、被判服苦役的玛丝洛娃却在铁栅栏内。无罪的受审判，有罪的却逍遥法外，甚至坐上了陪审员的位置，多么残酷的现实。这与通常的认识——法庭是公正的象征，监狱是关押罪犯的处所，截然不同。

两篇小说不约而同地在空间设置上都选择了监狱这一典型环境，人物形象在这一特定环境中愈发鲜明，社会众生相在这一环境中得到具体而微的呈现，不公不伦的社会现实也在这一环境中得到充分展现，小说对现实的批判昭然若揭。

5. 作业布置。

根据上述活动所积累的材料，结合课外查找的相关资料，小组合作完成下面的选题，并选择其中一个，撰写一篇读书札记。

小说篇目	"小说折射的现实世界"选题思考
《大卫·科波菲尔》	19世纪英国维多利亚盛世帷幕下的底层社会
《复活》	19世纪末俄国沙皇政府统治下的社会众生相
《老人与海》	老人与海的关系及其隐喻性
《百年孤独》	外来文明的来袭及其隐喻性

【课时五、六】走入小说的主题世界
——读《大卫·科波菲尔》《复活》《老人与海》《百年孤独》

一、教学目标

探究小说主题，体会人性的复杂和精神的丰富性，并结合时代背景和创作意图，领会小说的社会批判性，评析小说的现实意义。

二、教学重点与难点

教学重点：探究小说主题，体会人性的复杂和精神的丰富性。

教学难点：领会小说的社会批判性，评析小说的现实意义。

三、教学过程

1. 各小组梳理、汇总课时学习活动的记录，整合积累，再结合课文，寻找文中出现的高频词或具有深刻意味的句子，思考小说主题。

提炼如下：

小说篇目	文中高频词或具有深刻意味的句子
《大卫·科波菲尔》	第5段：我竟沦落到跟这样一班人为伍…… 文中最后一句：……他凭着那些奇特的经历和悲惨的事件，创造出了自己的想象世界。
《复活》	第12段："……我在认罪。" 第17段："我来是要请求您饶恕。" 第18段：要是他觉得羞耻，那倒是好事，因为他是可耻的。 第19段："请您饶恕我，我在您面前是有罪的……" 第31段："我知道要您饶恕我很困难。" 第42段："……哪怕到今天我也要赎我的罪。" 第63段："……我来是要请求你的饶恕……" ……
《老人与海》	第12段："一个人可以被毁灭，但不能被打败。" 第21段：不抱希望才愚蠢呢…… 第71段："跟它们斗，"……"我要跟它们一直斗到死。" 第92段："没有什么把我打垮，"…… ……
《百年孤独》	第1段：马孔多变了样。 第2段：释放从建村伊始就以歌声欢快报时的群鸟，代之以家家户户各备一台音乐钟。这些雕刻精美的木钟是用金刚鹦鹉从阿拉伯人那里换来的，由何塞·阿尔卡蒂奥·布恩迪亚统一校准。每隔半小时镇上便响起同一乐曲的欢快和弦，一到正午更是蔚为壮观，所有时钟分秒不差地同时奏响整曲华尔兹。 第8段：比西塔西翁心中充满恐惧和难逃宿命的凄苦，她在那双眼睛里认出了威胁他们的疫病，正是这种疫病逼得她和兄弟背井离乡，永远抛下了他们古老的王国，抛下了公主与王子的尊贵身份。这就是失眠症。 第14段：就这样，人们继续在捉摸不定的现实中生活，只是一旦标签文字的意义也被遗忘，这般靠词语暂时维系的现实终将一去不返。

2. 提炼上述内容，以下表中的关键词为核心，进一步探讨小说主题。

小说篇目	主题探讨
《大卫·科波菲尔》	沦落与重建
《复活》	忏悔与救赎
《老人与海》	生存与超越
《百年孤独》	创造与毁灭

3. 围绕下列问题，展开对主题关键词的阐释。

小说篇目	主问题探讨
《大卫·科波菲尔》	大卫在独自谋生时，与米考伯一家的交往有怎样的意义？狄更斯为什么做这样的安排？
《复活》	聂赫留朵夫要拯救玛丝洛娃，是出于良心的发现吗？
《老人与海》	如果生命注定是一场徒劳，那么超越的意义在哪里？
《百年孤独》	马孔多是一个怎样的世界？这个世界里的失眠症、失忆症具有怎样的意味？

4. 以小组合作的形式，围绕核心词及主问题，结合文本，阐释主题。

示例一参考：

小大卫在最孤独无助的时候，是米考伯一家收留了他，让他有了一个家；米考伯太太把大卫当作可以说知心话的人。米考伯先生曾是海军军官，米考伯太太在聊天中也反复提及自己的娘家家境优渥。不过现在，他们和小大卫一样都成了"沦落之人"，都经历着生活的磨难，都不知道未来在哪里。"同是天涯沦落人，相逢何必曾相识"。米考伯一家的平等相待、得乐且乐，让大卫不知不觉打开了原先紧闭的心门；大卫的自尊自立、有礼有节，也让米考伯一家对他信任有加，这是他们患难与共的感情基础。

当米考伯家里已经接近断粮，大卫毅然拿出自己的微薄收入，米考伯太太虽满怀感激，但果断拒绝了，并拜托大卫替她典当一些财物以维持生计。一个毫不迟疑地要给，一个毫不动摇地说不。

当大卫去监狱探望米考伯先生时，米考伯以自身为戒，郑重劝告大卫花钱的原则。虽然他自己屡屡食言，但不想让大卫重蹈覆辙。

从这些内容中，我们可以看到大卫和米考伯夫妇在苦难中仍然保有的纯真善良。他们不会因为自己有所缺而对别人有所图，不会看到别人陷入困境而避之不及，不会因为自己落难而对别人不管不顾，而是给出切实的帮助和真心的劝告。这是他们患难与共的品格基础。

大卫和米考伯一家在无助无望中产生了平等的友谊，在患难与共中产生了惺惺相惜的亲情，从创作角度而言，这是查尔斯·狄更斯人道主义情怀的体现。作者给善良以同情，给苦难以阳光，表现出生活在底层的小人物相知相守、相互扶持的可贵。

综上所述，在"我"沦为童工而满怀屈辱、倍感孤独的时候，米考伯夫妇的出现、接纳以及信任既慰藉了"我"受伤的心灵，也让"我"逐渐敞开心怀，投入真情，勇敢担当，自主独立。"我"在生存的挣扎中守护自尊、学会隐忍，和米考伯一家相互支撑，走出了虽艰辛但坚实的一步。

示例二参考：

聂赫留朵夫对玛丝洛娃的拯救是出于良心发现，但又不仅仅是良心发现。聂赫留朵夫本性中尚未泯灭的善，使他走出忏悔之路的第一步，也是男女主人公能救赎彼此的前提。

"她模模糊糊地想起那个充满感情和理想的新奇天地，这是那个热爱她并为她所热爱的迷人青年给她打开的。""我是了解你的，我记得当时你在巴诺伏的样子……"

"那个充满感情和理想的新奇天地"是自由、平等、美好的，充满爱和喜悦。

"那个热爱她并为她所热爱的迷人青年"年轻、善良、英俊，是少爷聂赫留朵夫。

从他们的心里和回忆中可以看出，十年前在巴诺伏的他俩是那样善良、美好而纯洁。他们天性中的善良、自尊只是被"堕落生活的特种迷雾遮住了"，是能从沉睡中被唤醒的。

但是从恶如崩，从善如登。走向新生的路总是有快有慢，充满曲折的。在看到玛丝洛娃的堕落和救赎之路的困难之后，他在用金钱打发和全力拯救之间摇摆不定，他的天平在阶级和精神的两端摇摆不定。

他的想法虽充满踌躇优柔，却加深了蜕变的程度。"不过，说也奇怪，这种情况不仅没有使他疏远她，反而产生一种特殊的新的力量，使他去同她接近。聂赫留朵夫觉得他应该在精神上唤醒她……"自己在精神上觉醒后，转而决定唤醒别人。这是由内而外的精神蜕变，推己及人的精神复活。经历过犹豫和曲折之后，迎来的是更彻底的新生。

示例三参考：

与鲨鱼搏斗时孤立无援的惨象和满目疮痍的惨状对于老人而言无疑是毁灭性的打击，但老人从和第一条灰鲭鲨搏斗之后说出战斗格言开始，就做好了"我要跟它们一直斗到死"的豁出命去的准备，心理上的动摇怀疑，从未影响到行动上的坚定果敢。在老人经历了内心的怀疑、软弱、彷徨后，那个试图认输的妥协的自我最终被战胜，老人实现了行动上的毫不迟疑和义无反顾——突破了自己的限度，发现了自己的能耐。这是超越的第一层意义。

值得一提的是，文中，老人对棒球员迪马吉奥是否会欣赏他一举击中鲨鱼脑袋的联想，对男孩马诺林无论如何都会对自己有信心的确信，对自己住在一个人心善良的镇子里的庆幸，这些心理活动又是一次次自我肯定。老人就在不断的自我否定与自我肯定中，积蓄能量，燃起希望，对他而言活下去就意味着斗下去，斗下去才能有尊严地活下去。这是超越的第二层意义。

突破有限，捍卫尊严，生命的高贵性就体现在此。

示例四参考：

马孔多原先是个僻静的小村落。因外来者宣扬它土地肥美、位置优越，昔日僻静的小村落很快变成繁华的城镇，有了手工作坊、店铺，开辟了永久商道。其他民族纷至沓来，阿拉伯人来了，吉卜赛人又来了。他们带来了大型赌场，人性中的贪婪与堕落可能被激发，而对此，人们兴高采烈地表示欢迎。

文中有一个颇有意味的情节——何塞·阿尔卡蒂奥·布恩迪亚把音乐钟引进这个以鸟鸣报时的小村落。原初的自然时间被打破了，原本丰富多彩的、多样化的、与自然贴近的群鸟鸣叫报时法，被统一、规整、分秒不差的机械时钟取代。现代化机械工具——时钟的到来，意味着原先的马孔多的时间观念发生了变化，原始的周而复始的自然时间被取代了。时钟的进入，象征着现代意义上的"时间开始了"，标志着马孔多从原始社会一下子被拽进了现代社会。新的时间开始之后，马孔多在空间上也发生了巨大的变化，空间的完整性必然会被打破。

失眠症也具有强烈的隐喻性。

失眠症的可怕之处不在于让人毫无倦意、不能入睡，而在于会不可逆转地恶化到更严重的境地：遗忘。也就是说，患者慢慢习惯了无眠的状态，就开始淡忘童年的身份、记忆，继而是事物的名称和概念，最后是各人的身份，以致失去自我，沦为没有过往的白痴。从失眠到失忆，马孔多的人们尝试寻求解药，但作者忍不住预言：如果我们连标签文字的意义也遗忘了，那就是失语症，就是忘记一切，无可救药了！

现代文明来临，使得偏远、闭塞又宁静的小村落马孔多发生了巨变。原始、自然的生活状态被打破，人们精神亢奋至极，马孔多陷入了全民狂欢——失眠症。失眠症导致的失忆症，象征着跨入现代社会的人们对来路的迷失，对去路的迷茫。

孤独的马孔多在文明洪流的巨大冲击中狂欢、逃避、堕落、崩溃，最终消失。马孔多是拉丁美洲世界的缩影，反映了拉丁美洲社会的现实和历史的变迁。失根的人，忘却了自己的来路。失根的民族，终将消亡。

5. 哪部作品对你的触动最大，最有现实意义？小组围绕这个话题，展开讨论和交流。

提示：要求学生联系自身和社会现状，思考四部作品所表现的主题给予自己的启发和警示，从而领会经典作品跨越时代的价值。

【课时七、八】走向作家的艺术世界
——读《大卫·科波菲尔》《复活》《老人与海》《百年孤独》

一、教学目标

赏析艺术特色，从自传色彩、叙述视角、表现形式、语言风格等方面加以比较，认识经典小说的独特价值。

二、教学重点与难点

教学重点：从叙述视角、表现形式、语言风格等方面赏析作品的艺术特色。

教学难点：关注作品的自传色彩，探究作家与作品的关系，认识经典小说的独特价值。

三、教学过程

1. 课外查找本单元作家、作品的资料，并填写下表。

小说篇目	创作缘起	创作特色
《大卫·科波菲尔》		
《复活》		
《老人与海》		
《百年孤独》		

表格填写参考：

小说篇目	创作缘起	创作特色
《大卫·科波菲尔》	小说的自传色彩强烈。谋得斯通-格林比货行，原型即泰晤士河边上的华伦鞋油厂所在的亨格福特市场。10岁时，查尔斯·狄更斯被送到泰晤士河边上的华伦鞋油厂干活，就在亨格福特台阶附近的河堤下面。小说中，包括大卫在内的童工们干的活是处理酒瓶，而查尔斯·狄更斯当年的工作是往鞋油罐上贴标签，很单调，一天要干12个小时。 1824年，查尔斯·狄更斯的父亲因负债入狱之后，他的境遇更加艰难。从鞋油厂，他得通过南华克大桥到马歇尔西监狱去看望他的家人。那些日子的痛楚永远地铭刻在他的心间，他称之为"我灵魂的隐秘痛苦"。	从孩子的视角观察城市、体验城市，探索儿童在现代化进程中所遭受的心灵创伤，是狄更斯小说的一个显著特征。 查尔斯·狄更斯笔下的人物大都个性鲜明，人物特定的一句话、一个神情或一个动作，就能把社会内容鲜明地表现出来。他善于用艺术夸张来突出人物的某些特征。
《复活》	列夫·托尔斯泰晚年致力于"平民化"工作，他生活简朴，希望放弃私有财产和贵族特权。 《复活》是列夫·托尔斯泰的最后一部长篇小说。故事的基础情节来自法院检察官科尼1887年给列夫·托尔斯泰讲的一个案例：有个上流社会的年轻人，在充当法庭陪审员时，发现一个被控犯盗窃罪的妓女就是他亲戚家的养女。他曾诱奸这个姑娘，使她怀了孕。收养她的女主人知道这事后，把她赶出家门。姑娘生下孩子后把孩子送给育婴堂，她从此逐渐堕落，最后落入下等妓院，当了妓女。这个年轻的陪审员认出她就是被他糟蹋过的姑娘，来找法院检察官科尼，告诉他自己想同这个妓女结婚以赎罪。科尼非常同情这个年轻人，但劝他不要走这一步。年轻人很固执，不肯放弃自己的主意。没想到婚礼前不久，那妓女竟得伤寒症死了。	列夫·托尔斯泰的小说既具有再现生活的广阔性和丰富性，又具有表现人的心灵世界的深刻性和真实性。他的作品既广泛描写了人的外在生活，又表现了个体和群体的人的精神与心理现象。

小说篇目	创作缘起	创作特色
《复活》	列夫·托尔斯泰在写作期间先后走访莫斯科和外省的许多监狱，上法庭旁听审判，担任陪审员，做辩护人，接触囚犯、律师、法官、狱吏等各种人物，深入农村调查农民生活，查阅许多档案资料，分析研究，最终使震撼人心的故事生长为一部真实而富有生命力的小说。	
《老人与海》	1935 年，一个古巴老渔夫向海明威讲述他捕到的大马林鱼怎样被鲨鱼吃掉的故事，1936 年海明威把它写成一篇通讯，以《在湛蓝的大海上》为题刊登在《老爷》杂志上。老渔夫的故事给海明威留下了深刻的印象，他觉得这里面蕴含着非同寻常的意义。他曾计划写作《海洋四部曲》，其中的第四部分是"圣地亚哥老人和大马林鱼"。1951 年，他给出版公司写信说可以将第四部分抽出，单独作为一本小书出版，题名为《老人与海》，这是他第一次提到这个名称。1952 年作品问世。	海明威爱用简单的句子结构、常用词或日常用语，摒弃空洞、浮泛的夸饰性文字，常用电报式的对话、内心独白、象征手法、意识流手法等来表达复杂的思想感情。含而不露，厚积薄发。海明威反对传统的史诗式的小说结构，而是截取故事的一个时间段或一个时间点，以集中反映重大的主题或历史事件。至于故事的经过和历史背景，则作为"冰山"的八分之七隐匿在洋面之下，但他又要让读者强烈地感受到它的存在。
《百年孤独》	加西亚·马尔克斯出生于哥伦比亚马格达莱纳省的阿拉卡塔卡镇，自幼在外祖父家生活。阿拉卡塔卡镇与马孔多类似，封闭、落后，处于沿海的群山中，一样曾经引来大量外国人，有过大量香蕉种植园，一度十分繁荣，发生暴动后种植园衰败。加西亚·马尔克斯曾多次向媒体谈论他的故乡阿拉卡塔卡镇，在那里任何奇妙的事情都有可能发生。他从小生活在那个"神奇的世界"里，对它有着深刻的印象和难忘的记忆，他要为童年时代的全部体验找一个完美的文学归宿。	魔幻现实主义的代表作。通过描写人鬼混杂、生死交融的奇异世界表现魔幻色彩，又运用世界各地的造物神话故事增加魔幻色彩。作品一反传统的按时间顺序叙述的方式，而是运用循环往复式的叙事方法和结构。象征与隐喻也是作品中的重要表现方法，一些看上去很普通的事物往往都具有一定的象征意义。

2. 根据课前所查阅的相关资料，围绕下列问题，分小组展开讨论。每个小组选派一位代表，就其中一个问题在班级内做交流发言。

"本单元小说的自传色彩"思考题聚焦	
A	查尔斯·狄更斯为什么把《大卫·科波菲尔》当作自己最宠爱的孩子？
B	聂赫留朵夫在列夫·托尔斯泰的不少作品中出现，作家在他身上寄托了什么？
C	加西亚·马尔克斯对于魔幻现实主义的这个标签并不满意，他认为自己所写的一切都有现实依据。你怎么看？
D	圣地亚哥是不是海明威的化身？

提示：《大卫·科波菲尔》侧重于作家经历的再现；《复活》是列夫·托尔斯泰宣扬道德自我完善的传声筒；《老人与海》彰显了作家的硬汉精神；《百年孤独》的现实原型是外祖父经历的内战，作家融入了自己童年生活的诸多记忆。

3. 教师以《大卫·科波菲尔》的半自传体特点为例做研习示范。

第一步：课内外资料的整合。

《大卫·科波菲尔》的课文"学习提示"中说到这部作品带有"自传"性质，米考伯夫妇有着查尔斯·狄更斯父母的影子。其实在创作这部小说之前，查尔斯·狄更斯的确是在撰写自传。资料如下：

黑鞋油作坊在亨格福特旧码头左边的最后一所房子；那是一所歪歪斜斜的、快倒塌的旧房子，它当然紧挨着河面。这所房子是名副其实地给老鼠占领着。它那镶板房间，腐烂的地板和楼梯，地下室里到处乱窜乱跑的灰色大老鼠，以及从楼下传来的老鼠的尖叫声和争斗声，那地方的污秽和腐败，活生生地又在我眼前出现，好像我又回到了那里。账房间在底层，看出去是运煤的驳船和泰晤士河。账房的墙上有一个壁龛，我就坐在里面工作。我的工作是给黑鞋油瓶子盖上封口：先在瓶口上盖一张油纸，然后加上一张蓝纸，再用细绳把纸捆住，把四周剪齐整，样子就像从药剂师那里买来的油膏一样好看。我这样完美无缺地包装完几罗黑鞋油瓶子以后，再朝每个瓶子上面贴一张印好的商标，接着又继续包装。在楼下，还有两、三个孩子和我做同样的工作，挣同样的薪水。我到那里的第一个星期一早上，其中一个身上缚着一条破围裙，头上戴着一顶纸帽子的男孩走到我跟前，教会我捆绳子、打绳结的窍门。他叫鲍勃·非勤。

（中国社会科学院外国文学研究所，外国文学研究资料丛刊编辑委员会，

罗经国《狄更斯评论集》）

这个片段和课文第 2、3 段的描写非常像，只不过工作环境换成了鞋油作坊。这的确是查尔斯·狄更斯童年时的真实经历，也是伴随他多年的挥之不去的隐痛。

第二步：重要信息的呈现。

查尔斯·狄更斯的父亲是英国海军军需处的一个职员，这和他给米考伯先生设计的身份如出一辙。查尔斯·狄更斯的父亲爱好交际，常常入不敷出，母亲也不善生计，家庭人口又多，经济陷入窘境，债台高筑。查尔斯·狄更斯 10 岁那年，父亲因为无力偿还债务而入狱，作为长子的查尔斯·狄更斯不得不辍学去鞋油作坊里做工。这一段辛酸的童工经历在查尔斯·狄更斯心里留下了巨大的伤口，他从未向别人提及，包括自己的妻子和朋友。

当心灵的隐痛被触发，作家表述的欲望也被激发。于是查尔斯·狄更斯利用大卫的身份，以第一人称作为叙述主体，让大卫变成"我"来替他倾注郁积的情绪，以此来治愈人生曾经的创伤。查尔斯·狄更斯在给主人公取名时，都极其用心，最后确定为"大卫·科波菲尔"，是因为这个名字的缩写 D.C. 倒过来正是自己名字的缩写。

作为作者的"我"和作为主角的"我"有时候是一致的，作者查尔斯·狄更斯的记忆在主人公大卫身上复活了。他在叙述大卫的成长经历和生命体验的同时，对自己的生活历程做了直接和全面的回顾，将很多难以忘却的细节盘活，甚至细致到让大卫的出生时刻都和自己的完全一样，小大卫被送去做童工时的年龄也和当年刚到伦敦的自己一样。大卫所经历的许多事情，作者几乎都体验过，书中不少人物都可以在作者的生活中找到原型。

因为有太多真实细节的嵌入，小说一经出版，很多读者就把主人公大卫看成是第二个查尔斯·狄更斯。

第三步：对于"自传体"的正确理解。

当然，它毕竟是小说，而不是自传。如宋兆霖译本序的内容提醒我们：

《大卫·科波菲尔》是作者耗费心血最多，也是篇幅最长的一部作品，它是作者亲身经历、观察所得和丰富想象的伟大结晶。本书以第一人称叙述，而且其中确实带有不少自传的成分，如当童工，学速记，采访国会辩论，勤奋自学，成为作家，等等，均为作者的亲身经历，但这并不是自传，而是小说。我们只能说作者利用了不少自己的经历，其中有他自己的影子，现实生活中细致观察所得和想象虚构的成分则更大，如书中的主人公为遗腹子，少年就成孤儿，而作者写这本书时，他的父母都还健在；又如作者的父亲曾因负债入狱，但书中入狱的已成了米考伯先生。《大卫·科波菲尔》在查尔斯·狄更斯的全部创作中占据着特殊的地位，这不仅是一部融入不少作者本人生活经历的自传体小说，而且同他的其他作品相比，它更能反映出作者的创作思想和艺术风格，从某种意义上说，这部作品更富有查尔斯·狄更斯的特色。作者通过本书主人公大卫·科波菲尔出生后的种种经历到自学成才，成为著名作家的生活道路，全面地描绘了19世纪维多利亚时代英国社会的广阔图景，展现了当时各个不同阶层的人物形象，从而表达了作者本人的人生哲学和道德理想。

（［英］查尔斯·狄更斯著，宋兆霖译《大卫·科波菲尔》）

4. 小组合作，继续对其他三部作品的思考题加以探讨、交流。

示例 B 要点参考：

《复活》是列夫·托尔斯泰宣扬道德自我完善的传声筒。聂赫留朵夫是列夫·托尔斯泰创作中经常出现的主人公，他身上的某些经历、性格特征与气质都饱含着列夫·托尔斯泰的经历与内心体验。聂赫留朵夫不断地进行着道德的自我完善，不贪财，不纵欲，温顺平和。从聂赫留朵夫身上，我们不仅看到作家列夫·托尔斯泰思想成长过程的最后阶段，而且看到思想家列夫·托尔斯泰不断探索后的终极归宿。聂赫留朵夫公爵集中体现了作家的痛苦和幸福、失败和希望，浸透了思想家一生的经历和全部的心血。

示例 C 要点参考：

《百年孤独》的现实原型是作家外祖父经历的内战。作家在作品中融入了自己童年生活的诸多记忆。加西亚·马尔克斯提到《百年孤独》的创作初衷是"想艺术地再现我童年时代的世界"。他的外祖母会讲许多神话，会把房间里描述得满是鬼魂、幽灵和妖魔；而他的外祖父曾经带幼儿时的加西亚·马尔克斯去"联合水果公司"的店铺里看冰，曾经对"香蕉公司屠杀事件"沉默不语。加西亚·马尔克斯的故乡哥伦比亚在19世纪推翻了西班牙、葡萄牙的统治，成立了民族独立国家，土生白人却趁机掌握政权。为了各自阵营的利益，白人商人、地主等以自由党和保守党的名义展开权力争夺，开始了哥伦比亚的长期内战。小说中奥雷里亚诺上校三十二次武装起义便是这段历史的反映。而上校最终因为认识到战争的无意义，告别了军人生涯，这也暗示了哥伦比亚连年内战的自我消耗。战争并未带来独立与民主，只带来无穷的牺牲与日益迷茫的前路。经历过周而复始的侵略与反侵略战争，即使是在民主独立的今日，拉丁美洲依旧难以摆脱殖民的阴影：单一的商品结构，难以自主的政治……种种因素均制约着民族的进步，而更为致命的则是精神上的孤独。作者把神话叙事和民族志叙事的内容以魔幻现实主义的笔法呈现，其实是用一双因为超现实而越发锐利的眼睛来发现和反映历史，揭露历史。

示例 D 要点参考：

《老人与海》彰显了作家的硬汉精神。老人代表作家，捕鱼代表写作，大鱼则代表杰作。作家的职业是写作，渔夫的职业是打鱼；作家的使命是写出伟大的作品，渔夫的使命是打到足以自傲的大鱼。二者都不能想别的，而且只能靠自己。完成杰作之后要依旧保持着对职业的忠诚，并转向新的挑战。虽然在一次次的努力后都逃不出杰作被毁的命运，但保持了一个悲剧英雄的不屈风度。海明威就是这位老人的影子，他们都在认清自身命运走向的前提下重新寻找并确定了自己的生存信念与生存方式。海明威用自己的作品向世人证明了他所捍卫的尊严和荣耀。

5. 小组合作，对以下选题展开思考，并做交流分享。

	作品特色鉴赏选题思考
A	反复手法在四篇课文中的运用及作用
B	对话的设置及展开——以《大卫·科波菲尔》《复活》为例
C	时空元素在四篇课文中的呈现及特点
D	隐喻的意味及构成——以《老人与海》《百年孤独》为例

提示：这一活动过程需要学生重点关注两个方面，一是文本形式特点，二是作家与作品的关系。前者以课文呈现的内容为主，适当补充相关篇章和段落。思考题给予学生作品鉴赏的切入点，避免因毫无抓手而大而无当。后者需要学生通过了解作家的创作缘起、创作目的和渗透在作品中的创作观而感受作家的情怀与使命。

示例 A 要点参考：

《大卫·科波菲尔》的节选中四次提到"我"对工作的失望。课文第 2 段中描写了工作环境的极度恶劣；第 5 段中表达了自己的羞耻和委屈（和身边伙伴的对比，内心的极度压抑）；第 33 段中提到对于受到指导、支持、安慰的强烈渴望，表达了深深的孤独感，以及对于现状的极度不满和失望；第 52

段再次提到对于自己处境的羞辱感和孤独感（不结识，不交谈）。

"我"在此期间变得愈发独立自强："我"刚到谋得斯通-格林比货行时对于前所未见的恶劣环境感到强烈的恐惧与厌恶，由此引发痛苦与绝望；后来开始独立地靠自己的收入自给自足，从不给米考伯家添麻烦、增负担；再后来不仅为米考伯太太跑腿典当家产，甚至还主动提出要贡献出自己微薄的收入为他们家解决燃眉之急，并来到监狱中为米考伯先生分担忧愁、痛苦。在这一过程中，小大卫的内心不断强大，以至于可以为他人的心灵带去力量。这几处反复让我们看到了小大卫的精神成长。

《复活》中玛丝洛娃那双"斜睨的眼"和"妖媚的笑容"一再出现：她斜视的缺陷从少女时代的可爱特征发展成狱中的可怜残疾，明媚纯真的笑容转化为讨好献媚的假笑，这体现了这个社会在她身上施加的折磨与凌辱。聂赫留朵夫不止一次看到了玛丝洛娃这个细微的神情，也就是"看"到了自己当年犯下的罪行。这一细节反复出现，映照出的是罪孽之深、救赎之难。

《老人与海》中四次提到"仿佛是一场梦"和"出海太远了"等。梦，是对生活的一般秩序的突破，仿佛是一种超自然的力量。老人对于梦的反复提及，正说明这一搏斗过程非同寻常、险象环生，时时将他置于绝境。希望是一场梦，是人在绝境中自然而然的求生之念，以及眼睁睁看着战利品被掠夺被伤害而产生的切肤之痛。"出海太远了"说明老人早已在客观上明白这场置之死地而后生的冒险终将是一场徒劳；但是即使在这样清晰的认识下，老人还是做出了"明知其不可为而为之"的决定。要毁灭他的只是命运强加的"出海太远了"的不幸处境，老人的内心始终不曾被打败——正是反复出现的内心独白激励着老人，支撑着老人，使他用硬汉精神斗争到底。

《百年孤独》讲述的是一个巨大的反复循环，反复成了布恩迪亚家族的终极宿命。从个人层面上说，奥雷里亚诺上校每做25条小金鱼就扔回熔炉融化提炼，再重新开始制作；阿玛兰妲晚年制作自己的寿衣时拆了缝、缝了拆；丽贝卡的食土怪癖一再复发；甚至老祖母乌尔苏拉在老年失明后也发现，家里所有人的动作竟都是日复一日的重复。布恩迪亚家族的每一个人几乎都不免在生命的最终退化到这一以反复为表象、孤独为根源的终点，无论他们曾经拥有如何不同的前半生，这已经成为他们载入羊皮卷的宿命。

细节的反复呈现，内心独白的反复表现，情节的反复出现，除了能让人物形象站立起来，更重要的还在于能凸显小说主题，我们切不可简单地将重复的内容等闲视之。

示例 B 要点参考：

在《大卫·科波菲尔》的节选中，对话设置的背景是主角大卫从优越的环境沦落到当童工，过着艰辛的生活。大卫的心中蕴藏着许多难以诉说的痛苦，他渴望与他人交流以得到心灵上的慰藉和现实上的帮助。而米考伯一家负债的客观处境与渴望尊严的心理，既将他们引向了困境，也决定了他们和大卫的相遇、相知。痛苦与绝望并没有成为他们对话的阻碍，反而成为他们交流的基石。他们的交流基于平等和尊重，出于坦诚和信任。

在《复活》的节选中，对话是不顺畅的。两人的核心话题是男方一再请求对方饶恕自己过去犯下的罪过，女方却答非所问，或者避而不答。

对话不顺畅的原因，有外在和内在的。外在原因：探监环境十分恶劣，另有探监男女之间的对话，如同多声部"噪音"的干扰。铁栅栏的阻碍，使有空间距离的两人无法正常对话。此外，相隔多年，玛丝洛娃起先没有认出聂赫留朵夫，只是从他的衣衫上判断出他是个有钱人。但当玛丝洛娃被女看守带到聂赫留朵夫身边时，对话仍无法顺畅。空间阻隔、物理距离消失了，但时间、心理、精神上的距离仍很大，无法消弭。

内在原因：两人社会地位差异巨大，多年来的境遇差异，情感、情绪、精神的鸿沟，使对话还是无法顺畅进行。男方屡屡请求对方原谅，女方答非所问："您是怎么找到我的？"男方急着追问孩子的下落，追问玛丝洛娃怎么会离开庄园的。女方回答："我什么都不记得，全都忘了。那事早完了。"她极力回避过往，貌似谈不上原谅不原谅，实则是受到深深的伤害无法忘却但无法直面、无法解释更无法原谅的自我保护。这使得公爵的"赎罪"话题更是无法进行了。两人心理上的隔绝，如同一道厚屏障。对话双方矛盾的尖锐，地位、心理、情感等方面的多重对立显而易见。

可见，对话的设置，能展现人物间的关系；能使人窥见人物的身份、经历、境遇、教养、背景、社会地位；能使人从中推测人物的过去——前尘往事；能使人预见人物的未来；能推动小说情节的发展，引导故事的走向。我们说言为心声或者说言不由衷，小说中以对话为主的语言描写往往蕴含着人物细微复杂的心理活动，表现出人物复杂而丰富的性格特点。

示例 C 要点参考：

《大卫·科波菲尔》以第一人称视角展开叙述，不只有过去的当事人，也有现在的评判者。过去、现在两个时间交错，从这两个层次对发生的事件进行解读，能发现当事人的感性和天真，以及在时间的沉淀之后进行回顾的评判者的理性和感叹。

《大卫·科波菲尔》选文部分所涉及的空间主要在伦敦城，作者详细地写出了大卫在工作码头、米考伯一家与监狱间的辗转。少年大卫在奔波中，逐步了解、仔细观察着这座城市，并通过自己与米考伯夫妇遭遇的苦难接触到了这个世界的真实状态，并用丰富的想象来构建自己的精神世界。

《复活》节选的是聂赫留朵夫和玛丝洛娃在监狱中的见面。但是，近在咫尺的空间距离却无法改变两人的时间。他们拘泥于不同的过去：或是青春的美好，或是被抛弃的痛楚。他们深陷时间的泥沼。时间上的割裂让近距离的接触变成了一种压迫；空间的狭小让人局促不安；无力的对话让人欲言又止，或是言不由衷。

《老人与海》让我们聚焦于一艘小渔船，又时刻在提醒着大海的无际。一天，一夜，一个人，一条船，漂流在浩瀚无垠、危机四伏的大海上。搏斗时间之长、所处空间之浩渺、对手之强、武器之陋、结果之惨、伤痛之巨，让我们感到老人是多么渺小和无助啊。另一方面，纯粹到只剩下渔夫身份的老人，在渔船上喃喃自语，他与小鸟、大鱼、鲨鱼还有自己交流，从一个陆地上的"失语者"变成了一个大海上的倾诉者，一个"对话者"。老人驾着小船，拖着用生命换回的大马林鱼的残骸在茫茫大海上颠簸回家，这是一幅生存与死亡、渺小与伟大、惨烈与悲壮、卑微与崇高相互交织的画面。

《百年孤独》的开篇第一句，不仅仅展示了小说的一个初始的情节，而且容纳了现在、过去、未来三个向度，展示了小说叙事的时空性。开篇就让我们体会到它的时间的复杂性。叙事者选择了一个不确定的现在，既能指向未来，又能回溯过去，一下子就把时间的三个维度都包容在小说的第一句话中。也只有这样一个开头，才能显示出小说中写的马孔多小镇以及布恩迪亚家族的历史沧桑感。小说选定了一个不确定的现在，然后开始叙述过去，与此同时也开始叙述未来。这是一种"既可以顾后，又能瞻前的循环往复的叙事形式"。面对行刑队，在死亡来临的时刻，奥雷里亚诺回顾自己童年记忆最深刻的事件，虽然时隔多年、历史久远，但清晰如昨。有学者把它称为预叙性叙事，作者预言性地将人物未来的命运交代了。

这一笔法在节选内容中也不乏其例。如："他将漫长时日中饱受锤炼的材料搁置一旁，又变回了创业之初那个富于进取心的男子，那时他忙于设计街道规划新居，以保证人人享有平等权益。""那些年间，也是何塞·阿尔卡蒂奥·布恩迪亚决定在街上种植巴旦杏代替金合欢，并且发现了能使树木经久不衰的方法，但一直秘不示人。多年以后，马孔多已经遍布锌顶木屋，那些最古老的街道上却依然可见巴旦杏树蒙尘的断枝残干，然而已无人知晓出自谁人手植。""于是，她和其他家人一样名正言顺地用上了丽贝卡·布恩迪亚的姓名，那也是她一生用过的唯一姓名，直到去世从未玷污。"

和前三篇小说线性的叙述方式相比，《百年孤独》没有清晰的时间链，它用的是非线性的叙述方式。过去、现在、未来，三种时态在一个句子里前后跳跃并绵延，纵横交错在一起。这对我们的阅读经验是一种挑战。

示例 D 要点参考：

《老人与海》取材于真人真事。海明威秉持"冰山理论"的创作观，将显性内容提纯，在人物塑造、主题表达上不做任何过度渲染，但朴素简洁的文字背后却蕴藏着丰富深邃的内涵，启发读者去发现、去挖掘。比如，大海作为故事展开的背景，广阔无垠，几乎囊括了人与自然相连相生的所有重要元素。同时，无论是把大海当作客观世界、自然世界、心灵世界还是命运的象征，又或兼而有之，都触碰到人的精神本源。大海这一隐喻含有对人类精神的庄严拷问，含有对人与他者关系的深刻思考。因此，《老人与海》已经超出事件本身的意义，突破了仅仅和鱼缠斗的局限性，而具有超越时代的价值。

《百年孤独》以魔幻现实主义的笔法，将以布恩迪亚家族为代表的马孔多的兴衰放置于一个闭环中，模糊了生与死、真与假、实与虚的界限，连代代相似的人物名字，都体现了车轮般的循环。在失眠症的笼罩下，想睡觉的人出于对睡眠的怀念而非疲倦，尝试着消磨精力，重复着聊天、讲笑话，最终只是把自己圈在了恶性循环里，正如印第安女人的一句"这病一旦进了家门，谁也逃不了"。这种循环剥夺着小说人物对生命意义的理解，不断强调着家族的宿命意味。人物无法扭转他们的命运。个人的命运和孤独体验编织成了一部家族史，而这部家族史同时也代表了一部民族史。本土文化与异域文化的冲突再现了拉丁美洲人民无所适从的精神境况：这里的人民在自己的家园里却成了陌生人。

6. 作业布置。

补充阅读两篇诺贝尔文学奖得主的演讲稿《拉丁美洲的孤独》(加西亚·马尔克斯)、《写作的光荣》(阿尔贝·加缪)，为下一学习进程中的单元贯通写作任务积累素材。

【课时九】他们向"我"走来
——单元贯通学生习作的分析和评价

一、教学目标

通过对学生习作的分析和评价，启发学生思考这一单元小说共同触及的人生境遇及其抉择问题，引导学生将作品与现实人生比照对接，从而丰富自己的人生体验，加深自己的人生思考。

二、教学重点与难点

教学重点：梳理汇总学生习作中对作品共性和个性的发掘、提炼和阐述。

教学难点：鼓励学生在写作中进行"跨越时空的对话"，代入自己，寻找自己。

三、教学过程

1. 课前梳理、汇总、整合上述学习进程中的积累和思考，以"人生困境的书写与反抗"为主题，确立角度，将本单元作家、作品贯通起来，写一篇2 000字左右的作文。

2. 明确单元贯通写作的要求。

3. 点评单元贯通语段，思考如何提取与主题高度关联的课文内容，来呈现课文的核心和个性特点。

4. 点评单元贯通语段，思考经典课文对"我"的引领作用。

5. 讨论单元贯通写作的意义。

四、教学实录

授课时间：2021年6月10日。

授课地点：复旦附中笃志楼 406。

授课班级：高二（9）班。

授课教师：丁鸣。

师：同学们，上课！这节课我们一起来谈一谈这次单元贯通作文的完成情况。这次单元贯通写作的主题是"人生困境的书写与反抗"。从高一开始，我们就将每一单元的学习内容提炼为某一个主题，请大家写成 2 000 字左右的作文。我们先来回顾一下单元贯通写作的要求。

生 1：围绕主题或是话题，把课文内容串联起来。

师：串联的目的是什么？

生 2：成为作文的论据。

师：不错，也就是说，在我们确定了主题、确立了观点之后，课文是我们的素材，成为支撑我们观点的论据。还有吗？

生 3：课文不是孤立的，课文还触发我们对照自己，联系现实。

师：很好，你用了"孤立"和"触发"两个词，第一个词告诉我们课文内容间是有联系的，第二个词告诉我们课文和我们是有关系的。还有吗？

（沉默）

师：文章需要言之有物，需要言之有据，也需要言之有我。那么，2 000 字的文章，除了这些必备要素之外，还要有什么？怎样的文章会让我们感觉被作者一路带领着？

生 4：有层次，不断深入。

师：很好！文章还需要言之有序。我们回顾了单元贯通作文的"四言"要求之后，现在来看看同学们对于"人生困境的书写与反抗"这一主题的理解。这一单元的四篇小说都涉及"人生困境"的问题。同学们想一想，具体有哪些？

众学生：物质匮乏、疾病、沟通交流难以进行、命运的打击、道德困境……

师：我把同学们提到的这些归纳一下，有来自外部的、物质的、个体的，有来自内部的、精神的、群体的。总体而言，在四篇小说中呈现出了：生存危机、精神危机、感情危机、家族（民族）危机。

师：同学们在作文中又是如何呈现的呢？我们来看演示文稿。

1. 问题的提出。

当我们所依附的外物因天命、因人事而支离破碎，我们该怎么办？

（学生：林子允）

人在失足后，还有没有重新站立的可能？怎样才能"重新站立"？

（学生：施嘉阳）

如果一个人的生活已经注定，这个人已经老去，这个人不断地经历失败，这个人意识到自己的无力并不断回想起自己的有力，那么这个人会怎么样？

（学生：谭 添）

如果世世代代都是一个封闭的环，谁都无法逃脱宿命的安排，那么，我们又该如何突破人生的长河里，乃至历史的巨流中的循环往复之困？

（学生：徐僖彤）

师：这些问题既指向困境，又不像我们有些同学的文章那样对困境仅仅做了概念的界定。大家看看，在你的单元贯通作文里面，有没有一句有质量的提问。写作文，首先要学会提问。

好，我们继续追问。面对重重困境，文中的人物有哪些反应呢？

生5：小大卫首先感到羞耻、惶恐，然后开始精打细算，还能在米考伯夫妇入不敷出的时候，准备鼎力相助。

生6：聂赫留朵夫也是感到羞耻，准备去拯救玛丝洛娃，不是选择给玛丝洛娃一笔钱作为补偿了事，而是选择走一条难走的路，要与自己的贵族身份决裂，与原先的自己决裂。

师：说得好！我们来看看两名同学是怎么对困境问题加以阐述的。

（引入演示文稿）

2. 问题的阐释（例一）。

困境有很多，大概都源于希望与现实的差距，这希望不能成真，便破碎成了悲剧。大卫想维持自己的幸福生活，现实却让他成了童工。米考伯夫妇想维持体面的生活，现实却让他们负债累累。聂赫留朵夫想弥补自己的过错，现实却使他难以得到原谅。玛丝洛娃有着纯洁天真的本性，现实却让她沾染了污秽。圣地亚哥想通过捕鱼来证明自己的存在价值，现实却不愿赐给他这个机会，他好不容易捕捉到的大鱼，却被鲨鱼袭击夺走。马孔多是想与现代文明接轨的落后村子，现实中传统落后的习性却又无时无刻不在拖累着它，在这个村子中，有着暗自支撑家族的乌尔苏拉、爱而不得的丽贝卡、孤独的奥雷里亚诺。我们大概看出了他们面对的困境，是在于希望与现实的差距了，或是明说，或是暗藏。

（丁其格《悲剧与破局》）

师：小丁同学将困境理解为"希望与现实的差距"，这个落差导致了落寞、落魄、落空。

（引入演示文稿）

3. 问题的阐释（例二）。

真正的生活是在撕裂内部出现的，生活，即是撕裂本身。小大卫被继父谋得斯通赶到货行独自谋生，与原本安逸的高贵生活彻底剥离；玛丝洛娃被赶出姑妈家的庄园，与原本干净纯洁的生活分裂；各种科学新事物进入马孔多，将马孔多与落后封闭的小村落撕离。在外部环境的撕裂所造成的困境之下，心灵的伤疤、创痛和精神性的缺失更会在困境之上建设重重迷障，让人寻不到出路。相比于独自求生，小大卫更无法接受没有母亲的爱之后的遭人嫌弃和与一群地位低下的底层人民为伍的沦落，这是他困境的根源；玛丝洛娃被赶出庄园的困境只是暂时的，聂赫留朵夫的背叛，将她看作摇钱树的社会上的所有女人们和将她视为玩乐对象的社会上的所有男人们才是让玛丝洛娃灵魂埋没、自甘堕落的罪魁祸首；在外部世界洪水般席卷马孔多之时，马孔多居民对于科学精神的缺失感（他们对于磁铁之类的物质感到新奇，但拒不接受，也不愿自行研究，还将热衷研究科学的何塞·阿尔卡蒂奥·布恩迪亚捆绑于树）才使马孔多在席卷中迷失。

（严瑞琪《找寻生的力量与心的安宁》）

师：小严同学比小丁又多走了一步，她试图找到困境的根源：生活的撕裂。也就是原本的生活秩序被搅乱、被打破，内心的秩序也受到冲击、受到审判。那么，如何面对？就此沦落？选择苟活？受命运的摆布？封闭自我？

生7：不可能，否则怎么会有这些小说呢？老师，你的作文主题中还有"反抗"呢？

（大家笑）

师：是啊！这些小说除了在书写困境，也在书写反抗。刚才两个语段，虽然着笔于困境，但也暗藏了反抗的因子，你们觉得是什么？

（沉默）

师：生活似乎总要和我们对着干，时时刻刻让我们不知如何是好。你满怀希望，可是现实总是让你的希望落空。生活不断变化，突然就有东西从内部将它撕裂。这告诉了我们什么?

生8: 生活的真相。

师: 对! 当我们知道这就是生活的时候,其实我们就走上了反抗的第一步。

(板书: 认清生活的真相)

师: 认清了,然后呢?

生7: 站起来!

师: 怎么理解你的"站起来"?

生7: 就是生活蹂躏我千百遍,我待生活如初恋。

(大家笑)

师: 嗯,此话有理。我们来看看你同桌的解答。

(引入演示文稿)

4. 问题的解答(例一)。

着眼特定的时空,我们发现人物正迷失于现实社会中。两篇现实主义作品无疑展现了巨大的社会体系下一个小人物的孤独的症结所在。大卫第一次站在货行,心里无尽的羞辱和痛苦是说不出的,是"隐藏"的,"无法用言语表达",只得放在内心的一角,成为心灵的重担。监狱中的聂赫留朵夫站在赎罪的十字路口,尝试勇往直前,却没能被玛丝洛娃马上接受。淤塞的内心正如他哽住的喉咙,只留一份无人理解的寒冷,逼他回到堕落的深渊。

两位主人公都是黑暗社会中善的代表,却都经历了精神沦落,找不到精神归属。这种沦落感正是孤独的表现。孤独的沦落感有其普遍社会意义,当时黑色的现实正把人类精神拉下深渊,所以每个人的成长和复活都绕不过抵抗沦落与精神觉醒的过程,贯穿其中的是不被理解、不被关怀的困境。当代社会具有更稳定的制度体系,却尚未巩固人心的动荡。我们和社会的接触如此紧密,和社会的羁绊却又如此脆弱,以至于精神世界飘摇不定,自甘堕落、误入歧途的例子数不胜数。

两位作者怀着伟大的善意带领主人公走出了孤独。坚定的信念是反抗沦落感的利器。"我习惯坐在石桥的某个凹处,看过往的人们,或者趴在桥栏上,看太阳照在水面泛出万点金光,照到伦敦大火纪念塔顶上的金色火焰上。"我惊讶于大卫在黑色的伦敦中能找到美,原来这份美就在一个孩子的心中,怎么也割舍不掉。就是这份心灵之美鼓励他反抗黑暗,向未知的仅存的他所向往的光明投奔。我想到地坛草叶中，史铁生也看到了万道金光，不禁感叹金光之耀眼，令人类不论如何痛苦、如何孤独都不愿低下头去自甘堕落。金光就是信念，金光是另一个世界，眺望那里便能走出沦落的困境。

（袁哲祺《抵抗孤独的沦落和挣扎》）

师：小袁在告诉我们什么？语段里哪几句话很关键？

生9："两位作者怀着伟大的善意带领主人公走出了孤独。坚定的信念是反抗沦落感的利器。"

师：很好！那么我板书应该写的是？

生9：拥有坚定的信念。

（板书：拥有坚定的信念）

师：很好！金光就是信念。还有吗？如果信念是出于自救，那还需要什么？

生10：保有善意。

师：好！还需要保有良善的本性。

（板书：保有良善的本性）

我们再来看小谭文章中的一个语段。

（引入演示文稿）

5. 问题的解答（例二）。

老人形象背后，我认为有两层内核，其中表层的内核体现为对输赢无比在乎和对自身渔夫身份的认同，底层的内核则是对失败、对失去的恐惧和对命运的不屑一顾。而输赢、身份认同、反抗精神、生死无畏，都是为了达到自己，更是为了超越自己。"一个人可以被毁灭，但不能被打败"这句传世名言，把这样的精神内核在世人面前完全展示了出来。可以说，在这里，生存并不是超越的基础，在这里，超越是生存的本质目的。

老人84天捕不到鱼，这是命运，老人毅然决然去远处捕大鱼，这是他对命运坚强的反抗；鱼是老人从未见过的大，却让老人独自一人捕，这是命运对老人的反抗的无情的嘲弄；大鱼被捕到了，可鲨鱼给老人留下的却是一具巨大的鱼骨头，这是命运给志得意满的老人打的狠狠巴掌；与鲨鱼的搏斗，使得老人和鲨鱼"两败俱伤"，虽然老人战胜了鲨鱼，可依然无法挽救大马林鱼被吞噬的命运，这是命运粗暴地展示自己的冷酷；而最终欣赏老人的成就——那具鱼的尸体的人，却无情地把伟大的名声给了迫害者，无不是命运对他最后的嘲讽。无论怎样，斗争即关系，关系即对空虚的填补；另一方面，经历即获得，获得即对生存的超越。

（谭添《空虚·奋斗·成败》）

师：这个语段的关键句是？

生11："生存并不是超越的基础，在这里，超越是生存的本质目的。"还有："斗争即关系，关系即对空虚的填补；另一方面，经历即获得，获得即对生存的超越。"

师：这在告诉我们反抗的内涵是什么？

生11：用斗争来填补空虚，来超越生存。

师：和什么斗？

生11：和鲨鱼，也和自己。

师：是的，和来自外部的攻击和敌意斗，也和来自内部的动摇和匮乏斗，也就是和束缚自己的一切进行斗争，实现超越。

（板书：超越自身的局限）

师：还有一种集体的孤独，我们班的"历史问题研究专家"吴哲夫做出了他的诠释。

（引入演示文稿）

6. 问题的解答（例三）。

马孔多虽然有先驱者：科技上有何塞·阿尔卡蒂奥·布恩迪亚，政治理想上有奥雷里亚诺，但是他们却处于不被人理解和接纳的孤独之中，不能够改变根深蒂固地存在于人们脑中的拒斥变化、排斥外来的思想，而选择了灭亡的道路。马孔多居民还面临外来的"三座大山"的愚化：政治上有暴力虚伪的政府（官员和总统）、经济上有贪婪蛮横的帝国主义（香蕉公司）、思想上有巧言欺诈的媒体（律师和历史课本），他们都在有目的地带着马孔多走向毁灭。因此，失忆症，这个被动现代化的恶果的体现，就自然而然地到来了。虽然这种失忆后来被梅尔基亚德斯的药水治愈了，但现代化的失忆才刚刚开始。它没有，也不能被根治，在这个家族的末代，人们早已遗忘了历史，遗忘了奥雷里亚诺上校，遗忘了三千名工人，遗忘了存在的意义。这样的社会是绝没有向前发展的可能的，而静止的可能也与独立性一起被剥夺了，因此只能走向灭亡，即使没有那场暴风，也只是今天消亡和明天消亡的区别而已。

社会不发展，只能接受灭亡。

（吴哲夫《归于灭亡》）

师：小吴告诉了我们导致家族甚至民族危机的根源是?

生12：最聪明的人被当作疯子，历史被遗忘，人民被愚化，社会不发展。

师：句句到位，的确是！周而复始，陷入死循环。那么，怎样才有可能突围?

生13：在学习这篇小说时，我印象最深的一句就是老师你说的，要确认自己的身份，要建立人和人之间的联系，要宽容异己。

师：哦，谢谢你的认同。即使是生活在孤岛，大家都伸出手来，说不定也能成为桥梁。

（板书：增强身份的认同　建立深广的联系）

既然讲到建立联系，同学们，在你们的作文中，有没有建立起课文和我们自身的联系呢?

我在批改过程中，非常看重这一部分内容。就算分析得头头是道，但文中没有"联系"的影子，在"问题的关联"这一环节上，也是缺失的。哪怕这一对照或是反观，仅仅是生活的体验而已，我都觉得可取。请贾逸凡把你作文中我圈画的部分读给大家听一下。

贾生：如今我对世事尚没有足够的了解，前方的路也远谈不上明朗，我在这世间的游历也不够广，所以小说中的人物对我思考人生非常有必要。今年的冬天很冷，我打小就是怕冷的，每天上学放学短短的路程，使用拉杆书包的我竟然已经觉得十分煎熬，以至于我不得不让母亲给我置办了一双手套。学校旁的建筑工人用冻裂的双手接过一块又一块的砖头，我在手套的呵护下，到了学校，和我的同学一样趴在空调房的桌子上，睡意难消。朦胧中，我才意识到我做学生的日子不是我应得的，也不是没有止境的。如果有一天，我的身份不再是学生，我会以怎样的身份和这个世界相处? 在捉摸不定的现实中生活，在被一场场风暴席卷的时代里，我又应该是谁? 我会不会陷入对自我身份的怀疑中去? 或者我有没有足够的勇气维护自己身份的尊严?

师：同学们，这就是由彼及此的联系。阅读让我们用别人的身份在别人的世界里生活了一遍，感受了一番。小贾同学原先怕写作文，但这次的长文，却深有感触，为什么？因为他在建立联系。我们继续看演示文稿。

何谓困？是限制，是阻碍。当我们想迈步向前时却被人抱住了双脚，是困；当我们想奋力跃起时却被镣铐锁在了地上，是困；当我们决意冲出牢笼时，所有束缚我们的，所有阻碍我们的，所有和我对立的，便是困。人生的困境，便是这一切的对立。因而，所有的困境都是相似的，都是一样的。当我们为《复活》中的三道枷锁而深深感触时，便是将与聂赫留朵夫对立的一切放在了自己的对面，透过他们见着自己的困境。而作者亦将聂赫留朵夫放在了我们身边，照见我们在面对困境时，自己所能拥有的一切和所能做出的改变。"天空一无所有，何以给我安慰？"郁积着深重情感的作家，又如何能慰藉另一个同样处于困境中的人？作家们分享了自己的困境。他们将自己的所见、所闻全部压缩为矛盾，将人生的困境化作矛盾的交叠，谱写成文字，分享给我们。于是目光所及之处，便被白纸黑字填满了；所见之景，已被命运扼住的咽喉替代了；我们的心，被另一个人生充满了，于是有了力气，能顺着作家的指点，冲着自己对立的困境挥起了拳头。书写人生的困境，不在于向他人描述这困境为何，而在于让他人看到，这困境，是如何阻碍着道路的延伸，如何束缚着手脚，又被那炙热而坦诚的心脏所抗争着的。于是，人生的困境被书写、被分享，情感被传递。

我由衷地佩服这些作家，为我们照亮了四周。若是没有这些文字，我所看见的，可能只有浑浊的一片，感受到的只有不断增加的压力，人生的困境可能将我淹没。可当我们投入文字中后，我们突然得到了一个新的高度，我们俯视、审视、观察着书中的人物和世界，看到了他们的周遭、世界、过往如何与他们对立，也借此隐隐约约把握住了和自己对立的事物。于是看清了目标，知道要去反抗，知道要去破除身上的枷锁，知道要走出这人生的困境。

（俞思成《人生困境的书写和反抗》）

师：如果说小贾建立的是作品与我的联系，小俞建立的是？

生：作家与我。

师：是的！我们发下来的补充阅读文章阿尔贝·加缪的《写作的光荣》，同学们有没有好好关注？我们这次单元贯通写作的主题，其实我也受到这篇文章的启发。作家的使命就是书写困境，揭示真相，反抗逼迫。

同学们，所谓贯通，就是发现事物间或显或隐的联系。事物不是静止孤立的，对问题是否能有深入的认识，往往在于我们有没有培养自己贯而通之的意识。如果我们对课文内容、拓展内容、现实内容都无法梳理出一个所以然，我们怎么有能力去面对一个更加浩大庞杂的社会，理解幽深复杂的人心呢？

最后，我们来看陈石的作文的几个片段。首先是他的开头段：

我敢确信，在这十多年的时光里，"命运暴虐的毒箭"尚不曾刺中过我的生命，哪怕是擦肩而过；"人世间无涯的苦难"似乎也还轮不着我来挺身反抗。甚至"苦难"为何？——若只是课本上密排着的铅字，字字熟悉，却又是陌生的。所以我们在小说家的笔下依稀寻找着自己的身影：沦落的心灵出逃、堕落的灵魂救赎；在生死的边界上超越存在，在古老的大地上有着超越时空的孤独——我们的生命也正围于怎样的人生困境？在这里，生命的压迫兴许是悄无声息的，但我们也渴望着某种释放；孤独只带着淡淡的晕影，但心灵却也伺机出逃。所以不妨让世界的灵魂来敲击我们的心门，让想要外出的灵魂邀请世界入内，那些伟大的生命或许能成为心灵的伴侣。

中间的部分段落：

我们与大卫年龄相仿，大概不曾经历过家的沦落，但每个人心灵家园的建设一定是精神成长的基石。那些我们"所学的、所想的、所喜爱的"以及"激发想象力和上进心的一切"应当成为内心始终的力量源泉，成为一种精神底色，在面对可能的不堪与沦落时，我们的精神不致沦陷，至少还有真诚、美好的小大卫的灵魂在旁陪伴。

每个人都需要心灵的忏悔，无论忏悔是否是道德完善的捷径；我们大概就处在两个巴诺伏的年轻人在希望的乐园里沉浸于醉人幸福的年纪——青春年华。青春不需要也不太可能有内心激烈震荡、狂飙突进式的忏悔与救赎，我们兴许应该更恰当地称之为自省；青春中的我们常在自我沉醉与自我怀疑、否定甚至厌弃的情感间摇摆，正如聂赫留朵夫心灵魔鬼的迷惑，我们要警惕精神的滑坡与跌落，也不要让"铁栅栏"禁锢了自己的内心，不妨在心中埋下一颗忏悔的种子。

在生命的迷航中，我们能否找到自己心灵的那片大海般的归属？能否找到值得自己以生命为之拼搏的事业？在我们心中是否总能有哈瓦那的灯火常明，让我们在疲惫时得以归航？每个人的内心都应该在广袤的大海边建起一座小木屋，无论是此刻还是远方，心灵总有归属的地方。

　　加西亚·马尔克斯笔下的马孔多四处是现代人生活困境的缩影。机械的时间代替了自然的鸟鸣，当华尔兹整齐划一地响起，我们便被时间包围——但时间本质的含义仿佛被消解，我们反被时间束缚；丽贝卡所带来的失眠症也仿佛从未远去，人类总是善于遗忘的生物，事物的意义随着现代文明的冲击变得模糊，失眠所带来的失忆与失语给现代人造成的是一种莫名的联结着的孤独感。生命何尝不是一座马孔多：我们从初生的婴儿起便不断遭受着整个世界的"侵袭"——世界于我们尚是陌生的，在时间的"侵蚀"下，我们容貌改变、记忆流逝；在空间的"吞噬"下，我们诞生于无形又消逝于无穷——宇宙缭绕，生命既是惊奇又是沉默，这大概注定是一趟孤独的旅程——世界于我们也大概总会是位熟悉的陌生人。

　　师：同学们，陈石把这一单元小说中的人物都邀请进了自己的作文世界。我想，我们和陈石一样，到目前为止，都是被命运善待的人。我们除了珍惜和感恩，更要清醒地认识到，困境无处不在，每时每刻都有人在困境中倒下，时时刻刻都有人从困境中站起。我们再来看一下板书：

　　认清生活的真相　拥有坚定的信念　保有良善的本性

　　超越自身的局限　增强身份的认同　建立深广的联系

　　同学们，我们围绕"人生困境的书写与反抗"这一主题，将第三单元的作品、作家和自我贯通起来，力图使我们的作文言之有物、言之有据、言之有我、言之有序。当然，更重要的是，由文及人。请邹诺满同学把他作文的结尾念一下。

　　邹生：每个人心中都沉稳地游动着一条亮灿灿的大鱼，那是我们的信念所在。经过岁月的磨砺与侵蚀，追逐过程中的磕磕碰碰，它不断地被削减，不再熠熠闪光，不再夺人眼球，最终甚至面目全非。可只有你自己知道它存在的意义。信念永远在那儿，大马林鱼的骨架即使满是裂痕也永远不会崩断，因为他是用老人的钢筋铁骨铸成的。

　　师：这才是老师最想要和大家贯通的。

　　这节课，就上到这里，同学们再见！

七、"回到历史现场"——选择性必修中册第三单元教学设计

王希明

2021 年上海市空中课堂讲授

单元教学定位

一、学习任务群定位

高中《语文》选择性必修中册第三单元是历史著作单元,由《屈原列传》《苏武传》《过秦论》《五代史伶官传序》构成。前两篇属于史传,以叙述人、事为主;后两篇属于史论,以说理为主。

本单元隶属《普通高中语文课程标准》(2017 年版,2020 年修订)中规定的"中华传统文化经典研习"学习任务群,这一学习任务群要求学生通过学习传统文化经典作品,"积累文言阅读经验,培养民族审美趣味,增进对中华优秀传统文化的理解,提升对中华民族文化的认同感、自豪感,增强文化自信,更好地继承和弘扬中华优秀传统文化"。这些要求分别指向语文学科核心素养中的"语言建构与运用""思维发展与提升""文化传承与理解"。

二、学段定位

高二年级的同学经过小学、初中以及高一的学习,已经接触了不少传统文化的经典作品,在文言文阅读方面具有较好的基础,能够自行疏通文字上的障碍。但是对于家国情怀,往往只有概念上的理解,缺乏深入的认识,也未曾进行过系统性的思考。由于时代的阻隔,他们常常难以理解史传中人物的选择,也常常对在特定时代背景下作出的史论不能信服。本单元的《屈原列传》《苏武传》,可以让学生在分析人物的人生境遇时设身处地从屈原、苏武身上汲取精神力量,领会爱国的文化内涵。《过秦论》《五代史伶官传序》可以让学生站在作者的角度,体会史论在当时的现实意义。

教材在单元导语中提出要"回到历史现场",具体说起来是鉴赏作品的叙

事艺术或说理艺术，领会其中体现的历史观念、家国情怀和担当精神；理解史家对笔下人物的认识和评价，把握论者的观点和论述方式，学习和借鉴他们思考社会现实问题的态度和方法；丰富文言文的语言积累，学会在具体语境中分辨词语的意义和用法，把握古今汉语的差异与联系。单元研习说明中的任务更为具体，也同样指向这几条。由此，本单元的主要教学任务是：结合文本，落实文言字词等知识点；引导学生设身处地地分析人物的境遇、理解人物的选择、把握其精神内核，并思考其历史影响及当代意义；探讨史传的叙事艺术及史论的说理艺术。

三、贯通点与课时安排

本单元的导语提醒我们：学习本单元要"回到历史现场"。对史传来说，历史现场包含这样几个层面：史传中人物的处境、人物的选择，以及这种选择产生的结果与影响。只有设身处地，才能更深入地同情人物的遭遇、体会人物的情感、理解人物的选择。而人物的一系列选择，都呈现出了他的内在精神。选择会产生结果，既包括对人物自身的影响，也包括对后世的影响。后世的影响，首先涉及作者，其次涉及历代的评论，然后涉及当代的传承。对于史论来说，历史现场包含这样几个层面：人、事的发生背景，作者的时代背景及立足点，历代的评论，然后是当代的借鉴意义。总之，无论是史传还是史论，文中的人、事，史论作者，后世评论者，都有各自的历史现场。而当代读者的现场意味着现实情境。

因此以"回到历史现场"为主题进行单元设计，可以将单元分为三大板块：历史的现场、后世的传承、当代的回响。其中的"历史"是指历史著作呈现出的历史，包含了人物、事件本身，以及作者的观点。而"后世"则是指当代以前的历史。第一板块四个课时，主要讨论史传中人物的处境及选择，作者对人物的评价、对历史事件的观点，作品的叙事艺术或说理艺术。第二板块一个课时，主要讨论历代对史传中的人物的评价，以及对史论的不同意见。第三板块一个课时，主要讨论家国情怀和担当精神在当代的价值和意义，历史经验教训在当代的适用性。很明显，这一设计试图在总体上呈现对民族文化的理解与传承，在对历史著作的具体分析中落实"语言建构与运用"及"思维发展与提升"，在学习活动中落实"文化传承与理解"。如下图所示：

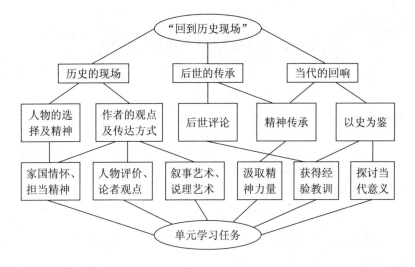

四、单元贯通预习任务

1. 借助注释及工具书疏通各篇文意，完成下面的任务单。

	《屈原列传》	《苏武传》	《过秦论》	《五代史伶官传序》
古今异义	明年：第二年。			
词类活用		反欲斗两主：斗，使……相斗。		
文言特殊句式		见犯乃死：被动句。		

2. 阅读《史记·屈原贾生列传》《离骚》《橘颂》，概括屈原的品质。

3. 阅读《汉书·李广苏建传》《史记·太史公自序》《报任安书》，对比苏武与李陵的行为，分析作者的情感倾向。

4. 阅读单元课文，完成下面的任务单。

单元篇名	作者的情感倾向或观点	叙事艺术或说理艺术
《屈原列传》		
《苏武传》		
《过秦论》		
《五代史伶官传序》		

5. 列出预习过程中产生的疑问，小组汇总交流，尝试解答。

【课时一】人物选择的可能性及必然性
——读《屈原列传》

一、教学目标

1. 分析屈原的个人遭遇及其历史背景。

2. 探讨屈原自沉的原因。

二、教学重点与难点

1. 屈原可能选择的道路有哪些？

2. 屈原为何没有选择渔父指出的道路以及贾谊指出的道路？

三、教学过程

1. 导入。

今天我们开始学习选择性必修中册第三单元。本单元的导语提醒我们要"回到历史现场"，因为只有设身处地，才能更深入地同情人物的遭遇、体会人物的情感、理解人物的选择。而历史现场意味着什么呢？比如我在这个上语文课的现场，你们在听语文课的现场。现场意味着什么？这个时间、这个地点、我们这些人。现场包含这样几个层面：人物的处境、人物的选择以及这种选择产生的结果与影响。

本单元的四篇课文中，《屈原列传》与《苏武传》集中体现了特定历史现场中人物的不同选择。

2. 分析屈原的处境。

提到屈原，人们可能会想到《离骚》，会想到他自沉汨罗江，会想到端午节。那么，屈原是在怎样的情形下做出了怎样的一系列选择，最终又为何要以死明志呢？

处境涉及微观的个人遭际，涉及宏观的时代背景。

演示文稿引入：

屈原的处境

（1）个人遭际。

（2）时代背景。

我们先从微观入手。个人遭际总是由人和事推动的。

（1）提出问题：课文中出现了哪些重要人物，他们对屈原的一生产生了怎样的影响？

明确：课文中先后出现的重要人物有楚怀王、上官大夫、张仪、靳尚、郑袖、顷襄王、令尹子兰以及渔父。我们可以把这些人物按他们的身份分为几类。

演示文稿引入：

国君：楚怀王、顷襄王

臣子：上官大夫、靳尚、令尹子兰

宠姬：郑袖

策士：张仪

隐者：渔父

楚怀王、顷襄王是国君，上官大夫、靳尚、令尹子兰是臣子，郑袖是宠姬，张仪是代表秦国利益的策士，渔父是隐者。

首先看国君。

演示文稿引入：

王甚任之。（第1段）

王怒而疏屈平。（第2段）

怀王以不知忠臣之分，故内惑于郑袖，外欺于张仪，疏屈平而信上官大夫、令尹子兰，兵挫地削，亡其六郡，身客死于秦，为天下笑。（第8段）

顷襄王怒而迁之。（第9段）

第1段中楚怀王曾经非常信任屈原。第2段中楚怀王发怒疏远屈原。第8段是对楚怀王的评论："怀王以不知忠臣之分，故内惑于郑袖，外欺于张仪，疏屈平而信上官大夫、令尹子兰，兵挫地削，亡其六郡，身客死于秦，为天下笑。"就是说楚怀王在内被郑袖迷惑，在外被张仪欺骗，疏远屈原，信任上官大夫、令尹子兰这些人，以至于兵挫地削，自己死在秦国。而在第9段中，接任为国君的顷襄王，又放逐了屈原。所以我们可以说，国君的好恶直接决定了屈原的政治命运。

再看其他人。由课文第2段可以知道，上官大夫与屈原地位差不多，妒忌屈原。

演示文稿引入：

上官大夫与之同列，争宠而心害其能。怀王使屈原造为宪令，屈平属草稿未定，上官大夫见而欲夺之，屈平不与。因谗之曰："王使屈平为令，众莫不知。每一令出，平伐其功，曰以为'非我莫能为'也。"王怒而疏屈平。
（第2段）

如楚，又因厚币用事者臣靳尚，而设诡辩于怀王之宠姬郑袖。怀王竟听
郑袖，复释去张仪。（第5段）

令尹子兰闻之，大怒，卒使上官大夫短屈原于顷襄王，顷襄王怒而迁之。
（第9段）

楚怀王让屈原拟定法令，只写了草稿还没有定稿的时候，"上官大夫见而
欲夺之"，这个"夺"字，主要有两种不同的解释。一种是"改变"。上官大
夫想要更改草稿，屈原"不与"，就是不赞成。还有一种解释是，想要抢夺，
屈原"不与"，就是不肯给。咱们课本上采取后一种说法。这件事成为导火
索，使得上官大夫进谗言，说屈原自我夸耀，暗示屈原不把楚怀王放在眼里，
导致楚怀王发怒疏远了屈原。第9段中，上官大夫又按照令尹子兰的授意，
在顷襄王面前说屈原坏话，导致屈原被放逐。

至于靳尚、郑袖以及张仪，似乎没有直接参与对屈原的排挤。特别是张
仪，属于战国著名的策士，他当时为秦国服务。课文第4、5段主要写他怎样
欺骗楚怀王和齐国绝交，楚怀王发现上当，作战又失败了，一心想要找到张
仪报仇。张仪来到楚国，又想方设法走靳尚、郑袖的门路，居然又逃脱了。
《屈原列传》为什么用了这么大的篇幅写张仪？因为他的行为造成了楚国政治
和外交的变局，是楚国衰落的推手。

（2）时局变化。

我们再梳理一下历史背景，看一下时局的变化。

演示文稿引入：

个人遭际与国家兴亡

公元前313年张仪入楚。

公元前312年丹阳之败。

公元前299年楚怀王入武关，被秦军扣留。

公元前298年顷襄王即位。

公元前296年楚怀王死于秦。

公元前278年秦将白起攻下楚的都城郢都。

屈原在顷襄王即位后不久就被放逐，至于自沉汨罗江的时间，学术界有
争议，有一种说法是见到郢都被攻破，绝望自杀。抛下这些争议不提，屈原

的个人沉浮始终与楚国的兴亡紧密相连，这是大家公认的。

演示文稿引入：

文中出现的人物，或直接造成了屈原的被疏远、被放逐，或导致了楚国的衰落，从而间接影响了屈原的际遇。在这样的处境中，屈原最终选择了自杀殉国。

3. 分析人物选择的可能性。

（1）问题：屈原真的无路可走了吗？除了死，他还可能有哪些选择？

如果你处在屈原的位置上，不选择死亡，还能有哪些路可以走呢？从课文中，能不能找出来？

明确：（朗读第 10 段）从渔父的言谈可以知道，他绝非普通的渔人，而是一位隐遁于江湖的智者。他心目中的理想人物是怎样的呢？不被外物拘束，而随从世俗，与世俗同流。他建议屈原"随其流而扬其波""铺其糟而啜其醨"。即随从世俗而与之同流，吃众人的酒糟，喝众人的薄酒。

《楚辞》当中有一篇《渔父》，文字基本相同，多了个结尾：里面的渔父听完屈原的话，莞尔一笑，唱着《沧浪歌》离去。

演示文稿引入：

沧浪之水清兮，可以濯吾缨；沧浪之水浊兮，可以濯吾足。

（《沧浪歌》）

水清可以用来洗帽子的带子，水浊可以用来洗脚。始终顺应外在的环境，获得自在与满足，这就是"不凝滞于物"。这其实是道家的"全生"哲学。这种哲学启示人在夹缝中求得生存，外在顺应世俗，内在保持对超越世俗的"道"的追求。但是，在污浊的外部环境中，这就很容易变成随波逐流与同流合污的借口。

屈原怎么回答呢？他说：自身是洁净的，又怎么能够被世俗的尘垢侮辱？我宁愿"赴常流而葬乎江鱼腹中"，跳到江水中，以维持自己的清白。可以这么说：不管渔父的道路是表面的妥协还是完全的沉沦，屈原一概否定。

（2）问题：除了渔父提出的道路，还有别的道路吗？

明确：课文最后一段："及见贾生吊之，又怪屈原以彼其材，游诸侯，何国不容，而自令若是！"西汉的贾谊路过湘水写了《吊屈原赋》，我们来看这篇赋的结尾部分。

演示文稿引入：

历九州而相其君兮，何必怀此都也？凤凰翔于千仞兮，览德辉而下之。见细德之险征兮，遥曾击而去之。彼寻常之污渎兮，岂能容夫吞舟之巨鱼？横江湖之鳣鲸兮，固将制于蝼蚁。

（贾谊《吊屈原赋》）

贾谊的看法是这样的：可以在天下范围内选择君主啊，何必眷恋楚国呢？他拿凤凰和大鱼做比喻。凤凰在高空飞翔，要看到有德行的君主才下来，如果看到了奸佞无德的危险征兆，远远地就展翅飞走了。平常的小水沟容不下大鱼，横行江湖的鳣鱼、鲸鱼（如今陷于污水沟），必然就会受制于蝼蛄和蚂蚁。

这条路就是离开楚国，用课文最后一段的话来说，就是"以彼其材，游诸侯，何国不容"。凭屈原的才华，任何一个国家都是欢迎他的。

屈原难道没有想过这种可能性吗？《离骚》中有几个人物曾经劝告过屈原，一个是女媭，身份不明，有人认为是屈原的姐姐；一个是占卜的灵氛；还有一个是降神的巫咸。

演示文稿引入：

汝何博謇而好修兮，纷独有此姱节。

（《离骚》）

思九州之博大兮，岂惟是其有女？

（《离骚》）

何所独无芳草兮，尔何怀乎故宇？

（《离骚》）

女媭劝他不要和别人不一样。灵氛占卜说："想想九州很大，难道只有这里有值得追求的女子？"巫咸劝他说："勉力上下求索，寻找志同道合的人。"值得追求的女子是理想政治的象征。志同道合的人，就是能任用屈原的贤君。灵氛和巫咸的意思是一样的，那就是劝屈原离开楚国。贾谊的看法，是和这两个人完全一致的。

4. 分析人物选择的必然性。

（1）屈原的选择。

演示文稿引入：

宁溘死以流亡兮，余不忍为此态也。

（《离骚》）

陟升皇之赫戏兮，忽临睨夫旧乡。仆夫悲余马怀兮，蜷局顾而不行。

（《离骚》）

"宁溘死以流亡兮，余不忍为此态也"，我宁愿选择流亡乃至死，也不会选择和小人同流合污。这和课文中对渔父的回答是一样的。

那么，能不能离开楚国呢？从《离骚》看，屈原是认真考虑过这种可能性的，甚至决定"历吉日兮吾将行"，挑选个好日子出发。他想象自己坐上车子，去追寻光明的未来。然而，在《离骚》的结尾处，他这样描述：太阳升起了，一片光明，这时候他忽然向下看见了自己的故乡，于是仆人悲伤，马儿怀思，都回头蜷缩着不肯前行。

也就是说，对故土的热爱，让屈原最终否定了离开楚国的这一条道路。

（2）另一条路。

实际上，在课文的最后一段中，司马迁还提出了另外一条道路，那就是贾谊《服鸟赋》中以庄子的《齐物论》为指导的"同死生，轻去就"，这条路和渔父的说法也有交叉。这一观点体现了道家完全超脱的理想。既然死生都一样，那么当然没有必要自杀；既然去留都一样，那么离开楚国和留在楚国当然也没有区别。大家可以在课后阅读《齐物论》，进一步探讨。

（3）选择的必然性。

屈原为什么对楚国有这样的眷恋呢？我们来读一读课文第 1 段，看看哪句话最要紧。就是第一句："屈原者，名平，楚之同姓也。"他是楚王的同族。

演示文稿引入：

六日季连，芈姓，楚其后也。

（《史记·楚世家》）

三闾之职，掌王族三姓，曰昭屈景。

（王逸《离骚序》）

屈原，楚同姓也。为人臣者，三谏不从则去之。同姓无可去之义，有死而已。

（洪兴祖《楚辞补注》）

楚王是芈姓，根据一些学者的研究，因为发音问题，中原各国认为楚国是熊姓。而昭、屈、景三姓都是楚国的王族。根据东汉王逸《离骚序》的说法，屈原做过的三闾大夫，就是掌管这三族事务的。到了宋代，洪兴祖在《楚辞补注》中明确指出，如果臣子三次劝谏国君不听从，是可以离开这个国家到别的诸侯国去的，但是屈原是王族，那么就不能抛弃自己的宗族、抛弃自己的国家离开，所以就只能选择以死明志。

这个也只能算作影响屈原选择的因素之一。其实在屈原的时代，士人们周游列国，楚材晋用是一种常态，身为公族效命于别的国家的也大有人在。屈原做出他的选择，主要还是基于他自己个人的理念、个人的追求。

5. 结语。

"回到历史现场"，意味着考虑人物的处境、人物的选择以及这种选择产生的结果与影响。这节课我们以屈原为核心，分析了人物选择的可能性与必然性。国君、臣子、宠姬、策士、隐者等各种人物或直接作用于屈原的个人遭际，或导致了楚国的日趋衰败。屈原的命运则始终与楚国的命运相关联。他既不肯同流合污，又不肯离开楚国，最终选择以死来完成自我人格的塑造。

6. 作业布置。

（1）贾谊与屈原遭遇类似，但是观念有所不同。阅读贾谊《吊屈原赋》，具体分析这种差异。

（2）阅读《离骚》，对照课文，进一步体会屈原的处境，感受屈原的人格魅力，思考屈原精神的内核及价值。

（3）查阅资料，尝试思考并评判渔父所代表的道家的哲学思想。

（4）阅读贾谊《鵩鸟赋》及庄子《齐物论》，了解"同死生，轻去就"的思想。

7. 板书设计。

复旦附中"双新"语文课：单元贯通教学样本

248

自沉

与世推移（同流合污——全生、超脱）

游诸侯

同死生，轻去就

【课时二】人物选择的差异性
——读《苏武传》

一、教学目标

1. 由苏武与其他人的不同选择，认识人物选择的差异性。

2. 体会对比手法的作用。

二、教学重点与难点

1. 卫律逼降与李陵劝降的对比。

2. 苏武采取什么方式回应卫律与李陵？

三、教学过程

1. 导入。

在学习《屈原列传》时，我们提出要关注人物的处境、人物的选择以及这种选择产生的结果与影响。我们重点分析了屈原可能的选择、最终选择的必然性，以及屈原精神的影响。这节课我们分析《苏武传》，把关注点放在做出选择的人物的差异性上。

2. 提出问题。

问题：与苏武的不降做对比，课文中出现了哪些投降的人物，各自的情况有何不同？

明确：投降匈奴的主要是缑王、虞常、赵破奴、张胜、卫律、李陵。

根据课文第 2 段，缑王本是匈奴人，降汉后兵败又投降匈奴，然后又密谋反叛匈奴。虞常原本是汉朝的长水校尉，先是投降了匈奴，又参与了缑王的反叛，最终被杀。根据注释，浞野侯赵破奴是兵败投降，课文第 2 段只是提了一下。张胜参与了缑王谋反事件，失败后牵连到了苏武。这样一次复杂的谋反事件，课文仅仅用了两段，就清楚交代了参与的各类人物、事情的来龙去脉、最终结果，可以说是惜墨如金。

而后面的第 4、5 段写卫律逼降，第 7、8 段写李陵劝降，却是洋洋洒洒，详细描写了人物的一言一行。

3. 卫律与李陵的对比。

（1）细读相关段落。

同样是想要苏武投降，卫律和李陵形成了鲜明的对比。请同学们仔细阅读这四段，完成下面的表格。

人物	方式	自己投降后的心态	苏武的反应
卫律			
李陵			

明确：先来看第 4 段。卫律负责审讯苏武，苏武的反应是什么？他认为有辱使命，"引佩刀自刺"。前面一段，他听张胜说了卷入谋反的情况，预感到自己受牵连，就想以自杀减轻对国家的侮辱。这次真的受审，他又一次想自杀。卫律的反应是大吃一惊，亲自抱住苏武，叫医生来。苏武重伤，用车子送回营地，只逮捕了张胜。再看第 5 段，苏武逐渐痊愈，单于通知苏武参加虞常等人的审判。卫律是带着让苏武投降的任务的，他可以说为此费尽了心思。

（2）问题：卫律是怎样步步紧逼的？苏武又是怎样一一回击的？

第一步，先斩掉虞常。第二步，宣布张胜死罪，又说投降可以免罪，举剑一比画，张胜就投降了。同样是汉使，张胜的投降和苏武的不降形成了对比。这两步都是杀鸡骇猴，从心理上给苏武造成压力。接下来才是正面交锋。第三步，论证苏武应受连坐。第四步，拿剑比画，这是威逼。第五步，劝说。"苏君，律前负汉归匈奴，幸蒙大恩，赐号称王。拥众数万，马畜弥山，富贵如此！苏君今日降，明日复然。空以身膏草野，谁复知之！"用投降后的美好前景和不投降的悲惨结局做对比，这是利诱。第六步，继续劝说。"君因我降，与君为兄弟；今不听吾计，后虽欲复见我，尚可得乎？"你投降了，我和你做兄弟，你不投降，以后想见我，能做得到吗？这是威胁。

苏武的回应非常精彩。卫律说"副有罪，当相坐"，苏武回应自己没有参与谋划，和张胜不是亲属。他否认了应该连坐的说法。卫律拿剑比画表示要杀他，他不动。卫律拿富贵来引诱他，他不搭话。卫律威胁他：如果不降，以后不好相见。苏武痛骂卫律，骂得精彩绝伦。

演示文稿引入：

武骂律曰："汝为人臣子，不顾恩义，畔主背亲，为降虏于蛮夷，何以汝为见？且单于信汝，使决人死生，不平心持正，反欲斗两主，观祸败。（南越杀汉使者，屠为九郡；宛王杀汉使者，头县北阙；朝鲜杀汉使者，即时诛灭。独匈奴未耳！）若知我不降明，欲令两国相攻，匈奴之祸，从我始矣！"（第5段）

（朗读第5段）

苏武先是否定卫律的人格，骂他背叛——你这样的人，谁稀罕日后和你相见？然后巧妙地把卫律的行为上升到影响两国关系的高度，最后以威胁来结束。苏武面对卫律的步步紧逼，可谓兵来将挡、水来土掩，针锋相对，真正做到了出使不辱。

（3）讨论：括号中的部分，课文删掉了。你觉得删掉为好还是保留为好？

明确：如果主张删掉，可以从"这样的说法有夸大的嫌疑，而且太过于直露，不符合外交礼节"等方面入手分析。如果主张保留，可以从"苏武本来就是骂卫律，无所谓外交礼仪，而这样的夸大可以起到威慑作用"等方面入手分析。

（4）分析李陵的劝降。

李陵同样接受了单于招降苏武的使命，他是怎样对待苏武的呢？第7段，李陵去见苏武，完全没有卫律招降苏武那样的刀光剑影、唇枪舌剑。李陵为苏武"置酒设乐"，两个人之间的气氛并不紧张。第7段中，李陵的话很长。

问题：第7段中李陵的话是从哪些方面着眼的？你觉得说服力如何？

明确：第一步，开门见山，坦诚相待，明确说：我是来劝降的。第二步，说：既然你回不去，你的信义谁又能知道呢？第三步，先详细描述苏武的大哥苏嘉、弟弟苏贤的悲惨遭遇，再一一描述苏武的母亲去世，妻子改嫁，妹妹及儿女存亡未卜，以此来暗示汉朝对苏家有亏欠。第四步，现身说法，用自己的经历说明投降不是不能接受的。第五步，说汉武帝法令无常，滥施刑罚，不值得效忠。李陵的话充满人情味，更重要的是里面列举的都是事实。他以情感人，以理服人，态度诚恳，所以很有说服力。越有说服力，其实越能衬托苏武守节的信念，也与前面卫律的逼降形成对比。

苏武是怎样回答的？武曰："武父子亡功德，皆为陛下所成就，位列将，爵通侯，兄弟亲近，常愿肝脑涂地。今得杀身自效，虽蒙斧钺汤镬，诚甘乐之。臣事君，犹子事父也，子为父死，亡所恨，愿勿复再言！"

苏武的话同样针对性很强。李陵说汉武帝亏欠苏家，不值得效忠，苏武就表示汉武帝对苏家有恩。李陵说守节不能归汉没有意义，苏武就说愿意守节而死。不同于对卫律的痛斥，苏武对李陵的回答虽然坚定，但也不乏柔和。"愿勿复再言""勿复再言"，斩钉截铁，但是加上"愿"字，表示一种希望，一种恳请，就让语气柔和起来了。第8段中，李陵再次劝说，苏武就去掉了柔和，只剩下坚定。"自分已死久矣！王必欲降武，请毕今日之欢，效死于前！"

（5）问题：面对苏武的守节不降，李陵是怎样的心态呢？

明确：第7段开头："明年，陵降，不敢求武。"他们原本是朋友，用李陵的话来说是"素厚"，一向交情很好，苏武的母亲去世，李陵"送葬至阳陵"，也说明了这一点。那么李陵为什么"不敢"去找苏武？还有，他劝降不成，就流下眼泪要与苏武告别。再有，课文还删去了一句："陵恶自赐武，使其妻赐武牛羊数十头。"李陵自己不愿意亲自送东西给苏武，打发妻子送了几十头牛羊。这些说明什么？说明李陵始终心中有愧，他对于自己的投降，其实并没有真正放下，一直有负罪感。

（6）李陵与卫律的不同心态。

再看第5段卫律的话："苏君，律前负汉归匈奴，幸蒙大恩，赐号称王。拥众数万，马畜弥山，富贵如此！"这是一种什么样的口吻？（得意扬扬啊！）

问题：同样是投降，为什么李陵和卫律的心态有这么大的差异？

明确：讲《屈原列传》时，我们曾探讨屈原的出身对他所做的选择的影响。同样道理，卫律和李陵也有不同的出身。按照课本的注释，卫律虽然"生长于汉"，但他是长水胡人。长水胡是匈奴的一个部落，也就是说他可以算是匈奴人。他投降匈奴后被封为丁灵王，成为单于的亲信，恐怕也有这个因素。可想而知，他投降后很容易建立起对于匈奴的认同感。而李陵是西汉名将李广的孙子，李广在抗击匈奴的历次战斗中立下赫赫战功，被匈奴称为"飞将军"。有这样的家世背景，投降后的李陵当然很难接受自己成为一个匈奴人。

（7）关于卫律与李陵的总结。

卫律对苏武威逼利诱，得意扬扬地炫耀自己投降后的好处，遭到苏武的怒斥痛骂。而李陵劝降时采取动之以情、晓之以理的方式，处处体现出自己投降后的羞愧与不安，苏武柔和而又坚定地拒绝了他。

人物	方式	自己投降后的心态	苏武的反应
卫律	威逼利诱	得意	怒斥
李陵	动之以情、晓之以理	羞愧	柔和而又坚定地拒绝

4. 苏武牧羊。

课文中还有很重要的一部分，就是苏武牧羊。我们在后面的课上还会进一步分析。历代有许多人画过《苏武牧羊》，比如宋代李迪、清代任颐，以及当代画家傅抱石等。同学们可以在课后查找相关图画，结合课文想一想谁画得好，好在哪里。

5. 结语。

"回到历史现场"，考察历史情境中的人物，需要分析不同人物做出的不同选择。这节课我们通过对比卫律与李陵不同的劝降方式，发现了《苏武传》中做出选择的人物也有各自的差异。同样是劝降，卫律威逼利诱，李陵动之以情、晓之以理，苏武的反应也有所不同。人物间语言的交锋非常精彩，呈现出人物不同的个性和追求。

6. 作业布置。

（1）阅读课文，查阅其他资料，为苏武列一个简单的年表。

（2）想一想：苏武一开始几次自杀，北海牧羊的时候为什么又要顽强地活下去？

（3）将卫律劝降一节改编为课本剧。

7. 板书设计。

> 对比
>
> 卫律——逼
>
>   针锋相对，出使不辱
>
> 李陵——劝

【课时三】作者的观点及传达方式（一）
——《屈原列传》与《苏武传》

一、教学目标

1. 分析史传中作者的倾向性。

2. 体会史传的叙事艺术。

二、教学重点与难点

1. 叙事中寓褒贬的方式。

2.《苏武传》的剪裁方式。

三、教学过程

1. 导入。

在本单元的预习作业中，我们布置了学习任务单，请同学们概括本单元课文中作者的情感倾向或观点，分析其叙事艺术或说理艺术。作者的观点是基于作者所处的历史现场而传达的，其传达方式，则关系到历史现场塑造的技巧，包括叙事艺术和说理艺术。这节课我们主要分析叙事艺术。

2. 概括人物精神及作者倾向。

问题：苏武与屈原的核心精神及作者的基本倾向是什么？

明确：通过上节课的学习，我们可以概括出苏武的核心精神，那就是出使不辱，永远忠于汉朝。屈原的核心精神是什么呢？根据课文的描述，他在得到楚怀王信任的时候，积极参与政事，进行外交，奉命拟定法令。在被疏远以后，他仍旧不断进言，提醒楚怀王应该杀掉张仪，劝楚怀王不要入秦。在被顷襄王放逐以后，他既不同流合污，又不肯离开故土，最终自沉汨罗江。他是始终如一、忠贞不渝的。这可以通过联系《楚辞》中的作品来说明。

演示文稿引入：

嗟尔幼志，有以异兮。独立不迁，岂不可喜兮。深固难徙，廓其无求兮。苏世独立，横而不流兮。

（《橘颂》）

亦余心之所善兮，虽九死其犹未悔。

（《离骚》）

《橘颂》以拟人化的手法写出橘树的品格：首先是从小就有不同于俗流的追求，横渡而不随波逐流，让人想到《涉江》的"余幼好此奇服兮"。"苏世独立"，"苏"是"醒"的意思，"众人皆醉而我独醒"。其次是"独立不迁""深固难徙"，根深蒂固，不能迁移到别的土地上，这是提醒自己根在楚国，永远都不要背弃故土。《离骚》中又说："亦余心之所善兮，虽九死其犹未悔。"

屈原对于自己追求的东西，矢志不渝，九死不悔。他所追求的就是在楚国实现政治的修明，只能在楚国，不能换到别的地方。他对于理想人格的追求，也是和他的爱国之情紧密相连的。

两篇史传都体现出作者对传主的赞美，感情倾向是非常明确的。

3. 史传的叙事艺术。

（1）问题：史传是怎样在叙事中体现作者的情感倾向的？

明确：不管是《史记》还是《汉书》，都有一个特点，就是在叙事中暗含对人物的评判。

演示文稿引入：

古人作史，有不待论断而于序事之中即见其指者，惟太史公能之。《平准书》末载卜式语，《王翦传》末载客语，《荆轲传》末载鲁句践语，《晁错传》末载邓公与景帝语，《武安侯田蚡传》末载武帝语，皆史家于序事中寓论断法也。后人知此法者鲜矣，惟班孟坚间一有之。

（顾炎武《日知录》）

"古人作史，有不待论断而于序事之中即见其指者。"就是说，不需要用直接议论的方式，从叙事中就能看出作者的情感倾向。后面举了几个例子，作者都是借文中人物的话来传达自己的观点。再后面说："后人知此法者鲜矣，惟班孟坚间一有之。"也就是说，班固也有这样的做法。最明显的是《苏武传》课文第 8 段李陵劝降失败后的感慨："嗟乎，义士！陵与卫律之罪上通于天！"这番话中包含着李陵对于自己和卫律投降行为的评论，也是作者在借李陵的口传达对投降行为的否定、对苏武忠于国家这一行为的赞美。另外，第 5 段中苏武叱骂卫律"为人臣子，不顾恩义，畔主背亲，为降虏于蛮夷"，也传达出作者的观念，那就是一个人应该忠于国家，背叛的行为必定会遭人唾弃。

其实，顾炎武所说的借文中人物的评论表达作者观点，仅仅是"寓论断于序事"的方式之一。

（2）问题：作者的褒贬还可以通过什么方式表现出来？请联系课文，举例说明。

明确：作者还经常使用对比以及侧面烘托的写法。将苏武置于与其他人的对比中，能突出他的品质。此外，课文第 4 段中，苏武自杀，身受重伤，"单于壮其节，朝夕遣人候问武"，连单于都佩服苏武的气节，早晚派人问候苏武。第 6 段，卫律劝降失败，"愈益欲降之"，更加想让苏武投降，这也是对苏武精神的一种肯定。苏武在大窖中，把雪、旃毛和在一起吞下去充饥，几天不死，匈奴人的反应是"以为神"。第 8 段，李陵劝降失败，和苏武告别时流下了眼泪，之后又让自己的妻子送牛羊给苏武。所有这些，都是通过别人的语言和行动来突出苏武。匈奴人的反应，李陵的反应，都起到了侧面烘托的作用。这些都蕴含着作者对苏武的赞美之情。《屈原列传》中，上官大夫、靳尚、令尹子兰等人的误国行为与屈原一心为国的行为形成对比，而渔父的选择对屈原的人物形象也起了衬托作用。

此外，除了在叙事中寄寓褒贬，中国古代的史书有在篇末直接发表议论的传统。苏武的传记是附在《汉书·李广苏建传》中的，后面的"赞"中有这样的评论。

演示文稿引入：

赞曰：……自广至陵，遂亡其宗，哀哉！孔子称："志士仁人，有杀身以成仁，无求生以害仁"，"使于四方，不辱君命。"苏武有之矣。

（《汉书·李广苏建传》）

作者引用孔子的话，赞美苏武杀身成仁的精神，说他真正做到了出使不辱，这是直接的赞美。而《屈原列传》课文最后一段中，司马迁表示"适长沙，观屈原所自沉渊，未尝不垂涕，想见其为人"，表现出对屈原之死的深切同情。

比起《苏武传》以叙事为主的写法，《屈原列传》中还有大段的议论，比如课文第 3 段、第 8 段，说屈原"正道直行，竭忠尽智以事其君""信而见疑，忠而被谤"，屈原的品格"虽与日月争光可也"，这些都是直接呈现对人物的赞美。

（3）问题：课文后面的"学习提示"说《苏武传》"精于剪裁"，既然如此，为何要花费那么多笔墨在李陵身上？

明确：在古代史传中，有对副角的描写超过主角的情况，《苏武传》就是其中一例，明明传记的主角是苏武，却耗费了大量的笔墨写李陵。以语言描写为例，李陵的话仅仅从篇幅上看就几乎是苏武的两倍。课文第 9 段后面省略了《汉书》原文苏武与李陵告别的情形。

演示文稿引入：

于是李陵置酒贺武曰："今足下还归，扬名于匈奴，功显于汉室。虽古竹帛所载，丹青所画，何以过子卿！陵虽驽怯，令汉且贳陵罪，全其老母，使得奋大辱之积志，庶几乎曹柯之盟，此陵宿昔之所不忘也！收族陵家，为世大戮，陵尚复何顾乎？已矣！令子卿知吾心耳！异域之人，壹别长绝！"陵起舞，歌曰："径万里兮度沙幕，为君将兮奋匈奴。路穷绝兮矢刃摧，士众灭兮名已隤。老母已死，虽欲报恩将安归！"陵泣下数行，因与武决。（第 9 段后

省略部分）

在苏武的传记中，耗费了这么多的笔墨，让叛徒李陵为自己进行辩护，这是耐人寻味的。课文第8段中作者借李陵之口，说李陵和卫律的罪行"上通于天"，这就是说，两人犯的是同一种罪。从大的倾向上讲，作者对李陵一定是否定的。但是，苏武对待卫律是唾骂，对待投降的李陵却是与他一起喝酒，仍旧像朋友一样。苏武的态度，其实也呈现出作者的态度。作者对于卫律是彻底否定，对于李陵是否定中又寄寓了一定程度的同情。

问题：回想课文的内容，说一说：李陵出场后，苏武的形象有了怎样的改变？你是否同意下面的观点？

演示文稿引入：

苏武是个扁平型人物。尤其一开始苏武出场的两次自杀，宛如"机械反应"的行为模式，一点也不动人……事实上，《苏武传》中的苏武开始"有血有肉"，是从李陵上场以后才使人有所感觉的。……明明苏武是传主，可是副角的李陵，反而成为聚焦所在，其形象之鲜明巨大，几乎完全把苏武掩盖掉了。

（何寄澎《〈汉书〉李陵书写的深层意蕴》）

明确：从艺术上讲，李陵这个人物是有血有肉的，作者对他的聚焦算不上喧宾夺主，也谈不上"几乎完全把苏武掩盖掉了"，这种聚焦反而活化了苏武的形象，使两个人物的形象都变得丰满了。

（4）语言描写与动作描写。

《论语·公冶长》中有云："听其言而观其行"。基于这种"听言观行以察其人"的传统，史传文学中主要以人物的言行呈现人物的内在品质，少有西方文学中的大段心理描写。比如我们上节课分析过的苏武与卫律、李陵的交锋，语言非常出色。

问题：请同学们结合课文，另举一例分析语言描写与动作描写的妙处。

明确：屈原与渔父的问答，可以作为语言描写的例子。渔父主动发问，试图为屈原指出道路。从他对圣人的描述来看，他是一个隐者，又是一个智者，他对现实有着清醒的认识。他的话形象生动，用"随其流而扬其波""哺其糟而啜其醨"来形容与世俗和解的一种状态。屈原同样以譬喻来回应，"新沐者必弹冠，新浴者必振衣"，自身的洁净容不得世俗的玷污。渔父的诧异、同情、不以为然、试图开解，以及屈原的决绝，通过这样的对话跃然纸上。

再比如《苏武传》中的"苏武牧羊"一段，这一段中，苏武主要的动作是"卧啮雪，与旃毛并咽之""掘野鼠去草实而食之""杖汉节牧羊，卧起操持"。

首先要弄清楚苏武当时面临什么样的处境。单于要逼他投降，用的是让他承受肉体折磨的方法，想要打垮他的意志。先是把他放在大窖中。窖是收藏东西的地洞或坑，空间狭小，人要是被困在里面，精神上会感到压抑和绝望。这种情况下，又断绝了饮食，人很容易就会精神崩溃。而苏武的动作是"卧啮雪，与旃毛并咽之"，"卧"就说明他境况不好，"啮"和"咽"，说明旃毛和雪是难以下咽的，苏武以惊人的意志试图求生。

匈奴人都觉得不可思议，把他转移到北海上牧羊。那里是荒无人烟的地方，苏武的同伴都被分开囚禁，他都没法与他们见面。让他放牧公羊，公羊生了小羊才放他回去，这就等于永远不可能回去。这是试图用长期的孤独以及没有希望的未来摧垮苏武的意志。

而苏武在没有粮食的情况下，挖掘野鼠洞里藏的草籽之类的东西充饥，在这样的困境中，他仍旧保持着旺盛的生命力、强烈的求生欲。到底是什么力量让他能这样顽强地活着呢？"杖汉节牧羊，卧起操持"提供了答案。"旄节"是古代使臣所持的一种标识，有一个杆子，杆子末端用旄尾装饰。苏武始终拿着汉节，导致末端的旄尾都脱落了。显然这就是苏武的精神图腾，就是苏武的力量来源。苏武"持节不失"的行为让读者一下子就碰触到他精神的内核，那就是永远忠于汉朝，永远不忘汉使的身份，这使他永远怀着希望顽强地活下去。

4. 结语。

"回到历史现场"，需要分析作者的观点及传达方式。这节课我们概括了苏武与屈原的精神内核，并分析了作者以怎样的方式传达出对传主的赞美。史传经常在叙事中暗含对人物的评判，还经常使用对比以及侧面烘托的写法，中国古代的史书又有在篇末直接发表议论的传统。通过剪裁对人物事迹进行繁简的处理，也可以传达出作者的倾向性。另外，史传文学中主要以人物的言行呈现人物的内在品质。这些都是史传的叙事艺术。

5. 作业布置。

（1）《屈原列传》课文第 3 段中的给予《离骚》高度评价的文字，实际上出自西汉淮南王刘安写的《离骚传》。有的研究者认为，《屈原列传》中本来没有这段文字，这是后世的人加进来的。有的研究者则认为，是司马迁认可刘安的评价，所以将其编进了《屈原列传》。试述这两种观点如果成立，分别会对这篇传记造成什么样的影响。

（2）以班固的视角，为苏武写一则人物短评。

6. 板书设计。

作者的观点及传达方式

叙事艺术

叙事中寓褒贬、对比、侧面烘托、篇末议论、文中议论、剪裁

语言描写、动作描写

【课时四】作者的观点及传达方式（二）
——《过秦论》与《五代史伶官传序》

一、教学目标

1. 概括史论的观点。

2. 分析史论的说理艺术。

二、教学重点与难点

1.《过秦论》与《五代史伶官传序》的结论是否偏颇？

2.《过秦论》以叙代议，《五代史伶官传序》叙议结合，是否属于史论的典型写法？

三、教学过程

1. 导入。

上节课我们学习了史传中作者的情感倾向及其叙事艺术，这节课我们主要分析《过秦论》与《五代史伶官传序》的观点及说理艺术。

2. 作者的观点及其合理性。

（1）问题：《过秦论》与《五代史伶官传序》的作者提出的观点分别是什么？

明确：《过秦论》认为秦亡的原因在于"仁义不施而攻守之势异也"。《五代史伶官传序》认为人事影响盛衰，"忧劳可以兴国，逸豫可以亡身""祸患常积于忽微，而智勇多困于所溺"。

（2）小组讨论：《过秦论》的结论是否武断？

明确：之所以从秦孝公讲起，是因为商鞅变法。这里确实有个逻辑上的问题。

演示文稿引入：

宋代的苏轼等人就认为，攻守道一，"用权谋攻，用仁义守"是靠不住的。为什么同样是"仁义不施"，秦原先能够一统天下，而后来却失去了天下？

（3）背景介绍。

汉代，撰写政论散文总结秦亡的教训，一时蔚为风气。陆贾之后，贾谊、董仲舒、司马迁等都有相关的创作。

演示文稿引入：

高帝……乃谓陆生曰："试为我著秦所以失天下，吾所以得之者何，及古成败之国。"

（《史记·陆贾列传》）

《史记·陆贾列传》汉高帝曰"试为我著秦所以亡失天下"；"过秦""剧秦"遂为西汉政论中老生常谈。严氏（指严可均）所录，即有贾山《至言》、晁错《贤良文学对策》、严安《上书言世务》、吾丘寿王《骠骑论功论》、刘向《谏营昌陵疏》等，不一而足。贾生《过秦》三论外，尚复《上疏陈政事》，戒秦之失。汉之于秦，所谓"殷鉴不远，在夏后氏之世"也。

（《管锥编》第三册"全汉文卷一六"《过秦论》）

问题：对秦亡的教训，各家有各家的说法。为什么贾谊偏偏要着眼于"仁义不施"呢？因为他深受法家和儒家思想的影响，而且也有黄老之学的印记。当时汉初，经过秦的暴政和秦末的群雄争霸，急需休养生息。《过秦论》有三篇，课本选的仅仅是上篇。

演示文稿引入：

既元元之民冀得安其性命，莫不虚心而仰上。当此之时，专威定功，安危之本，在于此矣。

秦王怀贪鄙之心，行自奋之智，不信功臣，不亲士民，废王道而立私爱，焚文书而酷刑法，先诈力而后仁义，以暴虐为天下始。夫并兼者高诈力，安危者贵顺权，此言取与守不同术也。秦离战国而王天下，其道不易，其政不改，是其所以取之守之者无异也。

二世不行此术，而重以无道：坏宗庙与民，更始作阿房之宫；繁刑严诛，吏治刻深；赏罚不当，赋敛无度……

（《过秦论》中篇）

秦俗多忌讳之禁也，忠言未卒于口，而身糜没矣。故使天下之士倾耳而听，重足而立，阖口而不言。

（《过秦论》下篇）

中篇中作者分析饱受动乱之苦的百姓"冀得安其性命，莫不虚心而仰上"，而秦王朝反倒变本加厉，二世即位，不能改弦更张，最后才导致覆亡。下篇又指出严刑酷法导致臣下不敢进言，使得秦王朝失去自我纠正的能力。结合贾谊个人的思想背景与当时的时代背景，就能理解他为何会得出这一结论。

（4）小组讨论：《五代史伶官传序》的背景。

北宋初年，薛居正等人编写了《五代史》。而欧阳修自己又编写了一部《新五代史》。有的同学问：为什么不见伶官的事迹，主要是在写庄宗？因为《五代史伶官传序》是为《伶官传》写的序，后面接着就是几个伶官的传记，伶官的具体事迹在那里介绍，序起到总起统摄的作用。

欧阳修针对一些特别有借鉴意义的事件，用序、论的形式来阐明自己的看法，目的是给当代提供借鉴。

演示文稿引入：

自撰《五代史记》，法严词约，多取《春秋》遗旨。

（《宋史·欧阳修传》）

他的史论富有情感力度，文学色彩很强。历代也有不同的意见。

大致褒贬祖《春秋》，故义例谨严；叙述祖《史记》，故文章高简，而事实则不甚经意。

（《四库全书总目提要·史部·正史类》）

好个欧九，极有文章，可惜不甚读书。

（《宋稗类钞》引刘敞语）

这是因为他修史有明确的目的，而对史实确实有所忽略。

3. 问题：两篇史论的共同点是什么？

明确：都是从人事的角度着眼，指出盛衰主要基于人的作为。

4. 说理艺术。

（1）问题：两篇史论所用的说理方法有何共同点？

明确：都用了对比手法。《过秦论》以诸侯的强和陈涉的弱做对比，以秦得天下与失天下做对比。《五代史伶官传序》主要以庄宗忧劳而得天下与逸豫而失天下做对比，凸显忧劳与兴国、逸豫与亡身之间的必然联系。

（2）赋体与散体的区别。

《过秦论》属赋体，以叙为论，铺排史实，气势充沛，语言宏肆；《五代史伶官传序》属散体，叙议结合，结构严谨，辞气委婉，语言平易。两篇风格迥异。但是两篇都有一些排比对偶句。

（3）《过秦论》与《五代史伶官传序》作为史论的典型性。

有的同学表示疑惑：《过秦论》是以叙代论，只是极力描写秦的强大，这样也能算作史论吗？其实选入课文的《过秦论》只是引入的部分，真正的论在中、下篇，所以课文不能视为史论的一般样式。

相对来说，《五代史伶官传序》更加典型。先是开门见山，提出论点："盛衰之理，虽曰天命，岂非人事哉！"接下来说出这一结论的依据："原庄宗之所以得天下，与其所以失之者，可以知之矣。"接下来是分说，一段写"所以得天下"，一段写"所以失之"。前者突出庄宗的"成"：接受晋王的遗命，最终报仇，建立功业。后者突出庄宗的"败"：仓皇逃窜，君臣泪下沾襟。文章提出"成败之迹皆自于人"，将人事具体分为"忧劳"和"逸豫"，照应开头。最后一段总结全文，进一步提出"祸患常积于忽微，而智勇多困于所溺"，再用"岂独伶人也哉"作结，引发读者思考。

5. 结语。

要理解史论中作者的观点，就要回到作者所处的历史现场。这节课我们结合《过秦论》与《五代史伶官传序》的写作背景，分析了其观点的合理性。从说理艺术方面看，这两篇都以对比手法的运用为特色。但是《过秦论》属赋体；《五代史伶官传序》属散体。两篇风格迥异。作为史论，相比《过秦论》的以叙代议，《五代史伶官传序》的写法更典型一些。

6. 作业布置。

（1）阅读资料，列出秦朝灭亡的一些可能原因。

（2）模仿《五代史伶官传序》的写法，改写《过秦论》。

7. 板书设计。

背景：时代、个人

说理艺术：对比、赋体与散体、语言、结构

【课时五】后世传承与当代立场
——探讨李陵、屈原等历史人物

一、教学目标

1. 回到后世评论者的历史现场，分析其出发点。

2. 探讨应该基于何种立场对待历史著作。

二、教学重点与难点

1. 对李陵形象的争论。

2. "回到历史现场"与立足当下的关系。

三、教学过程

1. 探讨李陵、屈原等历史人物的相关争议。

2. 认识家国情怀、担当精神、重人事等历史精神的当代价值。

3. 讨论古人的现场与今人的立场之关系。

4. 作业布置。

（1）延伸研究：自选角度，进行本单元课文的贯通写作。

（2）实践研究：从现当代人物（如钱学森）的事迹看爱国精神的文化传承；设计一个端午节纪念屈原的活动方案等。

（3）文学创作：给屈原、苏武、李陵等人写信；写《吊屈原诗》或《吊屈原文》；撰文与贾谊商榷秦亡的原因等。

5. 板书设计。

文化精神

传主——作者——论者——今人

历史现场

以古观古——理解

以今观古——传承　扬弃

四、教学实录

1. 导入。

师：在前面的学习中，我们探讨了史传中作者的情感倾向以及史论中作者的观点，提到必须回到作者所处的历史现场才能更好地理解作者。而随着时代的改变，后世的评论者又站在各自的立场上对史传中人物的行为或者史论的观点提出各种不同的意见。让我们选择一个人物来作为例子加以说明。

2. 有关李陵的争议。

（1）回顾作者的立场。

师：《苏武传》中，有一个人物容易造成认识的分歧，那就是李陵。从大家的预习作业中也能看到，很多同学对他抱有无尽的同情之心。我现在想问问大家：假如你要为李陵辩解，你能想到哪些理由？

生1：李陵孤立无援，他的战败是有原因的。而且汉武帝对他太过分了，没有弄清楚，就杀了他的全家。汉武帝对李陵有偏见，他觉得李陵是叛徒，没有想到李陵有一天会带着单于的脑袋来……

师：你这个想法是哪里来的，你为什么会觉得他会带着单于的脑袋来呢？

生1：一些资料，司马迁的《报任安书》等。

师：你是有史料支撑的。我们来找找（翻找演示文稿）。

演示文稿引入：

陵虽驽怯，令汉且贳陵罪，全其老母，使得奋大辱之积志，庶几乎曹柯之盟，此陵宿昔之所不忘也！收族陵家，为世大戮，陵尚复何顾乎？

（《汉书·李广苏建传》）

就是这里的"曹柯之盟"，曹沫劫持齐桓公的故事。所以这种说法是有史料支撑的。还有别的吗？

生2：李陵带了不足五千的步卒。

师：对方是多少？

演示文稿引入：

且李陵提步卒不满五千，深践戎马之地，足历王庭，垂饵虎口，横挑强胡，仰亿万之师，与单于连战十有余日，所杀过当。

（司马迁《报任安书》）

生2：亿万之师。

师：这个说法有点夸张，但是以少击多是一定的。他不但孤军深入，而且以少击多。我们找的这些理由是从《报任安书》《汉书·李广苏建传》中来的。在学习《苏武传》的时候，我们曾经关注过文章的剪裁问题，特别指出作者在李陵身上耗费了大量的笔墨，由此可以看出作者对李陵表现出了一定程度上的理解和同情。

（2）问题：司马迁对李陵持什么态度？

师：以前我们一起学习过《报任安书》，司马迁对李陵持什么态度？司马迁也是持同情理解的态度。众所周知，司马迁正是因为替李陵辩解才遭受宫刑的。从年代讲，谁在前面？

生（齐）：司马迁。

（3）李陵、司马迁、班固三者的历史现场有何关系？

师：也就是说，班固继承了司马迁的观点。我们所讲的历史现场，实际上是作者还原乃至重塑的。也就是说班固和司马迁共同打造了传主苏武以及另一个重要人物李陵的历史现场。具体说来，李陵的历史现场是司马迁在《史记》中还原的，而班固的《汉书》进一步确认和巩固了这一现场。

（板书：历史现场 传主 作者）

（4）后世立场的变化。

那么后世的评论者是如何看待李陵的呢？咱们在《中华古诗文阅读》中学过一篇假托李陵的作品，叫什么？

（板书：论者）

生（齐）：《答苏武书》。

师：汉魏六朝时期，出现了一些假托李陵、苏武所作的书信以及诗歌，集中表现了李陵的痛苦。比如在影响巨大的我国最早的一部诗文总集《昭明文选》中，就有一篇署名李陵的《答苏武书》。虽然这封信的真实性在历代都受到怀疑，清代编选的《古文观止》还是把它选进去，成为流传至今的名篇。

唐宋以来，很多人都对李陵的事件专门撰文发表议论。有同情的一派，也有批判的一派。

演示文稿引入：

李陵事件的后世评价

理解同情的：

（明）黄省曾

（明）张煌言

（清）周容

（清）王源

（清）五礼图

（清）张金镛

批判的：

（唐）白居易

（宋）何去非

（宋）秦观

（清）刘命清

（清）邹鸣鹤

（清）方宗诚

表示理解同情的主要有明代的黄省曾、张煌言，清代的周容、王源、五礼图、张金镛。理由就是大家说的那些，也就是司马迁和班固说的那些。表示批判的最早是唐代的白居易，宋代有何去非、秦观，清代有刘命清、邹鸣鹤和方宗诚。①

问题：为何汉魏六朝时的人大多延续了司马迁、班固的观点，而唐宋以来则产生了争议？

（小组讨论）

师：这一组的同学说"魏"，北魏是很特别的，特别到什么程度？北魏的创立者拓跋氏被认为是李陵的后人。我再给大家补充一点，北周、唐代也不断有人追祖李陵，《新唐书》也把李陵放在唐代皇室李氏的世系中。②

生3：我斗胆说一说……

师：你大胆说，不用斗胆。

（众笑）

生3：魏晋六朝时期是乱世。司马氏篡权，政治高压，所以当时的人比较容易和李陵产生共鸣。

师：晋朝为什么"以孝治天下"，而不是强调"忠"呢？司马氏自己就是篡权的。李陵不忠，也就不用特别批判了。

生4：南北朝时期，北方一些少数民族纷纷建立政权。

师：那宋代也有少数民族政权啊。

生4：南北朝时期少数民族政权是在中原地区，而且汉化了。

师：对，他们甚至进入汉文化圈，部分被承认了。和李陵所处的时代夷

---

① 马昕.仕胡汉臣的历史评价分析——以李陵、王猛、许衡为典型样本 [J].江苏师范大学学报（哲学社会科学版），2015（1）：41—43.

② 温海清.北魏、北周、唐时期追祖李陵现象述论——以"拓跋鲜卑系李陵之后"为中心 [J].民族研究，2007（3）：73—80.

夏冲突激烈的情况有所不同。

生4：宋代理学兴起，强调"存天理，灭人欲"，更加强调忠君报国。所以这之后反对李陵的声音会比较多。

师：我总结一下同学们的看法，两条：一是历史现场中的政治状况发生了变化，二是历史现场中的思想状况发生了变化。南北朝时期大量汉人在少数民族政权任职，难道这时候会强调李陵不该在匈奴任职吗？宋代，比如金，并没有被汉化，也没有大量汉人跑去金做官，金人一直被当作异族看待。从思想上来看，魏晋儒学受佛、老思想的影响出现玄化倾向，我们叫作玄学。而宋代转化为理学。唐宋以来重新进入大一统时期，儒家的正统观念得到强化，所以有一些人对李陵这样的投降者发起了批判。

也就是说，历史现场变化，观点就可能发生变化。但是，其中有没有不变的东西呢？

后世理解同情李陵的，无非认为李陵有杰出的军事才能，立下了赫赫战功，投降是为了有一天能劫持单于报效汉朝，汉武帝杀李陵全家才导致李陵没了退路。批判李陵的，像白居易，说李陵投降是不忠、不孝、不智、不勇。还有人批评李陵好大喜功，孤军深入。

问题：这两派在政治立场方面共同默认的基本观念是什么？

生5：李陵投降是事实，都认为他是错误的。一方认为他的错误是可以理解的，另一方认为他的错误是无法原谅的。

师：我们还可以再补充一点，是可以理解的，而且本来是可以补救的。他的投降是假投降。我们看看这位研究者的评论。

演示文稿引入：

纵观历代对李陵战败降敌行为的看法，我们发现无论是同情、称赞还是批判，都在一个点上达成一致。批判者……默认汉臣转事胡廷就是不忠不孝天理不容之行。同情者……其实同样默认李陵应该始终心向汉朝，对他个人的同情也都是建立在这一政治立场基础上的。

（马昕《仕胡汉臣的历史评价分析——以李陵、王猛、许衡为典型样本》）

不变的是一种基本的判断：一个人不应该背叛自己所属的群体。实际上从传主到作者到论者，都没有否认这一点，历史现场当然会发生改变，但是永远会有不变的文化精神流传下来。对苏武来说，我们可以说这种精神是爱国。

问题：为什么苏武不会引起争议，而李陵会引起争议？

师：让我们再次回顾苏武的行为。课文第3段，苏武知道了张胜卷入谋反事件，怎么说的？"事如此，此必及我。见犯乃死，重负国。"欲自杀。第4段中，单于让卫律叫苏武去听取供词，武谓惠等："屈节辱命，虽生，何面目以归汉！"引佩刀自刺。苏武为了使国家不受辱，宁愿自杀。李陵的问题就是不肯自杀。李陵兵败，汉武帝非常希望李陵战死。

演示文稿引入：

陵败处去塞百余里，边塞以闻。上欲陵死战，召陵母及妇，使相者视之，无死丧色。后闻陵降，上怒甚……上闻，于是族陵家，母弟妻子皆伏诛。

（《汉书·李广苏建传》）

"陵败处去塞百余里"，这就来不及救援。"上欲陵死战，召陵母及妇，使相者视之，无死丧色。"汉武帝甚至把李陵的母亲和妻子叫来，派看相的观察她们的神情，发现她们没有李陵必死的脸色，汉武帝于是认为李陵不忠诚，后来投降的消息传来，这就坐实了自己的判断，所以汉武帝非常愤怒。历代为李陵辩护的人，都认为他的投降是一种策略，李陵还是忠于汉朝的。而批判他的人则说投降是事实。争论的焦点无非是李陵是真投降还是假投降。苏武则是决不投降，宁愿一死。这是两个人根本上的区别。

后来汉武帝后悔没有救援李陵，派一个叫公孙敖的人带上军队深入匈奴，想要把李陵接回来。公孙敖无功而返，但是带来了一个消息，他听俘虏说李陵在帮匈奴练兵对付汉朝。汉武帝当然大怒，于是杀了李陵全家。后来才弄明白了，其实替匈奴练兵的是一个叫李绪的，不是李陵。

前面我们提到，历代同情李陵的人，往往觉得汉武帝对李陵不公。但是汉武帝对苏武怎么样？

演示文稿引入：

且汉厚诛陵以不死，薄赏子以守节，欲使远听之臣望风驰命，此实难矣。

（李陵《答苏武书》）

闻子之归，赐不过二百万，位不过典属国，无尺土之封加子之勤。而妨功害能之臣，尽为万户侯；亲戚贪佞之类，悉为廊庙宰。

（李陵《答苏武书》）

"厚诛陵以不死，薄赏子以守节"，因为李陵不能战死而重罚李家，因为苏武守节而轻赏苏武。具体说来，李陵全家被杀；苏武回汉朝后"赐不过二百万，位不过典属国"，给的财产很少，给的职位很低，没有封侯，对比那些得志的佞臣，实在是不公平。

再回顾课文第 7 段李陵劝苏武投降时说的话，他列举了苏武哥哥、弟弟及母亲的遭遇。可见汉武帝对苏武确实刻薄寡恩。李陵对于自己的家人被杀，反应非常强烈，对汉武帝始终怀着怨恨。但是苏武怎么回应？请大家一起朗读一下。

生（齐）：武曰："武父子亡功德，皆为陛下所成就，位列将，爵通侯，兄弟亲近，常愿肝脑涂地。今得杀身自效，虽蒙斧钺汤镬，诚甘乐之。臣事君，犹子事父也，子为父死，亡所恨，愿勿复再言！"

师：苏武愿肝脑涂地报答陛下，他听到家人的情况，完全无动于衷。苏武是个忠君爱国的理想化的人物。他完全不顾个人安危，不顾家庭遭遇，对国家无所求，始终把使命和国家利益放在第一位。他对国家的忠诚是无条件的。而李陵则顾及个人的生死，哀痛家人的遭遇，不满汉武帝的寡恩，他对国家的忠诚是有条件的。作者对李陵的理解与同情，显示了国家大义与个体情感之间的调和倾向，避免了过于极端的立场。

（5）家国情怀。

李陵身上体现了家族与国家的利益冲突。单元导语中用了一个词：家国情怀。家是家族。我们用《礼记·檀弓下》的这句话来说明家和国的关系。

演示文稿引入：

歌于斯，哭于斯，聚国族于斯。

（《礼记·檀弓下》）

这个"族"就是"家"。如果不清楚这个，我们就想不通另一个人的选择，那就是屈原。大家可能想不到，对于屈原，也有过一些争议。

3. 有关屈原等人的争议。

（1）讨论：有人认为，屈原爱的楚国只是一个诸侯国，天下有许多诸侯国，他的爱国不是太狭隘了吗？如果把各国看作一个整体，屈原只是爱他的家乡，这能算是爱国吗？还有我们熟悉的《秦晋崤之战》中弦高犒师的故事、《左传·定公四年》中申包胥哭秦庭的故事，这两个人算是爱国吗？甚至有人提出这样的疑问：岳飞到底算不算民族英雄？这个问题曾经在文化界引起很大的争论。有些人认为从整个中华民族的角度看，抗金其实是民族内部的争斗，说岳飞是民族英雄，这难道不是狭隘的民族视角吗？请同学们思考一下：

这种质疑，是否有道理？

生6：我觉得这也是因为历史现场不同。对岳飞来说，这就是他的国家。现在所有民族统一为一个国家，这个国家的定义就不一样了。所以对我们来说，不是在国家层面上，但是对岳飞来说，这就是国家层面。所以岳飞应该算民族英雄。

师：（板书：以古观古）"回到历史现场"去理解，就是"以古观古"。从今天的中华民族的概念来看，说岳飞不是民族英雄，或者至少提倡谨慎使用"民族英雄"这样的字眼，无疑是有道理的。但是对人物的评论不应该离开当时的历史现场。

在岳飞的时代，汉民族跟金人就是敌对的双方。从岳飞时代实际上的民族范围出发，金人确实是异族，岳飞站在本民族的立场上抵抗外敌入侵，就应该算民族英雄。你难道能为秦桧叫好，说他是维护民族内部团结的英雄吗？只是彼时的民族概念和今天的民族概念在外延上有所不同。如果我们认为屈原不是爱国诗人，岳飞不是民族英雄，就意味着"以今观古"（板书：以今观古），拿今天的观念来要求古人。

更重要的是，我们前面讲到，从古至今，有一些不变的东西传承下来了。不管是岳飞还是屈原、弦高、申包胥，他们体现的都是对于自己所属群体的一种自觉的认同和不变的忠诚，这个群体的范围可以随着历史情况的改变而改变，但是这种认同和忠诚的精神却永远不会变，具有永恒价值。

比如屈原眷恋故土，这是他的爱国。他是楚王的同族，楚国是他的家。这就是家国情怀。而我们今天提倡爱国，也正是因为我们生于斯，长于斯，聚族于斯，我们都眷恋这片土地，这是我们的爱国，和屈原爱楚国的精神实质上是完全一致的。

（板书：文化精神　家国情怀　今人）

所以也许我们就可以理解这样一种现象：历史上每当外敌入侵时，像屈原、岳飞这样的人物，就会成为鼓舞士气的力量来源。

演示文稿引入：

抗日战争时期屈原及《楚辞》研究成为热点。

20世纪80年代中日学者关于"屈原否定论"的论争：20世纪80年代，日本20多所高等学校编的《中国文学史》教材中，提出屈原是"传说人物"，引起我国学者的关注。此后中日学者进行了一系列的论争。部分日本学者提出屈原是"戴着纸糊的假面的人",司马迁的《屈原列传》是编造的"虚假货色",我国学者对此坚决予以批驳。

问题:这次论争的焦点仅仅是屈原存在与否的问题吗?这是个学术问题吗?

生:政治问题。

师:有同学说"政治问题",也可以说是文化问题。爱国意味着爱这片土地,这些人,以及这片土地上流传至今的文化精神。这次论争其实远远超出学术的范围。我们捍卫的是什么?是屈原所代表的文化精神。

(2)不变的文化精神。

虽然历史现场一直在变化,但是这种精神自古传承至今,从不间断。从司马迁开始,到苏武,再到后世评论者。

演示文稿引入:

司马迁提出"发愤著书"的说法,以屈原写《离骚》的精神鼓舞自己。早在南北朝时期,梁代吴均的《续齐谐记》中,就已经提出五月五日是为了纪念投水的屈原。①

屈原对民俗也造成了很大影响。在端午节起源的说法中,纪念屈原是流传最广的一种。屈原的精神甚至可以超出国界,是属于整个人类的宝藏。

演示文稿引入:

1953年,世界和平理事会将屈原与波兰哥白尼、法国拉伯雷、古巴马蒂列为当年纪念的世界文化名人。为此,中国邮电部当年发行了全套四枚纪念邮票。

我想问问大家,屈原是咱们国家的,关别的国家什么事?关世界和平理事会什么事?

生7:在很多国家,或者说在所有国家,尤其是在发生战乱的时候,爱国被视作一种至高无上的品德。

师:每个国家都有自己的屈原、苏武,每个国家都有爱国精神,这种文化精神放在任何一个团体当中都成立。对所属群体的一种忠诚,永远都是值得肯定的。

4. 担当精神与重人事的传统。

本单元的课文,我们用家国情怀统摄两篇史传没有问题,但还有两篇史

① 王根林,等. 汉魏六朝笔记小说大观 [M]. 上海:上海古籍出版社,1999:1008.

论呢？有没有一种东西可以把四篇都统摄起来？

生8：单元导语当中提到的担当精神。苏武的种种做法，都体现了舍我其谁的精神，他的爱国体现了深层次的担当精神。屈原也是如此。

师：关键是两篇史论，分析的是历史教训，哪里有担当精神呢？

生8：这是总结前代教训，这更是大局上的担当。

师：贾谊、欧阳修为什么要替皇帝操心？天下兴亡，匹夫有责。这就是担当精神。

（板书：担当）

还有一点，《史记》开创了纪传体，特点就是"以人系事"，也就是以人为核心。《五代史伶官传序》开篇就说天命与人事。这个单元几篇课文都是在讲人事，讲人做出的选择。前代的教训，都与统治者的做法有关系。这都是人事。

（板书：重人事）

5. 对个体生活经验的作用。

《过秦论》《五代史伶官传序》都是讲国家治理的，其中的道理可以迁移运用到个人经验中来。《过秦论》反对统治者"仁义不施"。从个体来讲，对于自我不能悦纳、过于严苛，会导致心理上以及行为上的问题。《五代史伶官传序》讲的"忧劳可以兴国，逸豫可以亡身""祸患常积于忽微，而智勇多困于所溺"的道理，对个人完全成立。人如果沉溺于享乐，比如各类游戏以及感官享受等，就容易丧失斗志，迷失人生的方向。也要注意"勿以恶小而为之"，要谨小慎微，认真对待生活。要本着以史为鉴的原则，结合自身的生活经验，真正做到"古为今用"。

6. 今人的立场。

如果说"回到历史现场"是"以古观古"，那么从当前的现实境遇出发来评判古人，就是"以今观古"。以《苏武传》为例，选入课本时是做了处理的。原文有这么一节。

演示文稿引入：

武闻之，南向号哭，欧血，旦夕临数月。（第8段后省略部分）

问题：课文删去了苏武听到汉武帝死讯时的反应一节的原文，保留或删去这一节，会对人物形象塑造产生什么影响？

明确：苏武听到消息，"南向号哭，欧血，旦夕临数月"，朝着汉朝的方向哭，吐血，好几个月每天早晚都哭着吊祭汉武帝。对比他听到自己家人遭遇的反应，可以看出，他是一个忠君到了极点的人物。课文删去了这一节，就让他人物形象中忠君的一面弱化了，苏武就不是忠于皇帝，而是忠于汉朝了。

问题：编者为什么要这样处理？

明确：在过去，忠君和爱国的精神是重合的。今天的社会，早已经不是封建专制的社会了。苏武对于自己家人的悲惨遭遇无动于衷，也显得与当代的价值观念相悖。这样处理，可以强调到今天仍旧有价值的家国情怀，而淡化忠君这样的价值观念。

如果说"以古观古"意味着理解（板书：理解），那么"以今观古"则意味着传承与扬弃（板书：传承　扬弃）。今天的我们不但要理解古人，更重要的是要以扬弃的态度进行辨析，这也就是鲁迅《拿来主义》所提倡的态度。

7. 结语。

这节课我们以历代对李陵的有关争论为例，说明了只有回到评论者的历史现场，才能理解其观点的差异。后世的传承，就是通过对历史的重新阐释而进行的。而从李陵、苏武、屈原、弦高、申包胥、岳飞等人身上可以发现，家国情怀这样的文化精神，是由传主到作者到历代评论者再到今人，一脉相承，永无断绝的。"回到历史现场"意味着"以古观古"，而以史为鉴意味着"以今观古"。前者意味着理解，后者意味着传承。两者结合，就是我们对待历史应有的态度。下面发给大家研习任务单，作为下节课小组汇报活动的内容。这节课就上到这里，下课。

【课时六】当代的回响
——单元贯通写作与讲评

一、教学目标

1. 小组交流研究成果。

2. 单元贯通写作交流点评。

二、教学重点与难点

本单元贯通写作的要点。

三、教学过程

1. 导入。

前面几堂课我们探讨了历史现场中人物的选择、作者的观点及其传达方式，讨论了后世评论者的历史现场与其观点的关系，并且分析了文化精神的传承，指出要将"以古观古""以今观古"相结合，达到对文化的理解与传承。本节课我们以成果展示与单元贯通写作点评的方式来体现历史著作对今天的我们的价值和意义。

2. 成果展示。

（1）小组交流成果，互相点评。

说明：以小组为单位，登台展示，评价方法主要是小组互评、教师点评。

（2）成果总体情况。

选择写《吊屈原诗》或《吊屈原文》的同学最多，给屈原、苏武、李陵等人写信的次之，选择从现当代人物的事迹看爱国精神的文化传承，或者设计一个端午节纪念屈原的活动方案的再次之，撰文与贾谊商榷秦亡的原因的同学最少。

其中写现当代爱国人物事迹一项，选钱学森的最多，另外还有华罗庚、邓稼先、王淦昌、施一公、江竹筠、钱钟书等。

（3）成果选登。

六州歌头·游沧浪亭劝屈公
梦断云亭

唐天浩

屈公试看，春意满幽园。生危石，浮浅雾，透雕轩，挂朱檐。缦立高亭下，星明灭，云来去；千秋过，皆如故，易衣冠。竹径通明，寻取梦窗步，舞榭歌筵。望远山叠幕，今夕两无言。只道人间，泪如泉。

问沧浪水，清兮耳？浊兮耳？亦悠然。试灯处，归犹见，既登仙，事何全？来往皆前定，江南好，酒中欢。沉醉里，兴为赋，万人传。山水有情，一叶烟波去，江海无边。料南公泉下，也见楚为天。公且自怜。

吊屈原文

孙瑞阳

五月五日，诣屈平之故郡，见烟波茫茫龙舟竞发，闻粽叶飘香十里之巷，感三闾氏民生之多艰，故有鄙作，聊以抒怀。

披萝带荔之山人兮，婷婷然其雅步。含笑其凝睇兮，折芳馨于桂树。余念其婵媛兮，娥眉偏引人妒。矫首以临清泉兮，虽美政其未足。恶草竞生，众芳萎绝；奸佞当道，蹇蹇谁说？竹林芜秽，叔夜索琴而奏《广陵》；河清未极，王粲登楼而为名赋。事已如此，怀瑾握瑜于黄钟毁弃之时，盖鹓鶵其不免见疑乎哉！凭听沧浪，未若溘死以长流；铺糟啜醨，不如投江以沉浮。

屈平既没，余斗胆度怀王之意，纵观楚地谄士高张，卒沦于混沌之中，定悔懊不及，虽悔过思改，又安得良机？

低语风檐下，谁人垂丹青？故割而不卷，后成神兵；焚而不变，方知英琼。余独彷徨于横波粼粼之上，渔舟欸乃遥接孤雁独鸣。四下无人，星斗皆寂寞；七星不见，长庚始东升。咨嗟罢，哀斯人已逝；悲回首，惟湘江空流。

3. 单元贯通写作交流。

（1）单元贯通写作的要求。

首先，要找到贯通点，比如有的同学用家国情怀或者担当精神来贯穿整个单元，这样就具有整体性，真正有贯通的感觉。

其次，要有机融合全单元课文，把单元的课文变成为自己思想服务的材料，而不是单独列出，写成孤立的各篇读后感。

最后，单元贯通写作应该有联系现实的意识，特别本单元课文是由史传与史论组成的，原本就有着以史为鉴的意义。

（2）出现的问题。

有的同学只是简单概括课文内容，没有找到那条串起来的线，那就起不到贯通的作用了。有的同学对人物事迹展开过多，叙述过多、议论太少。单元贯通写作是一种思维训练，应该以分析为主。有的同学在联系现实方面有问题，比如有一名同学写到《五代史伶官传序》时这样说：

六一居士的观点不禁让我想起孟子所言"生于忧患，死于安乐"。在这个尼尔·波兹曼所说的"娱乐至死"的世界里，我们何以不"死"于娱乐，何以不"毁于自己所热爱的东西"？娱乐注定无法逃避，就如影子般在每个阳光投射的地方忠实出席，说如影随形也不为过。娱乐或是以出人意料的形式吸人眼球，或是借助大数据以个性化服务的口号出现，循循善诱地劝导我们"投怀送抱"。如果说娱乐对应即时享乐，那么长久的默默付出而得到的收获则是延迟满足。如果后者被赋予更为深远而厚重的意义，那么我们在很大程度上就能排除前者的干扰而持守后者。

虽然讨论"娱乐至死"很有现实意义，但是毕竟这和"忧劳可以兴国，逸豫可以亡身"中的"逸豫"并不相同，这样联系显得比较牵强。

（3）例文及点评。

纸上的世界

林润暄

本单元的课文捞起了几片曾经辉煌悲痛的片段，从《屈原列传》到《苏武传》，从《过秦论》到《五代史伶官传序》，这些纸上的世界在静谧的空中远远俯瞰着我们，与我们的眼睛长久地对视和凝望。

这些文章是作者们站在历史这条轴上回望过去所书写的，他们所见到的过去的一切构成了完完整整的他们，对于旧时文化的学习、总结和扬弃是本单元中最突出的特色。

这些古代的人物与作者的处境非常契合，不同时代的作者都赋予了人物极具作者个人当时处境与时代色彩的使命。与其说他们是角色和事件本身，倒不如说是作者为说理或者寻找慰藉所改动，或在一定程度上构建出的人物和世界。这当然不意味着这样的描写完全失去了意义。实际上，历史正是这样一种被构建出来的意义，它们得以被记录并且留存于世，又继续被后世了解。当这样的文章与我们的眼睛不期而遇，这些文字和文化就已经具有被传承的意义了。比如《屈原列传》中屈原遗世独立的洁白与清高，《苏武传》中苏武对于汉朝的无限忠诚，《过秦论》探讨秦国兴亡原因显示的担当意识，它们无一不是现在我们依旧应当赞美和传承的美德，它们进入我们的脑海，然后成了我们的一部分。

我们不能认为这些文化完完全全构成了现在的我们，但是不可否认的是，它们的的确确在潜移默化中影响着我们，构成我们价值观中最基础、最底层的逻辑。文化的传承需要不断地被重提和学习。之所以屈原、苏武的故事能够依旧被现在的我们在课本中看到，就是因为历代对他们所代表的精神的一遍又一遍重申，就像屈原成为不与世俗同流合污的标志，苏武成为忠诚的符号一样。他们英雄般的事迹不断被传颂、被美化，甚至被神化，最后成为一个最根本的概念根植在我们的心灵最深处。是我们所接触到的文化构成了我们独有的东方式价值判断体系，这些文化并非仅仅作为"学习文化"的目的而存在，而是在对语言和文化的学习中根深蒂固地埋藏在人民心底。

在最基础的文化得以传承之后，人应当开始向主动理解文化和传承文化的方向迈进。在从为生存需要而获得的传承中跳脱出来之后，人得以站在略略高一些的台阶上俯视文化的全局。我们开始发自内心地意识到，对于文化的传承与不断的理解不仅仅应当服务于脑中空洞的口号，它们如同生命和血脉的花一样鲜活地存在着，是一代代人不断地筛选和淘汰之后剩下的未被掩藏的幸运儿，它们和我们所看到的异族的文化相对照，成为我们本民族文化认同感的来源。这是我们之所以成为我们的一切。所以我们应当抱着无限的惊异与好奇去探究和理解它们。

当我们将自己与它们温柔地烧铸在一起之后，不由自主升起的渴望推动我们将这样的文化传递给来者。这些美丽又神奇的一切，在每一瞬间都触动我们的灵魂，让我们升起紧紧拥抱它们的欲望，然后再传给几年、几十年甚至几千年之后的人。以后的世界是由曾经的过去的人挥就的理想和美的纸上世界。越久远的历史就被淘洗得越发干净。不同的制度、统治者刻意隐藏不谈的故事，有些一定已经被埋在层层叠叠的浮沙之下了。可以想象，河床底下存在着某些我们永远也无法发现的美丽的遗憾，但是在一切科幻小说里的时光机器出世之前，我们都注定与它们没有一丁点的缘分。那些被埋藏又重新被众人淘洗出来的文化像是身经百战却依旧不死的战士，它们生下来的时候就有着惊心动魄的美。在第一次生命完结之后，它的生命因后人为他们穿上的衣甲而延续，它们如同站立在生命之路两侧的守卫，为后人撑起了头顶上无比高远的深邃的天空。

我们沉醉于文化这一壶酒的狂欢，在苍穹之下保持眼底最初的清明，我们向来者把头顶上绚烂的星空继续绘制下去，它们是我们整个民族文化时空构成的宇宙。

点评：这篇单元贯通作文开篇就以"对视"和"凝望"来传达对历史的理解态度，明确提出要学习、总结、扬弃。接下来从历史人物的行为中，概括出一种在当时处境与时代色彩下的使命感。就历史构建的意义而言，作者认为这是我们价值观中最基础和最底层的逻辑。作者有意识地探讨了文化的传递与文化精神在今天的意义，真正做到了贯通。在读通本单元课文后进行一种理性的思考，也具有现实意义。如果后半部分关联课文更紧些会更好。

4. 作业布置。

（1）为本单元的小组活动写一份小结。

（2）根据讲评修改自己的单元贯通作文。

＠ | 附 录

落实"双新"语文课程要避免三种关系误读

黄荣华

随着"双新"语文课程的逐步推进，学习任务群、单元学习任务、单元贯通等概念，已成为大家必须去面对、去理解、去用教育行为落实的概念。

从"双新"课程一年多的课堂实践与研讨活动来看，有三种关系容易被误读，这里略做整理。

一、学习任务群与单元的关系

新教材每册课本的几个单元都可以分属不同的学习任务群。但这样的分属与确定，我认为不是绝对的。一旦绝对化，就会画地为牢。这也是与新课标所强调的综合性、关联性相悖的。

因为强调综合性、关联性，所以从高一到高三，每学期都会遇到多个学习任务群。如果将学习任务群绝对化，就不可能将一个学习任务群分置于不同的学期来学习。既然能分置于不同的学期，那么，分置的单元就一定具有相对独立性，同时也就一定要与每学期的其他学习任务群的分置单元相融合。也就是说，被分置的单元，肯定有其单元意义、学期意义、学年意义，而不是只具有学习任务群意义。

二、单元学习任务与单元学习的关系

现在强调任务驱动，似乎每个教育行为都要这样做，这也陷入绝对化了。一旦绝对化，就会走上死路。因此，看待单元学习任务，一定要与教师对单元及其单元文章的教育价值的认识相联系。任务驱动是一种教育方式，方式不能替代教育内容体现的教育本质。所以，我认为，如果教师有高于对教材规定的单元学习任务的认识，是完全可以突破教材规定的单元学习任务去设计自己想带进课堂的教育内容的。当然，这里的"高于"与"突破"，绝不应当是"随意"的借口，绝不应当是"自以为是"的借口，而应当是基于对语文本质的认知而产生的对自己的教育行为的高度自觉。

单元学习任务肯定是非常重要的，但若单元学习一味以教材规定的任务驱动为准，那创造性的"校本化"教育就不可能产生，因材施教的教育原则就不可能被尊重、被遵守。

因此，在"校本化"教育的情境中理解单元学习任务的意义，而不是被单元学习任务完全套住，才能真正将单元学习的意义最大化。

三、单元文章之间的关系

十多年来，我一直强调打通单元文章之间的壁垒，主张单元贯通教学，并且认为每个单元的贯通点都可从"思想内容""艺术境界""言语方式"等几个方面来构思。现在"双新"语文课程强调大单元、大情境、大主题教学，这与我十多年来的倡导是相通的。

但就我目前了解的情况看，大家基本上还停留在"思想内容""艺术境界""言语方式"的"共性知识"上，还没有进入对文章个性特征的把握。如几篇小说的贯通，仅从"环境""情节""人物"这三要素形成的"共性知识"上去展开。这其实还是以知识为本的教育思想指导下的教育行为，与"双新"课程的要求相距甚远。

大单元、大情境、大主题教学，不是简单地将单元文章统一在"共性知识"的情境中进行教学，而应当是以文化主题将单元文章贯通起来展开教学，在文化主题的贯通教学中，融进各种知识教学。这可以拿之前我们一直强调文言文教学要"以文化言"来类比。

"天理"可依
——高中《语文》必修下册第一单元一个单元贯通点的叙述
黄荣华

《庖丁解牛》中庖丁眼中的"天理"，就是牛身上脉络和筋骨交错聚合处的大缝隙——"技经肯綮"之"大郤"、"族"之"大窾"。

庖丁通过十九年的锤炼，从解牛开始时的"所见无非牛者"，到三年之后的"未尝见全牛"，到十九年后的今天可"依乎天理""因其固然""以神遇而不以目视""批大郤，导大窾"，即可依据牛身上脉络和筋骨交错聚合的地方的大缝隙，神行解牛，游刃有余。

庄子以"庖丁解牛"为喻谈"养生"的关键，就是锤炼自己"依乎天理"的能力，使其"进乎技"而达于"道"的境界。这样，遇到任何困境（"技经

279
附录

肯綮"或"族"），就都能发现"天理"，"依乎天理"而走出困境，自在任我行，成为"自由"的人。

确确实实，在无论怎样骇人的天灾中，总有高人可以找到老天留下的"生路"。那"生路"就是"族"中"大郤"吧。

将道家的"依乎天理"置于儒家的处事之中来观察，我们将发现，儒家学说作为处理社会关系的学问，一样具有"依乎天理"的高超智慧。

只是在儒家学问中，"天理"不是道家语境中的纯粹的自然之理（也即道家所谓"天人合一"），而是自然与社会相契的"天人合一"之理。

像《子路、曾皙、冉有、公西华侍坐》所描述的"莫春者，春服既成，冠者五六人，童子六七人，浴乎沂，风乎舞雩，咏而归"，就是典型的儒家文化逻辑中的"天人合一"，或者说"天地人和"，或者说"人神共舞"，或者说"天律人应"。

怎样实现曾皙心中，也是孔子心中的这个社会理想呢？就是"礼""乐"教化。《子路、曾皙、冉有、公西华侍坐》一直在"礼""乐"教化的语境中展开，也可感觉到这一点。

以"礼""乐"教化实现"天律人应"的社会理想，这就是《子路、曾皙、冉有、公西华侍坐》中的"依乎天理"。

像《齐桓晋文之事》，"保民而王"就是"依乎天理"，更具体地说，就是"无失其时""勿夺其时""谨庠序之教""申孝悌之义"。

像《烛之武退秦师》，"有益于君"就是"依乎天理"。无论对秦伯，还是对郑伯，还是对晋侯，在"退师"的语境中，"天理"均存于"有益"二字中。烛之武洞悉了这一点，所以所言均围绕此核心展开，击中了秦伯内心深处的两个"大郤"：秦国长远利益、秦伯个人野心。因此，秦伯毫不犹豫地"与郑人盟"。

春秋确实无义战，所战均在于各诸侯国自身利益的维护与扩张。《左传》所记，其历史正义，基本源于各国自身如何捍卫自己的国家利益。

像《鸿门宴》，在"鸿门宴"的具体语境中，"天理"于项羽而言，就是兑现自己对项伯的"许诺"，"因而善遇之"；于刘邦而言，就是在强敌面前巧妙脱身；于司马迁而言，就是将项、刘各自的特征彰显出来。

应当说，上面三层分析更具道家"天理"的性质——自然性。如果从儒家的"天理"视角来看，则项羽的作为让我们看到了"人事""人情"中的高贵，看到了"人性"中的高贵。试想，如果项羽真的像绝大多数人所言，他应当毫不犹豫地对刘邦实行"斩立决"，而"斩立决"了，还会有真正的"鸿门宴"吗？那项羽就与刘邦等同了，都成了功利人了！那两位"大人物"的对决，就成了功利人级别高低的决胜了！

恰好相反，"鸿门宴"之所以成为千古名宴，是因为项羽在这次宴会中，显现了人类极可贵的品质：真实、真诚、人情味实足。

他"许诺"项伯不杀刘邦而显义，"因而善遇之"而显仁："留沛公与饮"，对范增"数目"与"举所佩玉玦以示之者三"而"默然不应"，最后接受沛公"奉白璧一双"而"置之坐上"。

项羽所为背后的文化逻辑是：未遵守当年与诸侯的共约——"先破秦入咸阳者王之"，因而心中有亏而不安、而不忍；不杀来使（伸手不打笑脸人）而不忍；对阴谋不屑而不忍。

这三种"不忍"背后，是人类的共情心与同理心，是常情常理。

"不忍"作为人类的共情与同理，在一般情境下，人们一般都能保有，但在特殊情境中，人们即可能将其舍弃而选择功利。

相反，当一个人在特殊情境中依然保有常情常理，而放弃个体功利，这个人就极可爱怜。

"鸿门宴"语境中的项羽，正是这样一个可爱怜之人。

他因不具利益计算，而显赤子情怀；因不具功利目的，而显诗性魅力。

所以，我一直以为，项羽是一位伟大的诗人。

"鸿门宴"是项羽诗性心灵的一次释放。作为诗人的大手笔，则是"垓下"与"乌江"惊天动地的壮举——别姬，儿女情长而哀婉动人；自刎，以死守节而气冲霄汉。"垓下"壮举最为淋漓尽致地彰显了项羽的诗人性。

这样看来，项羽与刘邦的对决，是高级别的诗人与高级别的功利人的对决。自然，从功利意义上看，诗人是敌不过功利人的。但从审美意义上看，诗人是高贵于功利人的。

从功利意义上看，人类历史最悲哀之处，就是功利人胜利，诗人失败。

因此，我以为，《鸿门宴》中的"天理"，就是项羽作为大写的人——诗人的"天理"与刘邦作为功利人的"天理"的一次意味深长的"对话"。

在这次"对话"中，于历史意义而言，也可以说于人类意义而言，从很大程度上说，大写的人并没有失败，相反是胜利了。这个胜利，就是项羽完成了项羽的自我塑造。

极难能可贵的是，项羽是在一个人孤立无援的情境中完成了这次塑造的。

（项羽确实是孤立无援的：从"鸿门宴"开始，一直到今天，两千多年来他极少有支持者。相反，无论是政治家，还是历史学家，还是学者，还是普通人，绝大多数人都指称他的"不忍"为"妇人之仁"，都讥讽他鼠目寸光，既刚愎自用，又优柔寡断，都如范增那样骂他"竖子"！我以为，人们乐于接受对项羽这样的指称，是因为人们只从功利意义上考量项羽的行为得失，是因为人们都在利益算计中。）

我以为，在"鸿门宴"的这次塑造完成后，项羽必然会走向"乌江自刎"的最终塑造。

如果把"鸿门宴"看作一次试炼，则可以将"乌江自刎"看作一次铸就。

我这样的理解，一定会有人不同意的。

但我还想说，至少，"鸿门宴"上的项羽、"垓下"别姬的项羽、"乌江自刎"的项羽，都是在雪莱给定的诗的定义之中的。

雪莱说：诗是最善最美的思想在最善最美的时候。

我当然知道项羽的暴戾、残毒，许多时候甚至可以说项羽就是一个快意屠夫。但我还是要说，"鸿门宴"的项羽、"垓下"的项羽、"乌江自刎"的项羽，确实是一位诗人！

本单元的"'天理'可依"，给我们一个重要启示：

如果把每个单元看作一头"全牛"，则每个单元都是可以找到"'族'之'大部'"的。关键要看，我们是"族庖"，还是"良庖"，还是"神庖"，还是"道庖"。

这也是我确信单元贯通教学可行的又一重要理由。

尽管现在有许多人对"双新"课程的大单元教学多有不解，多有怨言，多有谤言，但我却更加坚信，不解者终会因成"神庖"而终解，怨言者终会因所获甚多而消怨，谤言者终会因谤无所谤而弭谤。

语文教育，从文体单元教学走向主题单元教学，是一大进步；从单篇细碎教学走向单元贯通教学，是一大进步；从"双基"（语文知识与语文技能）教学走向学科核心素养教育，是从"术"达于"道"的教育，是"以道驭术"的教育。

如果看不到进步，依然固守"双基"，依然固守考试知识，依然固守"课课练"思维，依然只是在细碎的知识中"把玩""品咂"，是对"双新"课程无知的表现与不作为。

高一第一学期第五单元
——单元贯通学习（2008 年的单元贯通教学）

黄荣华

一、课堂实录

师：今天我与同学们交流单元贯通学习的问题。这个单元是高一第一学期第五单元，就是我们同学现在手中课本的第五单元。这个问题可能大家稍微陌生一点，但是不要紧，通过一节课的交流，我们会对这个问题有所认识，我也期待同学们有所收获。我们先看看这四个字："单元贯通"。"单元"不用讲了，"贯通"稍微解释一下。嗯，我们可以讲是：贯穿、沟通。

（板书：贯穿、沟通）

师：然后达到知识、思想、文化的融合。

（板书：融合）

师：形成我们自己生命成长所需要的一种内在的文化。（停顿）就带着这样一个目的，进入我们的单元贯通学习。现在请同学把这一单元的三首诗——《蒹葭》《咏史》《饮酒》，连在一起，不间断地背诵。可以背诵吧？（师微笑）《蒹葭》，一，二，三……

（生齐背诵《蒹葭》《咏史》《饮酒》）

师：背诵得比我们班同学好，我们班没你们背得好，但是节奏还可以慢一点。我们再看《种树郭橐驼传》。

（生翻书）

师：能不能把第 3 段齐读一下？希望比刚才背诵的节奏掌握得好一些。"又谓曰"，预备——读！

（生齐读《种树郭橐驼传》第 3 段）

师：好。速度还可以慢一些，还可以慢一些……下面我们翻到《病梅馆记》。

（生翻书）

师：读后面两段，速度再慢一点啊。"予购三百盆，皆病者，无一完者"，预备——读。

（生齐读《病梅馆记》后两段）

师：很好。那我们顺着这样一个思路来看一看：这五篇——三首诗、两篇文章，它们都写了哪些主要内容？

（演示文稿推出："课文主要内容"）

师：再回顾一下，能不能回顾一下？（停顿）《蒹葭》——我请离我最近的同学来回答。

生1：就是说它给我们写出了那种明知不可为而为之的悲剧性。

师：嗯……明知不可为而为之的……

生1：悲剧。

师：那从这首诗里，能不能找到一个能表达这个意思的主要的句子？

生1：（翻书）

师：主要内容……

生1：主要内容就是……从原文找吗？

师：对，从原文里能不能找到表达你刚才讲的这样一个主要意思的句子？

生1：就是……"溯洄从之，道阻且长。溯游从之，宛在水中央。""溯洄从之，道阻且跻。溯游从之，宛在水中坻。""溯洄从之，道阻且右。溯游从之，宛在水中沚。"

师：很好。那么这里面，这几个句子，它反复咏叹的，重复最多的，最重要的一个词，请问是哪一个？

生1：（思考）"溯洄"……"溯游"……

师："溯洄"……"溯游"……后面还有一个什么字？

生（齐）：从。

师：这"从"在这里是什么意思，同学们？

生（齐）：追随，追寻。

师：追寻，是吧？你把一开始说的那句话回忆一下，这个追寻，这个"从"，是不是符合你刚才的意思？

生1：（思考）

师：好，没事……请坐下。大家看一下，《蒹葭》这首诗，它核心的内容，是不是最关键的一个词——"从"，是吧？"从"，大家看一看，想一想……我们把它提炼出来，"从"谁？"从"什么？"从之"。那个"之"是谁啊？从诗里看，"之"是谁？

生："伊人"。

师："伊人"。追求伊人，但是不可得，是吧？刚才同学讲得很好。我们可以把它概括一下，把她的话转移到这里——

[演示文稿推出："从"（追求）"伊人"但可望而不可即]

师："从""伊人"但可望而不可即。于是有了一种什么啊？悲剧的……某种悲剧的意味，是你（指生1）说的，是吗？

师：好的，那我们再看一看第二篇，第二篇《种树郭橐驼传》。

生：（翻书）

师：写的……主要内容是什么？我刚刚已经点了一名同学，有没有同学愿意站起来说一说？你来，好吗？

生2：嗯……是通过种树来揭露当时官员扰民、害民的表现和行为……

师：嗯……通过种树，首先，通过郭橐驼种树这个事来说，是吧？它主要写什么？

生2：种树之道。

师：种树之道……很好。郭橐驼的种树之道是什么？从文章里找，把核心内容找出来。

生2："能顺木之天，以致其性焉尔。"

师：再简化一点。

生（部分）："顺木之天"……

师："顺木之天，以致其性"，对吗？很好……（示意生2坐下）那么你再补充说一下，把她刚才讲的后半句用文章里的话表现出来。

生3：（思考）

师：大家想一想……从文章里找出来。（停顿）柳宗元写这个郭橐驼干什么？她刚才讲了，（指生2）我们用文章里的话说出来。"移之官理"就怎么样啊？

生3：……

师：我们大家看一看，郭橐驼他怎么说的？

生3："我知种树而已，官理，非吾业也。"

师：嗯。

生3：他最终得出的结论就是"吾小人辍飧饔以劳吏者，且不得暇，又何以蕃吾生而安吾性耶"。

师：好的。（示意生3坐下）我们再把这个句子一起朗读一下，就是倒数第2段，倒数第二句，"吾小人辍飧饔以劳吏者，且不得暇"，预备——读。

（生齐读："吾小人辍飧饔以劳吏者，且不得暇，又何以蕃吾生而安吾性耶？"）

师：我们看，郭橐驼"顺木之天，以致其性"，所以他能把树种得很好。把郭橐驼这样一个种树之道移到"官理"，即为官治民这样一个事情上来，能达到一个什么目的？用郭橐驼的话说，是一个问句，要把问句变成一个肯定的陈述。来，能不能把这几个字处理一下，概括一下，那就是达到一个什么目的啊？

（生讨论）

师：哎，"安"什么？

生（齐）："安吾性"。

师："安吾性"。"安吾性"之前还要什么？

生（齐）："蕃吾生"。

师：我们把它概括为四个字，那就是什么？

生（齐）："蕃生""安性"。

师：好的，我们大致可以这样说，《种树郭橐驼》写这个郭橐驼种树，他就是能"顺木之天，以致其性"。"移之官理"，那么就能使百姓"蕃生""安性"。这是这篇文章所写的主要内容。

（演示文稿推出：郭橐驼种树能"顺木之天，以致其性"。"移之官理"使百姓"蕃生""安性"）

师：我们再来看一看《病梅馆记》。

（演示文稿推出："文人画士之祸"使"江浙之梅皆病"。"予"全力"纵之顺之""复之全之"）

师：我们看到这里——（指向）"文人画士之祸"使"江浙之梅皆病"。这是第1段写的。（停顿）后面两段写作者怎么办呢？"予"全力"纵之顺之""复之全之"。（停顿）好，我请同学来把这个"全"字做一个比较好的诠释。这个"全"在这里是什么意思呢？你怎么理解？来，我们这名同学——

生4：使它保全自然形态……

师：保全它自然的形态。那在这篇文章里，这个"全"跟哪一个字是近义词？就在这一段里找一找。

生4："复"。

师："复"……"复"是什么？

生4：恢复。

师：恢复，使它恢复。恢复到怎么样啊？再看看这一段，哪一个字啊？大家一起说。

（生讨论）

师：声音大一点。

生（齐）："完"。

师："完"，完全。这个"完全"在这里是什么意思？来，你说一下。

生5：我觉得"完"的意思就是使它有它原来的那种天性，保持它的天性吧。然后这个"全"，我觉得不单单是指它的这种形态方面的全，而是一种内在的，内在的一种……因为（好像）他写病梅，而实际上是通过病梅写人才。人才被压抑的不单单是他所谓的外在，内在的思想、那些理念，他的观点都被压抑住了。所以现在这里的"全"就是要让他的思想完全发挥出来，要把他的那种理念讲出来，而不被外界所束缚。

师：嗯，由于他自身的那个什么？

生5：自身的那种品性，自身的那种独特性……

师：自身的特性都能表现出来……这样的人既是身体健康的，也是什么啊？

生5：我的意思是说，如果他像病梅一样，思想被限制住的话，他就算身体是健康的，思想也是残缺的。

师：现在是身体不怎么样啊？

生5：身体……

师：你看，这个病梅的特征是什么？

生5：病梅的特点是"曲""疏"还有"欹"。

师：啊，那么"全"和"完"的特征是什么？

生5："全"和"完"是直、立、正。

师：立、正、直。不光外在的形态是这样，内在的精神、性格等都应该是这样的。那么这个"完""全"的意思，我们把它概括一下，能概括吗？是什么？

生5：一种内在品性的……

师：还有外在的……

生5：哦，还有外在的，外在的和内在的。

师：我们不仅要精神好，我们身体也要好。所以是一个什么样的人啊？

生5：内在和外在……

师：都是一个什么样的人？

生5：都是一个健全的人。

师：健全的人……好，请坐。那么《病梅馆记》所写的内容实际上就是这两个，要使人在生理和心理上成为一个健全的人，也就是通过"纵之顺之"而"复之全之"。

师：好，我们再来看《咏史》。《咏史》所写的主要内容是什么？来，那名同学，该你了。

生6：（思考）

师：《咏史》所写的主要内容是什么？他还没想清楚，请坐下。来，旁边的同学，把诗里所咏的主要内容读出来。

生7："世胄蹑高位，英俊沉下僚。地势使之然，由来非一朝。"

师：再简化一点，讲主要内容。是前面两句还是后面两句？

生7：……前面两句。

师：到底是前面还是后面？不要再犹豫了。声音再大点，读出来，让大家都听到。

生7（提高声音）："世胄蹑高位，英俊沉下僚。"

师：好的，请坐下。《咏史》的主要内容："世胄蹑高位，英俊沉下僚。"

（演示文稿推出："世胄蹑高位，英俊沉下僚。"）

师：好，我们再看《饮酒》。《饮酒》的主要内容是什么？来，这名同学。

生8：向往隐逸的生活。

师：向往隐逸的生活……我们再从诗里找一找。

生8：（翻书）

师：好的，坐下。来，哪名同学能说出来？来，后面的同学。

生9：我认为是"此中有真意，欲辨已忘言"。

师："此中有真意，欲辨已忘言。"他获得了"真意"，是吧？

生9：嗯。

师：这个"真意"你能解释一下吗？

生9：是……

师：陶渊明自己说不出来，因为他"欲辨已忘言"。你要说一说，代他说一说。

生9：他是想去隐居……

师：好的，坐下。旁边的同学补充一下，他在什么情况下获得了这个"真意"啊？

生10：（思考）

师：一个核心的事件是什么？把它读出来。

生10："采菊东篱下"。

师：他在采菊，在东篱下采菊，是吗？"悠然见南山"，然后看到这种情景，突然获得生命的"真意"。这个"真意"，也许我们一下子说不清，但是我们知道这首诗的核心问题是，在这样一个采菊的时候，他获得了"真意"，是写的这个吗？好的，请坐下。我感觉到我们确实可以这样去理解——

（演示文稿推出："采菊东篱下"而得生活的"真意"）

师：我们把学过的几篇课文的主要内容回忆了一下。下面来看一看，可不可以从这些主要内容里面，找到它们的共同之处。也就是说有一根线，或者有一个什么内容，或者有一个什么词，可以让它们贯穿起来，可以让它们沟通起来，可以把很多东西融合在一起。大家看一看这些内容……有没有？来。

生11：就是都从自然界中得到了生命的感悟。

师：都从自然界中得到了生命的感悟。非常好，你能再解释一下吗？

生11：蒹葭、果树，还有病梅。《咏史》中有树，《饮酒》中陶渊明从采菊中获得真谛。

师：实际上就是在这个单元里面，我们看到了它们都有自然的生命，是吗？这里面有蒹葭、果树，还有梅、病梅。这里有什么啊？（指向《咏史》和《饮酒》）松和苗。还有什么啊？

生 11：菊。

师：很好，坐下。来，这名同学，还有什么？

生 12：嗯……

师：有没有啊？

生 12：它们都在说社会现象。

师：都在说社会现象。是呀，它们是通过这些自然的花卉树木，在说自然，说社会现象。是吗？这个社会现象，你能从这里面给大家说说是哪一些吗？

生 12：比如，《种树郭橐驼传》里面说那些官吏残害百姓，《病梅馆记》说当时这些人都摧残人才，《咏史》批判了门阀制度，《饮酒》里是间接批判……

师：批判什么？

生 12：当时社会风气的腐败。

师：社会风气的腐败……

生 12：世俗。

师：哦，好的。你继续说。

生 12：然后《蒹葭》……

师：《蒹葭》，找到了吗？社会的……那个"伊人"是什么？

生 12：作者追求的理想。

师：很好，请坐下。同学们从自然谈到它们的共通性，然后再从社会谈到它们的共通性，看到它们是有内在联系的。我们是不是还可以把这些诗文寄托的自然和社会理想，用我们老师跟你们讲的那样一个说法，给它表述一下？那叫什么？如《蒹葭》的作者表达了自己的一种思想情感。就是说共同的特征，它们都有什么？叫什么？

生（齐）：托物言志。

师：托物言志啊。那么这个"志"在这些课文里面，在这些诗文里面，我们看一看，是不是都体现了作者的某一种东西？我们来看一看，《蒹葭》。这里体现了这位诗人对什么的什么？可不可以填个空？是不是对"伊人"的什么啊？

生（齐）：追求。

师：追寻，是吗？

[演示文稿推出："从""伊人"（心中的美好）]

师：那么《种树郭橐驼传》体现了柳宗元这个"我"对什么的追求？

（生讨论）

师：一种什么理想？啊？声音大一点。对，是对百姓"蕃生""安性"的追求。

（演示文稿推出："顺木之天，以致其性"——百姓"蕃生""安性"）

师：《病梅馆记》是不是也可以体现一种追求啊？

（生讨论）

师：一种什么追求？让这些人，这些人才，都能怎么样啊？

师与生：健全起来……

（演示文稿推出："纵之顺之""复之全之"）

师：那么《咏史》是什么？我们从这句里面看（指向"世胄蹑高位，英俊沉下僚"），把它组合一下，能不能看到左思的追求？来，后面这名同学。

生13：我觉得可以。就是他希望打破当时的门阀制度，使真正的人才来献计献策。

师：真正的人才能怎么样？对，能得到重用，用这里的话说就是什么？

生（齐）："蹑高位"。

师："蹑高位"，很好。不是"世胄蹑高位"，而是什么？

生："英俊"。

师："英俊蹑高位"。

（演示文稿推出："英俊""蹑高位"）

师：（停顿）那么我们看一下《饮酒》，陶渊明所追求的就是什么？

师与生：获得一种"真意"。

（演示文稿推出："真意"）

师：所以，我们可以大致这样梳理一下：《蒹葭》《种树》《病梅馆记》《咏史》《饮酒》，它们都有作者的一种追求。我们可以从这个角度来把这些文章贯穿起来——"我"之追求。

（演示文稿推出："我"之追求）

师：我们会发现，他们的追求都是非常美好的。我们可以概括一下，大家看，我把它概括成这样几句话——

（演示文稿推出："每一篇美文都有作家美的追求，都寄托了作家美的理想，或者说都是作家'美心''善心''慧心'的居住地。"）

师：我让同学解释一下。"美心""善心"好解释。"慧心"呢？从刚才这些文章中，你能看到作者怎样的"慧心"？来，后面一名同学，试着讲一讲。

生14：从《蒹葭》里看，是作者对"伊人"的追求……

师：还有吗？

生14：在《种树郭橐驼传》中，作者希望做官之道要顺从民心。……我认为是"慧心"。

师：嗯，还有吗？

生14：还有《病梅馆记》，作者是希望使人才得到进一步发展。《咏史》的作者觉得真正的人才被埋没了，所以希望这些人才能更好地被重用。

师：这些实际上都渗透了作家对当时社会的一些什么？

生14：就是希望当时社会变得更好，要把当时社会一些不良的东西给改掉。

师：他们从那些现象中怎么样啊？发现了……

生14：发现了一些道理……

师：好的，请坐下。这里我们要一下子完全解释清楚可能也不是很容易。我希望大家慢慢地去思考这个问题。就是说每一篇优美的文章都可能蕴含着作者的一种智慧，对社会、对人生的思考，也可以说是他们对人生的憧憬与诉求。但是，具体的文章又会有所不同，正是因为这样，所以我们才可以进一步往下说——

（演示文稿推出："古今中外的杰出作品，它们从不同的方面表达了人类对幸福的诉求。每一篇特定的文章，都有作家对幸福的特定诉求。"）

师：其实我们看，这个"慧心"、这个"善心"、这个"美心"，就是我们诉求的那种幸福。这种诉求在每一个特定的作家那里是有所不同的。尽管刚刚我们从这五篇文章里演绎出了，或者说概括出了这样一个"'我'之追求"，但是他们的追求是有所不同的。也正是因为这样，我们对这样的文章，对这样的诗，对这样的散文，对这样的小说，对所有这么美的文章，都要带着一种非常虔诚的心情去拜读它，去叩拜它，甚至跪拜它。所以我感觉到，我们是读者，我们不能随便地将这样的幸福丢掉。应当将这样的幸福珍藏于我们的心间，使其成为我们人生之路上享用不竭的精神食粮，使其成为我们同学内心永远享用不尽的幸福之源。不仅仅是这几篇，我觉得，我们大家回过头来看一看，你高中的第一单元、第二单元、第三单元，你所学过的几乎每一篇文章都具有这样的特点。这是需要同学们好好思考的。

师：为了进一步地领会这一点，我们再来看这个单元，让我们试着把刚才这五篇文章的主要内容做一个排列。做一个什么排列呢？按时代先后排列一下，我们可以很快地排列出来。第一篇应该是——

生（齐）：《蒹葭》。

师：当然是《蒹葭》。先秦，孔子之前写的。注意，我在这里概括了一下："先秦，孔子之前。"第二篇应该是哪一篇？

生（齐）：《咏史》。

师：《咏史》是什么时代的？

生（齐）：西晋的。

师：很好。第三篇应该是哪一篇？

生：《饮酒》。

师：《饮酒》，东晋陶渊明。接下来是谁？

师与生：《种树郭橐驼传》。中唐。

师：最后一篇应该是《病梅馆记》，晚清。我们可不可以试着按这个时间排列，再来看一看他们的追求有何独特性？或者说他们的追求有何时代特点？把刚才我们同学说的，把以前所学的内容，再从另一个角度概括一下，从另一个角度贯通一下。看一看，有何特点。比如《蒹葭》……来，这名同学。你是那位诗人，你在追求"伊人"，你这个追求有何特征？

生 15：以自己为中心。

师：你能解释一下吗？

生 15：就是对自己心中的美好的追求。

师：对自己心中的美好的追求，以自己为中心。所以他可以怎么追求啊？"溯洄从之"，"溯洄"是什么意思？

生 15：逆流。

师：逆流……还可以怎么样啊？"溯游"……"溯游"是什么意思啊？

生（齐）：顺流。

师：就是可以向上，可以向下，可以向左，可以向右，以自己为中心，去追求心中的美好。这种追求是没有什么的？

生（齐）：没有限制的。

师：是没有限制的，是没有约束的，是有什么的？

生（齐）：有自由的。

师：很好。（示意学生坐下）那么为什么会是这样的呢？大家注意一下我这里写的"先秦，孔子之前"。回忆一下，我们中国的传统思想、诸子百家思想，主要是在什么时候产生的？

（生讨论）

师：什么时候啊？我们讲战国时期"百家争鸣"，是吗？孔子生活在什么时候？

生（齐）：春秋。

师：春秋末期。孔子是儒家的什么人？

生：创始人。

师：可以说是创始人了。所以《蒹葭》产生的年代，有没有儒家、道家、法家这些思想的约束？

生：没有。

师：没有。这是一个没有很多思想约束的时代，所以他们的追求具有什么特征啊？自由性，甚至具有梦幻性。（略微停顿）那么《咏史》作者的追求有什么特征？来，后面这名同学，你来说一下。

生16：影射当时社会的一个普遍的问题。

师：什么问题？

生16：就是门阀制度……就是身份的局限……

师：好的，请坐下。我们看，《蒹葭》的追求是自由的，也是不确定的，《咏史》所追求的呢，不是什么都可以的。这种追求是什么？追求一个施展才华的舞台。"我"是人才，"我"要尽其才，"我"要尽其气，"我"要成为一个什么人啊？一个有作为的人。这种追求是很明确的吧。如果说左思心中有"伊人"，那个"伊人"就是什么？那个舞台，是吗？今天我们大家似乎都有左思的这样一种心理，我们都在追求一个能尽才尽气的舞台。

（下课铃声响起）

师：因为时间的关系，大家自己去思考《饮酒》中的追求有何时代特征，《种树郭橐驼传》和《病梅馆记》中的追求有何时代特征。根据上面的分析，我们可以简略总结一下。第一，以"时代"为线索，我们可以看到不同时代"'我'之追求"的时代性——

（演示文稿推出："作家不可能超越现实，只有脚踏实地，应和时代的节律，才能产生无愧于时代的杰作。"）

师：第二，我们以"我"为线索，突出"'我'之追求"的独特性——

（演示文稿推出："每一个作家都有他的独特性，所以杰出的作品一定有其独创性，一定是'我'之独特追求的结果。任何人云亦云都不会产生杰作。"）

师：第三，以"意义"为线索，我们也可以把这些作品贯通起来，比如我们看到它们的普适价值的永恒性。所以我们今天读这些，产生深深的共鸣，因为这些作品具有一种永恒性——

（演示文稿推出：当作家的"美心""善心""慧心"与人类的幸福紧密相连时，追求就一定含着这样一种普适价值，含着一种永恒的意义）

师：正是因为这样，所以我们可以说——

（演示文稿推出："当'我'之追求具有了时代性、独特性、永恒性，'我'就为中华文化创造了精彩！"）

师：这些精彩都是需要我们去传承的，我们在后面将会创造更多精彩。好，我们这堂课到此结束。谢谢大家，谢谢同学们。

（"上海师范大学附属中学 50 周年校庆活动"研究课。时间：2008 年 11 月。地点：上海师范大学附中。班级：高一。）

二、教学笔记

谢应平校长交给我上海师范大学附属中学的邀请函，问可不可以去上一节课。看完信后，我给上海师范大学附属中学语文特级教师、副校长余党绪老师打电话，询问具体事宜。他说他们这次希望上课的老师能上一些个性化的课，不一定要很成功，但大家一定可以从中得到一些启示，并说我的课是有一些个性的，他们有所期待。我当然知道这是客套话，但他的鼓励还是增添了我的信心。

而此时，我们探讨的单元贯通教学正处在第二阶段——总结、推介阶段。

放下电话，我就想去上一节单元贯通学习指导课。应该说，这一堂课是有准备的。我希望把我们多年探讨的单元贯通教学的主体思想通过这节课展示给来自全国各地的老师，请他们批评、指导。

上课的前一天，我特意带着教案去请教于漪老师。于老师肯定了我的思路，但看过课件后，建议我将最后一句话修改一下。我的原句是："当'我'之追求具有了时代性、独特性、永恒性，杰作就从'我'手中产生了！"于老师说，把"杰作就从'我'手中产生了"改为"'我'就为中华文化创造了精彩"。我真的被感动了！于老师没有解释为什么要这样改，但我明白她的深意。她思考问题总是能打破"我"的局限！虽然只是一处修改，但"'我'之追求"的意义发生了巨变，变大了，变阳光了，变和谐了！

第二天的课上得还比较顺利。但因为上海师范大学附属中学的学生是第一次上这样的课，所以推进速度较慢，确切地说只完成了三分之二的教学设计，后三分之一的内容只是简略地介绍了一下，收了个尾。本来尾也可以不收，但毕竟是在外校上课，不能把尾巴留给别的老师，再加上我也想把这一过程完整地呈现给观课的老师，所以匆匆收了个尾。

在这里，对单元贯通教学做一点介绍。

我对单元贯通教学的探索始于 2003 年。二期课改试验本阅读教材以主题为单元组织，每单元有那么多文章，而每周四个课时又远远不够用。怎么办？当时就想，何不根据教学情况，每单元给出一个写作主题（或题目），让学生在这一主题（或题目）下把本单元的文章全部读完后，组织成文。如果每单元都写一篇这样的文章，6 册课本就有三十六篇文章；每篇 1 500 字，全部完成后就有 5 万多字。只要学生能认真按要求去做，认真完成写作，他们就会有非常大的收获。因为我相信语文学习的过程性——一个设计良好的完整的学习过程，一定具有自足性，可以说过程本身就是结果，过程即目标。后来，我逐步向其他老师推广这一做法。现在，在语文组老师的共同努力下，我们的单元贯通教学正日益完善，已经从最初的学生在一个主题（或题目）下的阅读与写作，发展为贯穿师生整个教学过程的自觉的教学行为。

通过几年的摸索，现在我们对单元贯通教学有这样的理解——

以课本的单元文本（根据需要可适当补充文本）为载体，抽绎出切合学生现阶段生命发展需要的思想（文化）主题作为贯通单元文本的主线，将学生语文成长所必需的各种语文知识与语文技能融入其中，把单元文本全部贯穿起来，形成一个包含语文知识、语文技能的富含多种文化养料的立体化的教学过程。它将避免仅从文章学的一般意义上开展教学，避免仅从语言的角度开展文言文教学，因而也就必然会避免因偏重"技术"教学而阉割语言文字背后的思想，必然会避免因偏重"知识"传授而掩盖语言文字背后丰厚的文化意蕴。

因为首先必须确立单元主题意识，所以它将必然会避免教师孤立地看待文本，因而也就必然会避免文本教学的面面俱到或杂乱无序，而能将每篇课文当成某一单元教学主题的重要一环去突出重点、突破难点。

因为单元教学主题的确定性（6册课本可确立三十六个基本主题），所以它要求执教者"瞻前顾后"，注重单元之间的关联，注重不同学段之间的关联，因而也就必然会促进高中三年的教学，使其具有针对性与有效性。

因为学生需要自主完成单元贯通主题的写作，所以它从主题的理解、材料的选择、贯通的过程等方面给学生的学习提出了全新的要求。它将"三型"课程有机结合，集接受型、研究型学习于一体。这样的学习，是知识储备与技能提升、感性激荡与理性导引紧密结合的学习，具有过程性，具有可操作性。实践证明，经过几年的单元贯通主题写作，学生不仅有了丰厚的文化沉淀，有了丰厚的思想、情感沉淀，而且逻辑思维能力得到了很大的提升，从而逐步形成对感性世界的抽象能力、对芜杂世界的整合能力、对多变世界的方向把握能力。这样，他们就可谓真正学会了学习。这样，他们自然就可在包括高考在内的各种各样的"应试"中从容以对。

因为最后由同学将其单元贯通写作最精彩的部分在课堂上展示给全班同学，所以它不仅给每一名学生以激励，而且在生命间的平等相待、相互欣赏等方面给每一名学生以深刻的影响。在全社会呼唤教育公平的今天，如何在具体的课堂教学中实现教育公平也是需要思考的问题。每一次单元贯通写作交流都给每一名学生以机会，并由学生自己根据精彩程度决定展示时间，相对而言它较好地体现了课堂的公平性，因而也就能真正体现对每一名学生的学业的尊重，体现对每一名学生事实上的关爱。现在我们的教育对给每一名学生以学业的尊重与事实上的关爱考虑得很少，落实到行动上则更少。因此，单元贯通写作自主交流对学生潜在的影响将是非常重要的，是极其深远的。

三、同行链接

眼中有文　心中有人

上海交通大学附属中学浦东实验高中　许　涛

很遗憾，2008 年 11 月，黄荣华老师应邀在上海师范大学附属中学上这节单元贯通学习指导课的时候，我没能亲听。又很幸运，有机会研读了这节研究课的课堂实录，受益匪浅。

从课堂实录看，这节课大体由"导"——目标提示、"忆"——课文回顾、"通"——贯通融合、"收"——小结收束四部分构成。其中课文回顾包括课文诵读和内容回忆，可谓次重点。贯通融合当是本节课的重点兼难点，又可分两层：第一，每篇美文都是"我"之追求；第二，"我"之追求具有独特性、时代性、永恒性。"导"，先明确内容——贯通第五单元，提示目标——"达到知识、思想、文化的融合""形成我们自己生命成长所需要的一种内在的文化"。这既是老师教学的良好愿望，也指明了学生前进的路径和目标。课文诵读带学生进入文本，营造书声琅琅的语文课堂气氛，既为复习检测，也为下面的内容回忆做铺垫；老师真诚的表扬（"背得好"）与精要的指点（"节奏慢点"）无疑都激励了学生，缓解了他们可能的紧张。内容回忆既起到了复习巩固的作用，又为其后贯通融合的难点的突破奠定了必要的基础。贯通融合第一层"每篇美文都是'我'之追求"，建立在前面内容回忆的基础上，显得水到渠成；第二层"'我'之追求具有独特性、时代性、永恒性"，又在前面第一层的基础上，变换角度（以"我"为线索、以"时代"为线索、以"意义"为线索），自然生发。最后的小结收束充满殷殷期望，如阳光照耀在学生的心上。

课堂步步设伏，环环相扣，层层推进，如流水似行云，体现出清晰的思路、科学的流程。

二期课改试用本阅读教材以主题为单元，每单元课文前有"阅读提示"，后有"单元学习活动"，以"总分总"的结构方式形成提示—阅读—巩固提高的科学的层进体系。遗憾的是，包括笔者在内的许多老师，常自觉不自觉地忽视了主题单元的这一特点，习惯于将重点放在一篇篇课文的孤立讲解上，基本上置单元前的"提示"和后面的"活动"于不顾，或面面俱到，不能突出重点，或重复讲解，高耗低效。结果是师生眼中只见一棵棵树木（孤立的课文），而难见整片森林（单元及教材体系），当遇到另外一棵陌生的树时，仍不知它是属于哪片森林中的具有何种特点的树。

而黄荣华老师的单元贯通课，引导学生分析比较，归纳综合，感悟生发。将单元内的一篇篇课文连贯沟通，既读出了每篇课文的个性，又把握了单元文章的共性，并融合生发出更深层次的文化意义。这样的课堂，师生就既见树木，又见森林，既看见一个个点，又看见由此而形成的面。这样，当学生遇到一棵陌生的树或一个未见过的点的时候，就能够清楚地知道它属于哪片森林或在哪一个面上，具有什么特点，富有何种意义，从而真正做到触类旁通，举一反三。这样，当学生能由点而面，再面面相连，把三十六个面（高中语文有三十六个单元）连成一体的时候，它们几乎就覆盖了学生整个人生的全部生活、思想、文化的领域，真可谓"面面俱到"，笃定无忧了。

这节课，不仅将一个单元的课文贯通起来，而且将单元前的"提示"、单元后的"活动"与单元中的课文也贯通起来，教师真正领会了教材编者的意图，充分发掘了教材的内涵价值。课本中本单元前的阅读提示为："山川草木，构成人类生活的自然环境，也是引发灵感和哲思的一个源泉。《诗》《骚》以来，无数歌咏树木花卉的佳作，众多由花木意象生发的名篇，或抒发真挚情感，或讴歌理想人格，或体现高雅情趣，或揭示深刻哲理，林林总总、异彩纷呈。"这个阅读提示，实际上也是对本单元的一个概括的总结。在黄荣华老师的引导点拨下，在课文回顾、贯通融合部分，它就自然而然地被学生主动发现并概括了出来。再看本单元"单元学习活动"：一、作为高中生，我们应该对祖国优秀的传统文化有较多的了解……二、借助网络和书本资料，了解陶渊明、柳宗元所生活的时代的特点以及他们各自的思想、个性，分析这些因素对他们的影响。这两道题目在这节课上，尤其是在贯通融合部分也都得到了很好的解答。

不只是关注课文，更关注课文后鲜活的生命；不只是关注文字，更关注文字中深层的文化。这才是黄荣华老师单元贯通课最大的特色，也是它更高的价值所在。

毋庸置疑，高考的指挥棒，指挥着许多的语文老师，他们着眼于考试，追求着分数。在教学中，他们细致艰辛地分析研究一篇篇文章（从语言到结构，从手法到主旨），甚至不惜花费大量时间和精力，仿效高考考题的形式，把课文分解成一道道训练题，让学生进行操练。其结果就是师生眼里只有破碎的文章与毫无生气的考题，而忽略了文章后的作者、文中的人物和读者自身，忽视了他们的丰富情感和鲜活思想。其结果必然是"因偏重'技术'教学而阉割语言文字背后的思想"（见黄荣华老师的《教学笔记》）。黄荣华老师的单元贯通课，也关注课文，让学生背诵诗歌、朗诵课文，复习、贯通的过程绝非简单地贴标签，而是处处紧扣文本。但他更关注文本后鲜活的生命：《蒹葭》突出"伊人"的象征意义与追寻者的艰难和执着；《种树郭橐驼传》突出官吏繁令扰民与民不聊生的苦痛以及柳宗元对百姓"蕃生""安性"的关怀；《病梅馆记》突出统治者压制扭曲人才的残忍狠毒、被压制被扭曲的灵魂的抑郁痛苦、作者"爱梅疗梅"的决心；《咏史》突出左思对"世胄蹑高位，英俊沉下僚"的不合理的门阀制度的愤懑、对"英俊蹑高位"的强烈期望；《饮酒》突出陶渊明远离官场"采菊东篱下"的轻松悠闲。黄荣华老师的心中，有文，更有人：他关注文本中人物的情感思想，关注作者的情感思想，更关注学生的情感思想。

第一册第五单元由三首古诗和两篇文言文组成。同样，由于重视考分，包括笔者在内的许多老师，教诗歌便重在背默、鉴赏，教文言文则侧重于从语言的角度解词译句：通假活用，词法句式，枯燥讲解，机械操练。其结果必然是"因偏重'知识'传授而掩盖语言文字背后丰厚的文化意蕴"（参见《教学笔记》）。黄荣华老师的单元贯通课也讲文字："从"在这里是什么意思？"从之"，那个"之"是谁啊？"全"是什么意思，跟哪个字是近义词？"溯洄"是什么意思？"溯游"又是什么意思？……他的课也讲知识：这些诗文借自然现象来寄托社会理想，叫什么？（托物言志）孔子生活在什么时候？是儒家的什么人？（春秋末，创始人）……可与众不同的是，他无论是讲解字词，还是传授知识，绝不孤立机械，都是随课就义、连贯自然的；他讲字词、传知识更是为学生理解相关的深层文化做铺垫。在前面层层铺垫的基础上，黄荣华老师引导学生贯通融合，水到渠成地总结出如下的文化规律：每一篇美文都含有作家对美的追求，都寄托了作家美的理想，或者说都是作家"美心""善心""慧心"的居住地；分别以"我""时代""意义"为线索分析单元的作品，就会发现"我"之追求具有独特性、时代性、永恒性；当"我"之追求具有了独特性、时代性、永恒性，"我"就为中华文化创造了精彩。黄荣华老师的课堂，有文字，更有文化：他关注语言文字，更关注其背后的文化意义。

看了黄荣华老师这节单元贯通研究课的课堂实录，我又想起去年在复旦附中听过的他上的单元贯通写作展示课。在学完第一册第三单元（《最后的常春藤叶》《邂逅霍金》《一碗阳春面》）后，经过融合提升，同学们思考感悟，情思飞扬，纷纷上台，将自己单元贯通写作中最精彩的部分展示给全体师生。许多片段文质兼美，赢得全班同学和听课老师的热烈掌声，给我留下了难忘的印象。将黄荣华老师的这两节课连贯起来看，似乎更能领会他所开创的单元贯通教学的本质和非凡意义：连点成面，贯通巩固，读写结合，融合提升。

单元贯通教学的开创及其非凡意义的体现，源于黄荣华老师自身深厚扎实的知识功底，源于他对语文教学的不辍思考和不倦探索，更源于一个语文教育专家（或曰一个真正的文化人）对教育和生命的本质意义的追寻——他认为教育对生命具有文化约束与解放的双重意义；他的语文课堂关注生命，注重文化，时而侧重生命体验，时而侧重文化贯通。

"美是难的。"自然，语文教学也很难完美无缺。黄荣华老师在《教学笔记》中也坦言："确切地说只完成了三分之二的教学设计，后三分之一的内容只是简略地介绍了一下，（匆匆）收了个尾。"我们从课堂实录里也不难发现："我"之追求的时代性没有讲完，永恒性更没有来得及分析。其原因何在？我认为：第一，教师对课程结构的详略轻重掌控不当。内容回忆部分只是复习，并非新授课，却耗时过多，这就直接导致了后面重点兼难点贯通融合部分时间不够，内容无法完成。第二，"上海师范大学附属中学的学生是第一次上这样的课，所以推进速度慢"。而第二点，又恰好可以说明：学生上还是没上这样的单元贯通课，上多还是上少，其语文能力是有明显差别的——这就正好反证了单元贯通课的非常意义和深远影响。

要抵达黄荣华老师语文教学的艺术境界是十分艰辛的。做他的同行，我是愧疚的；而身为他的学生，大家却是幸福的。

四、专家点评

"有个性"教师的风采

上海师范大学附属中学　余党绪

在上海师范大学附属中学 50 周年校庆活动中，我们有幸邀请到复旦附中的黄荣华老师参加校庆公开课教学。在这次以"现代课堂呼唤有个性的教师"为主题的教学活动中，黄荣华老师展示了他的单元贯通教学的理念和单元贯通教学的基本风貌，让我们一睹"有个性"教师的风采。总体看，黄荣华老师的课与他的语文教育理念一样，给人以气象宏大之感。他立定语言这个语文学科的根基，致力于在鲜活的文本中抽绎文化的因子，在抽象的文化中注入生命的活力。以我对语文教育的理解，我觉得他抓住了语文教育的核心问题，值得思考与借鉴。

黄荣华老师用"贯通"一词来表达他在文本、作家、历史、文化之间建立各种有机联系的尝试，我觉得很传神。在语文教学中，"联系"很重要。被我们指斥为"千刀万剐"式的阅读教学，其致命的问题就在于拘泥于一孔之见，沉醉于一时之得，肆意于一技之长，不仅有违阅读的规律，而且往往粘滞生涩，收效甚微。阅读本来是一件自由而快乐的事情，一旦进入教学程序，却转而成为一桩酷刑，这无论是对于师生，还是对于阅读本身，都是一种戕害和不幸。相反，倘若我们能以灵动之心理解阅读、对待阅读，面对文本则能心骛八极、视通万里，阅读教学也就会呈现出另一番面貌。黄荣华老师的单元贯通，意图在文本之间寻找"联系"，而且自觉地以文化之"脉"贯之，气象开阔了，意蕴也随之深刻了，执教者的教学追求由此也悠远了。

本单元由《蒹葭》《咏史》《饮酒》《种树郭橐驼传》《病梅馆记》等课文组成。虽然课文的时代背景、思想内涵、价值取向与艺术风格各有不同，但处于同一个文化背景下，置身于一脉相承的文化长河中，彼此间有着千丝万缕的关联。在教学中，黄荣华老师以下述"联系"将文本关联起来：

第一，"诗言志"，作品都表达了作家对幸福的诉求。

第二，时代特点赋予作品以独特性。

第三，作家个性赋予作品以独特性。

第四，任何杰作都传达了人类普适价值。

通过上述文化理念，松散的文本建立起了内在的关联。这样的关联，基于文本，超越文本；基于个体体验，尊崇普适价值；既满足了教师伸张文化话语权的诉求，也保证了学生在文化建构过程中足够的学习自主权。

黄荣华老师的教学无疑具有强烈的个性色彩，这与他良好的文化素养密切相关，更与他对语文教师这一社会角色的定位有关。前者自不待言，后者则令我兴奋和共鸣。当我们确认了语文学科的人文性质之后，我们在语文教师的社会角色的定位上似乎少走了一步。在我看来，文化阐释者，是承载人文意义的语文教师的天然职责。我非常认可黄荣华老师对教育的理解：在对生命进行文化约束的同时，唤醒、解放其生命力。以这样的眼光看待教育，我们可以自豪地说，语文教育最接近教育的本质。一首诗，可以让人看穿红尘；一个散文片段，可以投射宇宙。一个李白，放纵到极致；一个杜甫，收敛到极点。要做到在这些文本之间收放自如，就需要我们在生命的两极思量和导引。语文教师就是这样一群游走在感性与理性、具象与抽象之间的人，而那些善于在二者之间进行自然关联和转换的人，就是这个群体中的佼佼者。因为，阐释不仅关涉理念，还有一个路径与方法的问题。西谚云：靠近上帝的有天使，也有撒旦。为什么最接近教育本质的语文教育，往往最先被学生抛弃呢？或许就是因为太接近本质，结果反而误了语文。一旦阐释得面目可憎，教学也成了学生的负担。所以，文化阐释者不是文化布道者，他首先应该是一个生动的人，有一颗感性的心。黄荣华老师选择了依托文本的文化贯通之道，在语文教师的文化传播冲动与学生的接受之间找到了一个很好的结合点。

作为一个旁观者，我依然能在黄荣华老师的实践中找到不能说服我的地方。比如，相对于门阀制度盛行的魏晋，先秦是一个"没有很多约束的时代"，所以"他们的追求具有自由性，甚至具有梦幻性"，这个判断我基本同意。但以《蒹葭》中的"可以向上，可以向下，可以向左，可以向右，以自己为中心，去追求心中的美好"这样非常诗化的语言来印证它，就缺乏足够的学理支撑。一旦进入文化理解的层面，文学感悟与想象就再不能越过自己的界线。文化贯通必须依托理性建构，其逻辑起点与建构过程也应该合乎理性的法则。这一点，不知黄荣华老师是否同意我的理解，但我觉得，课堂实践方面的瑕疵与疏漏是必然的，任何处在时间流动中的事物都不可能完美，完美只存在于我们的理念中，完美本身就只是个理念。所以，我不是吹毛求疵。

与其说我推崇黄荣华老师的这节课，不如说我敬重黄荣华老师在教学中所显示的自觉的文化意识。语文是需要我们赋予其意义的，能够通过"我"的生命赋予其独特的意义，这样的语文就有价值，这样的语文老师才有价值。文化贯通正是要将一己的生命体验托付给文本，将一己的文化理解托付给学生，这样也就将一己之生命融进了民族与人类文化的合唱之中。想一想，这真的是一件宏大的事情。

（该案例选自《上海名师课堂·中学语文·黄荣华卷》，上海教育出版社，
2010年版，第184—206页。收入本书时略有改动）

单元贯通教学的产生（代后记）

黄荣华

一、问题的提出

共和国七十多年的语文阅读教育，大致可分为三个阶段：

2000年（上海地区为1996年）以前大体按文体（记叙文、议论文、说明文以及文学作品）组织教学，教材多以文体单元形式出现，教学以文体知识兼文章学知识、语言学知识（后文简称"语文知识"）为主。

2000年（上海地区为1996年）以后大体兼容"主题"与"文体"组织教学，教材编写以"主题"单元为主、"文体"单元为辅，但课堂教学面貌与先前相比没有实质性变化，依然是以语文知识教学为主。以知识为本的教学没有根本改变。

2019年至今，"双新"语文课程以学习任务群统摄"主题"和"文体"，倡导大单元、大主题、大情境教学。但就目前的教学情况看，以知识为本的教学依然无法得到根本性扭转，教师基本上还是以语文知识为抓手组织教学。

从上面简略的梳理中不难看到，共和国七十多年的语文阅读教育，大体是以语文知识为主体的教育。

特别是到20世纪80年代，应试教育逐步形成，语文知识逐步从一般的考试知识变为"必然"的应试知识。于是，以语文知识为主体的"课课练"教学模式形成。进入20世纪90年代，"课课练"教学模式成为最主要的语文阅读教育模式。于是语文阅读教育中最重要的情感教育、思想教育、审美教育等与人的成长紧密关联的教育被放逐。

这种重术轻道，甚至只有应试"术"而无语文"道"的教学使得语文教育有名无实，教育效能极低。

为解决这个问题，我们乘着全国教育改革之风，于2004年创造性地提出单元贯通教学的设想，实践、总结、实践，形成了以文化主题为主体的单元贯通教学样式，为上海及全国的许多学校所采用，其核心理念为全国"双新"语文课程大单元、大主题教学所吸收，大大提升了语文教育效能，产生了广泛的社会效益。

二、解决问题的过程与方法

（一）实验引路

2004 年始，笔者提出单元贯通教学设想，并在复旦附中人文实验班开展实验。

最初，依据上海二期课改高级中学教材（试验本）《语文》教学内容，形成了三十个单元贯通教学主题，分别是：

美丽的生命；生活的激流；艺术人生；向他们致敬（一）；向他们致敬（二）；向他们致敬（三）；中国人（一）；中国人（二）；中国人（三）；智者乐水；仁者乐山；沟通与融合；怀想；书中世界；论读书；登高而博见；中国月亮；亭台中国；小说中国；中国行节；平凡人生；关于自然的思索；师说；诗情画意；历史在这里沉思；我思故我在；托物言志；吸纳与拒绝；生命与信仰；相信未来。

至 2006 年，初步形成了单元贯通教学策略：以教材单元文本为基本内容，依据单元主题，适当延伸到教材之外，每单元增加 2—3 篇相类内容的文章，形成较为完整的单元学习内容；每学期完成六个主题单元贯通教学，至高三第一学期，共完成三十个主题单元教学；彻底改变原来的"课课练"教学模式，整个教学过程由单元贯通预习、单元贯通授课、单元贯通写作与讲评、单元贯通写作交流与展示四个环节构成，将知识积累与技能提升融于主题贯通教学之中；学生练习由三个部分构成——单元贯通预习，课堂生发的重要的贯通问题探讨，单元贯通写作、互批、交流及展示。

笔者于 2006 年 10 月在上海市教师学研究会 20 周年庆典上开设单元贯通教学观摩课：高一第一学期"诗歌单元"。观摩课展示了单元贯通教学初探时期的基本模样：让单元主题（"时代精神"）贯通单元全部诗歌，使意象知识融于单元主题教学之中，获得观课教师的积极回应。于漪老师在评课中给予了高度评价，认为"有所创辟"。

至 2008 年，形成了较为完善的单元贯通教学策略：在 2006 年初步策略的基础上，明确提出"以道驭术"的单元教学方略，让语文知识与技能融于三十个文化主题教学之中，构建一种全新的语文教育。这三十个单元贯通教学主题为——

高一第一学期：美丽的生命；那些无从知晓的上天恩赐（亲情体验）；还有多少"常春藤叶"（别样的生命一）；诗人梦（诗歌鉴赏与推荐）；"我"之

追求；小说中国。

高一第二学期："小人物"与"大节"；"大人物"与细节；理想的旗帜；变形、异化及其他；亭台中国；峻伟的人格。

高二第一学期：有字书与无字书；书与人生密码；自然·科学·艺术；我看散文的"真"；山水中国；词曲中国。

高二第二学期：用生命体察自然；追求与告别；多样化时代的"拿来"与"拒绝"；向他们致敬（别样的生命二）；小区生活的调查；中国古代散文精神。

高三第一学期：意境之美；思想之美；生命之美；说理之美；传统之美；史传之美。

笔者2008年应邀在上海师范大学附属中学50周年庆典活动中开设单元贯通教学观摩课——"'我'之追求"。课堂展示了单元贯通教学成熟期的基本模样，得到来自全国各地观课教师的广泛关注与积极回应。

（二）理论探索

笔者带领的教学团队在实验的同时，加强理论探索，在单元贯通教学的必然性、文化主题单元贯通教学的意义、文化主题单元贯通教学的价值等方面，做了深入探讨。团队成员先后发表了《上海二期课改高中〈语文〉（试用本）单元教学设计的思考——以高中一年级第一学期第四单元为例》（黄荣华，《语文学习》2007年第5期）、《文本解读：请走出"共性知识"圈——以〈故都的秋〉的两个教学设计为例》（黄荣华，《语文建设》2010年第7—8期）、《再谈"文本解读：请走出'共性知识'圈"》（黄荣华，《语文教学通讯·高中》2014年第3期）、《单元贯通，学到100个文化主题》（黄荣华，《新读写》2016年第4期）、《基于单元教学的任务型作业设计》（石莉，《语文建设》2018年第7期）、《高中古诗文教学实践中构建学生"文史知识"体系的研究》（石莉，2018年上海市青年教师教育教学研究课题成果二等奖）、《"单元贯通教学"诠释》（黄荣华，《杨浦教育》2019年第6期）等文章。

这些文章展现了一些有关单元贯通教学的共识，产生了一定的影响，部分成果也为全国"双新"语文课程所吸收。

2019年统编教材实施以来，单元贯通教学不但成为单元教学的有机组成部分，而且其整个思想贯穿于整个单元教学过程中。团队成员发表了《统编高中语文教材必修（上）第二单元设计及实践》（王希明，《语文学习》2019

年第 11 期)、《〈乡土中国 〉整本书阅读教学》(王希明,《语文学习》2019 年第 12 期)、《"单元贯通"对"学习任务群"的意义凸显与实施策略》(龚兰兰,《语文教学通讯·高中》2020 年第 12 期)、《融会"学习之道",在任务群中落实与拓展教学——以普通高中语文统编教材必修上册第六单元为例》(王希明,《基础教育课程》2020 年第 12 期下) 等文章,探讨了"双新"背景下单元贯通教学的意义与实践价值。

1. 八点认识。

（1）打破"课课练"教学模式,建立起单元教学概念,以及单元贯通教学概念,全力落实单元教学任务。

（2）走出"'共性知识'圈",彻底改变以知识为本的教学,全力关注阅读教学与人的成长的紧密关系。

（3）以主题贯通的方式展开单元教学,打破单元文本之间的壁垒,打破单元之间的壁垒,不仅实现单元内部的贯通,而且实现单元之间的贯通,全力落实"工具性与人文性统一"的语文教学,达到"以道驭术"。

（4）在单元贯通教学中,完成语文教育使命——引导学生完善文化逻辑构建,落实语言发展价值,实现审美激发与文化化育意义。

（5）单元贯通教学特别需要用联系的思维方式去发现文章内部、文章与文章之间、问题与问题之间的联系,需要用联系的思维方式去重构在明确的主题引导之下的语言与语言之间、文章与文章之间、单元与单元之间、问题与问题之间的联系,对发展学生联系与贯通（或曰整体）思维具有极其重要的意义。

（6）单元贯通教学是一种"贯通"教学,引导学生始终处于学习的"运动"状态中,始终处于学习的"半道上",具有"文化生命运动"的持续性、不间断性特征。

（7）每个单元依据单元学习任务,设立 3—4 个单元贯通点,每个贯通点设计 1—2 个课时。每个单元的几个贯通点可依次从"思想内容""艺术境界""言语方式"等方面构思。

（8）单元贯通教学不会削弱单元文章的个性,相反,能在多方、多次比较与对比中使文章个性得到彰显。单元贯通教学克服了传统的单篇教学因面面俱到而失之于泛、失之于空的弊病,故能更精准地关注文章的关键性语言及其表达的关键性意义，能更好地落实语文的"语文性"。

2. 两种方法。

（1）强化综合实践活动。

要变以知识为本的教学为"以学生发展为本"的教学，就必须改变课堂教学模式。不仅要改变以应试知识为主的"课课练"教学模式，而且要改变所有的"一言堂"教学模式，改变所有单一的讲读模式。要强化语文综合实践活动，引导学生在综合学习活动中变被动接受为主动探究，变单一吸收为综合获取，变学而不思为学思合一，变知而不行为知行合一。

单元贯通教学因其必须学思合一、知行合一，所以具有极强的综合实践特征。单元贯通教学引导学生分四步展开学习——

① 单元贯通预习，关注"陌生点""疑问点"和"贯通点"。

"陌生点"是学习新内容时必然会遇到的；"疑问点"可能是新内容，也可能是曾经学习过的内容；"贯通点"是将"陌生点""疑问点"打通的关键。

学生预习时要思考这三个点，为第二步学习打下坚实的基础。

② 单元贯通上课，除了关注"陌生点""疑问点"和"贯通点"，还要关注"联系点""比较点""讨论点""沟通点"。

教师的授课，建立在学生预习时的"陌生点""疑问点"和"贯通点"之上。在这三点上，教师要思考并形成授课时的"联系点""比较点""讨论点""沟通点"，帮助学生释疑解困，并完善或形成新的"贯通点"。

③ 单元贯通写作，关注"读写结合点""课内课外结合点"与"贯通点"。

"读写结合"是语文学习的重要方法，在单元贯通写作中这一方法更会使极高的学习效益产生，其集中体现就是思维力的培育。

单元贯通学习因为始终在比较中统观、始终在选择中统观、始终在贯穿中统观、始终在沟通中统观，所以它需要学生用联系的思维方式去发现文章内部、文章与文章之间、问题与问题之间的关系，需要学生用联系的思维方式去重构在明确的主题引导之下的文章与文章之间、问题与问题之间的联系。如果能长期坚持这样的思维训练，就一定能形成普遍联系的思维方式。同时，单元贯通阅读与写作，因自始至终都需要进行归纳与演绎，所以它能够很好地锤炼学生的归纳与演绎能力。尤其是单元贯通写作，从主题理解到材料选择，到文字表达，每个主题的写作都是一次完整的归纳与演绎思维训练。可以设想，经过几年的这种语文训练，学生的逻辑思维能力一定会得到很大的提升，在这个过程中就会逐步形成对感性世界的抽象能力、对芜杂世界的整合能力、对多变世界的方向把握能力。而这不仅是应试时需要的重要能力，而且是人立身处世时非常重要的能力。

在这样的写作过程中，学生始终要保持"贯通点"的统一性与稳定性，才能保持文章逻辑的统一性。

④ 单元贯通评改与展示，关注"积累点""交流点"和"思辨点"。

在学生完成了单元贯通写作后，教师先大体翻阅学生的写作，并签阅。之后，让全班学生组成若干组（一般可分为六组，对应每学期课文的单元数；可由学生自由组合，可按学习小组组合，可根据教师需要组合），在教师指导下由一组同学对全班同学的单元贯通写作进行较详细的批改，并由该组同学将自己认为的习作中可以向全班分享的内容摘录下来。然后，小组内两名同学将全组同学摘录下来的内容在单元主题下进行重组，设计成一堂可以向全班同学展示的活动课。在这个展示中，要求全班同学的写作内容都能得到部分展示，不遗漏一人。

在这个过程中，特别要求学生关注"积累点""交流点"和"思辨点"。

"积累点"指前述的"陌生点""疑问点""贯通点""联系点""比较点""讨论点""沟通点""读写结合点""课内课外结合点"九个点。要关注学生的写作是否有较丰富的积累。

"交流点"指学生在写作中表达的可以分享给大家的新知识、新思想。

"思辨点"指学生在写作中表达的疑问或有争议的问题，要将其带到课堂上展开探讨。

这种评改、交流与展示，不仅因为关注"积累点""交流点"和"思辨点"而使学生的知识得到拓宽、思想得到提升、思维得到发展，而且给每一名学生以激励和关怀，在生命间的平等相待、相互欣赏等方面给每一名学生以深刻的影响。

（2）贯彻问题意识。

单元贯通教学在预习时关注"陌生点""疑问点"和"贯通点"，在展示时关注"积累点""交流点"和"思辨点"，单元贯通学习全线贯穿十二个"问题点"。

单元贯通教学的这种设计隐含着一个重要的教学理念：将学习过程作为一个追问过程，并在这个过程中将学生当下学习时需要解决的问题与可能存

309

单元贯通教学的产生（代后记）

在的问题、有关未来成长的需要现在就开始思考的问题，化为不同系列（知识系列、能力系列、情感系列、思想系列、价值观系列）的问题链，使其由浅而深地分解到单元中，融入课文学习中，渗透到贯通中。期待同学们通过这样一个漫长的学习过程，在潜移默化中树立问题意识：追问并努力去解惑。

这里特别要强调"比较点"。比较是思维的重要品质，超强的比较分析能力是创造思维的重要特征。比较的起点是"问"，比较的结果是"求同得异"。而"求同得异"的过程正是归纳（综合）与演绎（揭示）的思维过程。

（三）成果推广

自 2008 年始，复旦附中将人文实验班的实验成果引向学校其他班级，单元贯通教学逐步成为学校语文教学的一个基本策略。上海及全国一些学校，例如上海市复旦附中两所分校、交大附中及分校、洋泾中学、吴淞中学、上海大学附中、中原中学以及重庆、江苏、浙江、江西等省市的部分中学引入单元贯通教学理念后，语文教育均有了较大的变革。

2011—2013 年，笔者以单元贯通理念为指导，主持编写了上海九年义务教育课本六至九年级共 8 册《语文练习部分》（上海市中小学教材审查委员会审查后准予于 2012 年秋季开始使用），全力落实语文教学中的"单元意识""综合意识""贯通意识""比较意识""问题意识""精神成长意识"等概念，在序言中做了如下表达：

（1）打破多年来统治辅导书编写的思维模式——一课一练学习模式，引导同学建立单元学习概念。

（2）改变孤立的以语文知识点为中心的学习方式，引导同学建立广泛联系的综合学习概念。

为此，我们在单元学习中设置了"积累""理解""比较""模仿""贯通""迁移"等内容。

2017 年，团队成员石莉以单元贯通理念主持完成的《沪教版高三语文第一学期"史传文学"单元教学作业设计》，获上海市优秀作业设计评比一等奖，被作为单元教学成果推广。

2017—2020 年，笔者以单元贯通理念为指导，主持编写《中华传统文化优秀基因现代传译课程》小学卷、初中卷、高中卷共 16 册，并在教学指导中明确指出："本课程以主题单元组合方式编写，每个单元有一个基因点（层级）。……教学时就要树立'单元贯通'的意识，将几个板块联系起来思考，使一个单元教学的几个课时前后贯通。"

2009—2020 年，先后举办市级单元贯通教学公开研讨、展示活动 7 次，开设市级研讨课 10 节。这些活动和课堂，对推广单元贯通教学理念，起到了极大的作用。

2008 年 10 月，笔者开设高一第一学期第二单元"'单元贯通'主题写作交流与展示"公开课，上海市各区 200 多位高中语文教师观课。

2009 年 3 月，笔者开设高一第二学期第一单元"'单元贯通'主题写作讲评"公开课，上海市各区 200 多位高中语文教师观课。

2011 年 9 月，胡凌老师、张慧腾老师开设高一第一单元贯通教学市级研讨课，上海市各区 200 多位高中语文教师观课。

2015 年 5 月，石莉老师开设高一第三单元贯通教学市级研讨课，上海市各区 200 多位高中语文教师观课。

2016 年 9 月，陈晓蕾老师开设高一、高二小说单元贯通教学市级研讨课，上海市各区及浙江、江苏等省的 200 多位高中语文教师观课。

2019 年 11 月，龚兰兰老师开设"双新"课程必修上第六单元"学习之道"贯通教学研讨课，上海市 700 多位高中语文教师观课。

2020 年 10 月，孙梦依、石莉、李郦、聂鑫 4 位老师分别开设"双新"课程必修上册第二单元、选择性必修上册第三单元贯通教学研讨课，来自上海市杨浦、浦东、宝山、黄浦、虹口、青浦等区的 200 多位教师参加了此次活动。活动还进行了同步网络直播。据网络直播方提供的数据，全国有 9 000 多位教师网上观课。

三、成果的主要内容

1. 创生单元贯通教学理念：打破单元课文之间的壁垒，统筹谋划单元内容，发掘单元教育最有价值的教育内容，将其化为若干学习问题（融合知识、技能、思想、文化、审美等），将单元（有时是不同单元或几个单元）课文贯穿、沟通起来展开教学，引导同学在问题贯通中把握单元学习意义。

2. 形成"以道驭术"的单元贯通教学策略：关注语言背后的文化及其逻辑，尽可能将知识、技能融于语言、思想、文化、审美之中，融于单元整体性的文化逻辑之中；以单元文化的若干逻辑线索为教学依据，设计贯通单元的问题链展开教学，以完成单元教学任务，彻底改变"课课练"教学模式，彻底改变孤立的以语文知识点为中心的教学方式，达到"以学生发展为本"

的语文教学境界。

3. 引领语文教改方向。

（1）2006年以来，开设各级公开课、研讨课、观摩课、展示课、示范课100余节，讲座30余场，刊发相关文章十余篇，编写相关图书资料十余种。

（2）2011—2013年以单元贯通理念为指导编写的上海九年义务教育课本六至九年级《语文练习部分》，一直使用到2020年。

（3）上海市复旦附中浦东分校、复旦附中青浦分校、交大附中、交大附中嘉定分校、洋泾中学、吴淞中学、上海大学附中、中原中学等几十所中学及重庆、江苏、浙江、江西等省市的部分中学，都引进了单元贯通教学理念。

（4）单元贯通教学理念不仅为全国"双新"语文课程大单元、大主题教学所吸收，而且已成为"双新"语文课程展开单元教学的一个重要理念。

4. 引领教师成长：一批教师在单元贯通教学策略的引领下茁壮成长，在省部及以上级别比赛中，获得一等奖的有10人次。其中1人在全国技能比赛中获得第一名。

5. 引领学生成长：在三年的单元贯通学习中，学生逐步形成普遍联系的思维方式，不断提升归纳与演绎思维能力，提升思辨力，提升文化表现力。2017年《全国优秀作文选》"读写立交桥"专栏全年展示复旦附中学生单元贯通写作成果；语文组编辑的"复旦附中语文人物"之《单元贯通写作四人行》受到广大师生的青睐。学生在各类写作竞赛中均获佳绩，仅笔者所带学生在鲁迅青少年文学奖大赛中，就有三名学生分别获得第一届（2009年）、第十届（2018年）、第十一届（2019年）高中组全国唯一大奖。

四、效果与反思

1. 理念创新。

单元贯通教学打破单元课文之间的壁垒，统筹谋划单元内容，发掘单元教育最有价值的教育内容，将其化为若干学习问题（融合知识、技能、思想、文化、审美等），将单元（有时是不同单元或几个单元）课文贯穿、沟通起来展开教学，引导学生在问题贯通中把握单元学习意义。这在十多年前的2004年，是一个大胆的创新。单元贯通教学理念为全国"双新"语文课程大单元、大主题教学所吸收，即使是在全国"双新"课程展开两年后的今天，对绝大多数教师来说，依然是一个新理念。

2. 形式突破。

（1）关注语言背后的文化及其逻辑，将知识、技能融于语言、思想、文化、审美之中，融于单元整体性的文化逻辑之中，以"主题贯通"的学习策略培养学生从语言构建到文化传承再到文化创新意识培育的语文学科核心素养。

（2）以单元文化的若干逻辑线索为教学依据，设计贯通单元的问题链展开教学，完成单元教学任务，彻底改变"课课练"教学模式，彻底改变孤立的以语文知识点为中心的教学方式，引导学生建立普遍联系的学习意识。

（3）以综合实践活动为基本学习方式，让十二个"问题点"成为学习的基本线索，以"关联性"评价为学习评价策略，引导学生在综合实践活动中自主成长。

3. 单元贯通教学是"以道驭术"传统思想在现代教育中创造性转化的体现。

"道"与"术"有怎样的关系？古人讲："以道驭术，术必成。离道之术，术必衰。"

应试教育中的语文教学，只教知识与技能，只教应试的知识与技能，正体现了"离道之术"，不仅无语文之"道"，而且使"术"也难真正获得，所以教学效果很不理想。

单元贯通教学以文化主题贯通单元教学，尽可能将知识、技能融于语言、思想、文化、审美之中，使语文教育成为融合知识、技能、思想、文化、审美等的真正的综合教育，几乎囊括了学生成长所需的全部内容。这正是"以道驭术"传统思想在现代教育中创造性转化的体现。